我即公司
的秘密

每个人都是以我
名字命名的公司

我即公司的秘密

本书采用了章回小说结构，从大唐玄奘带着悟空、八戒、沙僧从西天取回经书开始，由此展开了他们二次创业新的传奇历程。本书独创性地采用以穿越、演绎的手法，将人物、事件、哲理、心理、情感、矛盾、佛学串联成一个个完整的管理、励志故事。

"我即公司"的理念充分诠释了人的社会化的属性，赋予了人的全新价值观和责任义务——人不仅仅是以一个狭隘的自我、小我而存在，人人都是以独立的组织形式承担社会化责任和义务而存在。这个基础的独立的组织就是"我即公司"，每个人都是以自己名字命名的公司，每个人都是以自己名字命名公司的总裁。所以，我们每个人都应该按公司化经营的战略高度和要求来定位和经营好自己的人生，以实现人生的梦想和价值。

我即品牌，我即公司，我即我认为的我！

我即公司的秘密

每个人都是以我名字命名的公司

王新安◎著

光明日报出版社

图书在版编目（CIP）数据

我即公司的秘密 / 王新安著. -- 北京：
光明日报出版社，2016.8
ISBN 978-7-5194-1715-4

Ⅰ. ①我… Ⅱ. ①王… Ⅲ. ①企业管理—通俗读物
Ⅳ. ①F272-49

中国版本图书馆CIP数据核字（2016）第196903号

我即公司的秘密

编　　著：王新安	
责任编辑：史　宁	责任校对：傅泉泽
封面设计：华业创意	责任印制：曹　净

出版发行：光明日报出版社

地　　址：北京市东城区珠市口东大街5号，100062

电　　话：010-67021037（咨询），67078870（发行），67019571（邮购）

传　　真：010-67078227，67078255

网　　址：http://book.gmw.cn

E－mail：gmcbs@gmw.cn　shining@gmw.cn

法律顾问：北京德恒律师事务所龚柳方律师

印　　刷：北京时捷印刷有限公司

装　　订：北京时捷印刷有限公司

本书如有破损、缺页、装订错误，请与本社联系调换

开　　本：710×1000　　1/16

字　　数：235千字　　印　张：18

版　　次：2016年9月第1版　　印　　次：2017年10月第2次印刷

书　　号：ISBN 978-7-5194-1715-4

定　　价：39.80元

刘锐

众筹万人会发起人、主席

中金筹投资董事长

赤镪资本董事长

锐营销体系创始人

央视《名师盛典》特邀主持人

全球中小企业联盟中国副主席

风险投资、商业模式、营销实战专家

每人都在经营着，以自己名字命名的公司

在人生的赛道上，我们每一个人都在孜孜以求地追逐梦想、追求成功、渴望成功，尽管我们并不明确地知道什么叫做成功。开发潜能、拓展人脉、全力以赴，执行力、细节、沟通、感恩、励志、忘我……我们用尽了所有的方法和词汇来表达迫切成功的心情。

带着对破解成功密码的思考，我也一路前行和寻求。我结束了在北京的大学学业后，继续带着有待揭开成功谜底的探求先后到香港中文、到意大利博科尼、到美国加州，辗转数年学业，上下求索。

现代管理学之父彼得·德鲁克说过："事实上，成功在于管理，但管理不等于企业管理，正如医学不等于妇产科一样。妇产科是医学的一部分，同理，企业管理是管理的一部分"。有伟大成就的人，向来善于自我管理。然而，这些人毕竟是凤毛麟角。但在今天，即使资质平庸的人，也必须学习自我管理。

美国的拿破仑·希尔和美国作家奥格·曼狄诺都特别强调成功最重要的因素就是要有积极的心态："成功态度最重要，有积极的态度就有积极的人生。""决定一个人成为成功者的最关键要素中，80%属于个人自我价值取向的'态度'类要素，如积极、努力、信心、决心、意志力等；13%属于后天自我修炼的'技巧类'因素，如各种知识和能力；7%属于运气、机遇等因素。客观环境固然很重要，但它决定一个人暂时的成败，但如果一个人有了积极的心态、激发高昂的情绪，就有了克服抑郁、消除紧张、凝聚成功的行动力量，从而实现人生的进步及事业的成功。"

这些大师对"成功学"的定义和解释实际上都离不开关于"自我管理""自我激励"的概念和范畴。是的，成功离不开理想的启迪、离不开信念的驱动、离不开目标的坚持、离不开自我管理的严谨。但成功学对自我管理和自我激励在如何保持连续性、持效性、系统性方面的解释往往表现乏力和苍白，因为，人是有惰性的，人性是有弱点的。我们不能仅仅寄希望于通过几场慷慨激昂的演讲培训或几个激励故事的渲染演绎，就使得人们从此奔向光明、走上成功的康庄大道。对成功的追求和实现，我认为必须是由内而外、是其本身自行原动力积极的推动，是其内心渴望一场凤凰涅槃的原子裂变，是其意识形态中对自我人生价值观和使命感的全面革新和迸发。

去年7月5日我在"一带一路"全球新财富论坛上发布了全球首个人才IPO——个人众筹项目，成功将自己以10亿的价值公开众筹，彻底震惊了整个商界。事后，有无数人祝贺我个人众筹项目的成功，也有无数人寻问我关于成功的秘笈和方法。我想我个人众筹项目的成功，源于我每年近百场"众筹万人会"亲力亲为的演讲、推行，源于众筹万人会"全方位推动中华民族伟大复兴，助力中国最快速度成为全世界第一强国"的使命得到了大家的认同，源于我致力于"中国中小企业的全面升级以推动中国重新崛起"的理念得到了公众一致的信赖，源于以我个人名字命名的"刘锐"公司品牌的影响力。

其实，我们每个人就是《我即公司的秘密》的著作者王新安先生在本书诠释的那样，我们每个人都在经营着一家以自己名字命名的公司，我们每个人都是自己公司的总裁。如果我们每个人都能认识到这一点，那么，我们的生产力将得到彻底地解放，我们的内心就会像海底火山一样迸发出前所未有生命的能量和创造的能量，我们的国家和民族就能快速繁荣昌盛、就能快速崛起。

阅读完《我即公司的秘密》，我对成功学蕴含的真谛又多了一些更深刻地理解，对如何经营我即公司的品牌又增加了一些感性和理性的认识，对如何探求人生的价值也多了一些西天取经参禅般的顿悟和释然。

推荐序二

沈祥丰

中欧EMBA、中国注册策划师

国际注册管理咨询师

营销行业观察家

美立方智业机构首席专家

我即公司，一种全新的观念

新一轮科技革命和产业变革浪潮席卷而来，传统领域的技术不断得到革新和突破，催生了新的制造模式和商业模式，也催动着一场全人类走向智能生产、绿色生活的新飞跃。其中蕴含着的诸多革命性变化，这将对中国竞争力和世界经济政治格局产生深远的影响。要想顺应这一潮流，只有加快创新和建设创新型国家，才能扎实推进经济转型升级和提质增效，抢占国际竞争的战略制高点。而且，随着支撑中国经济发展的要素条件发生了较大变化，传统的粗放型增长模式已经走到了尽头，中国的经济增长也由高速转向中低速的历史拐点。

因此，这些综合因素的发酵作用，将倒逼传统产业的转型升级。但转型和升级也不是简单的"转"和"升"两个字所能了得，它往往要受到各种综合因素的制约和束缚，企业不是都能成功转型和升级的。常态下的整个行业的大多数尤其是实体经济的大多数仍面临着突破发展瓶颈的窘迫和转型升级的尴尬。

但，话又得说回来。企业的转型升级实际上最终归结到我们每一个人在思想和意识形态上的转型升级。马克思说过，历史的车轮是由每一个人在推动，改变人的思想和观念就改变了生产关系，就提升了生产力。思想一变，市场一片；观念一变，生机无限。

本书倡导的我即公司，就是一种全新的观念，它能给我们的内心新的导航、新的指引。它是我们心态积极主动转变最好最实用的教材，它是我们生发智慧的灵光闪现。它颠覆了传统的价值观，它让我们远离颓废的消极的扼杀创造力的打工心态，它能在我们人性的深处发射出真正主人翁精神的光芒，使我们每一个公司每一个人生驶向成功的彼岸、走向辉煌的未来。

我即公司，我即价值，我即品牌，我即精彩。让我们像书中所说的那样，放下自我，放下小我，按照市场经济的发展规律，以契约精神做人、以工匠精神做事、以企业家精神和情怀做事业，兢兢业业、踏踏实实地做人品、做服务、做专家、做品牌。这样，我们每一个以个人名字命名的公司才能经营得有收益有价值有前景。

套用这句"时光荏苒，日月如梭"老话，一转眼的倏然之间，我与王新安先生相知相交已近二十年矣！在滚滚的商海红尘之中，如他般的卓然超然、谦逊低调者，如他般的亦商亦文、亦动亦静者，举目四顾，视之甚少；在企业经营得有声有色之余，他习字、写诗、填词、做赋，他的随笔、散文、连载、论文等在报刊杂志发表了上百篇近百万字，也实为难得。此次又欣然拜读了他的新书《我即公司的秘密》，他活泼、幽默、写实、文采斐然的笔调，用章回小说、故事演绎、时空穿越来诠释现代管理之思想、理念的手法，真的让我为之耳目一新，我真真切切地为之点赞！

自　序

　　在这个张扬个性、绽放自我的炫舞时代，每个人都各自生活在个性化的空间里，以此来展现自我的个性，体现出自我的社会价值。个性化打扮、个性化用品、个性化设计、个性化品牌、个性化服务、个性化节奏、个性化节目、个性化思想、个性化签名、个性化的主张等等，世界仿佛进入了"个性化时代！"

　　个性化作为一个决定个体思维和行为方式的内部动力系统，是个人的社会共同性和自身独特性的有机统一体。它决定着一个人如何看待世界和如何感知世界，决定着一个人如何看待自己和如何体验自己，也决定着一个人如何看待他人和体验他人。这种感知和体验就构成了个性化的内容：

　　"世界阴暗与否，取决于我是否睁开眼睛看着它。"是一种潜伏于自己内心世界的表白。我的眼睛一睁一闭之间，穿透了世界的光明与黑暗，决定了自己存在的悲喜与虚实的轮换。我是世界的主宰，一切都有我说了算。

"我连自己都不爱，我拿什么去爱你。"是一声充满了沧桑无力、近乎绝望的哀叹。我的情感已经走入永无绿洲的荒漠，我的眼泪流干，我曾经在爱里呼唤，结果却成了望断。我对自己已经彻底怀疑和失望了，别再对我说什么爱的奢谈，我自己即使倒下也与你无关。

"过了一天就是两个半日，我疲于奔命在两点一线。"是一首感伤消极的心曲。既然生活选择了我，让我成为了和尚，那我就当一天和尚撞一天钟，抱着枕头做好梦。无所谓生活的咸淡，反正我已经慢慢习惯。

……

个性的核心内容及形成、发展的标志是自我。自我也称自我意识、自我观念，是指个体对自己存在状态的觉察和认识。包括对自己的生理状况：身高、体重、形态等；对自己的心理特征：兴趣爱好、能力、性格、气质等；自己与他人的关系，自己在社会和群体中的位置与作用等一系列涉及认识自己的内心活动。

但是，人的个性化存在的前提首先是社会化，人是社会关系总和的产物。人是个性化和社会化的统一体，人的成长就是由自然人成长为社会人的过程。在这个过程中，个人逐渐了解自己在群体或社会结构中的地位，领悟并遵从群体和社会对自己的角色期待，学会如何顺利地完成角色义务，其功能在于维持和发展社会结构。

人的社会化的属性，赋予和保持了人在社会里应当的人格要求、价值观念和责任义务。因此，人不仅仅是以一个狭隘的独立的自我而存在。从广义的角度上来说，人人是以独立的组织形式承担社会化责任和义务而存在，这个基础的独立的组织就是"我即公司"，每个人都是以自己名字命名的公司，每个人都是以自己名字命名公司的总裁。

所以，每个人的人生不再被命运所掌控，每个人的人生不再是被动和消极的人生。而是要遵照市场经济的规律和要求，从公司化的战略高度来定位和经营自己的新的人生！

"公司不举，则工商之业无一能振；工商之业不振，则中国终不可以富，不可以强。"一百多年前驻英、法、意、比四国公使薛福成就看到了存在公司的价值。

公司作为至今为止最有效的经济组织形式，公司的出现被称作是"人类的成就"。公司凝聚了一个个崭新的生命个体，它是强大于任何个人的经济动力，它改写了人类经济生活的新篇章。

公司是迄今为止最为广泛高效的经济组织形式，财富的主要创造者，经济社会发展的重要动力，国家参与世界市场竞争的核心载体。公司不仅仅是一个经济性组织，而已经成为各个领域都极具影响力和支配力的社会性组织：促进自由公平的竞争、建立和完善法治社会、推动科学技术的进步、提高社会的文明程度、改变人们的生活方式和彼此间关系等等。一个伟大公司存在的理由永远是为客户满足需求、为社会创造价值。一个伟大的人格存在的理由也是如此，总是点燃自己，照亮别人。这就是人格的力量，这就是公司的力量。

我即公司的力量来自于将个性化的小我提升到公司层面的大我，将打工的思维和心态提升到老板的思维和心态，是真正的主人翁精神力量的发扬。我即公司的理念彻底颠覆和改变了传统的生产关系，彻底解放了生产力。

曾几何时，我们一直在谴责打工的心态。

因为打工心态面对人生和职场，是一种被动和消极的敷衍。"你出多少钱，我干多少活。多一点工作我不干，多一份责任我不担。"是打工心态下颓废思想的典型表现。

因为打工的心态害人不浅。它禁锢了人的思维，淡化了人的责任感，扼杀了人的创造力。"我只要干好自己分内工作，没必要咸吃萝卜淡操心。"是打工心态下明哲保身的标签。

因为打工心态将自己的人生经营失败。它没有长远规划，得过且过。它缺乏激情和活力，随遇而安。它的思想和状态难以融入人生主流的发展轨道，它的人生和事业总是在低迷和痛苦不堪中恶性循环。"我这一辈子命不好、运气差，没有贵人来帮助。"是打工心态下归罪于外的怨懑。

曾几何时，我们总在大声呼唤主人翁精神。

因为主人翁精神是花之蕊、柳之态、刀之刃、人之气。它是人性里那道最耀眼的光焰，将我们人生的道路照亮。"只要思想不滑坡，办法总比困难多。"这是主人翁精神面对困难时从心底发出的呐喊。

因为主人翁精神是阳光的使者，它乐观、奔放，它温馨、浪漫。在它的世界里，没有阴霾和黑暗；在它的字典里，没有埋怨和苦难。"在迷雾中让你看透，阳光总在风雨后。"这是主人翁精神即使遇见人生风雨，也能透过迷雾看到阳光的达观。

因为主人翁精神是梅花香自苦寒的品质。它沉稳、坚韧，它承受、担当。在它的视野里，从不将责任和义务视为包袱和负担；在它的信念里，从来就是精益求精、勇闯第一，带领团队攀登高山。"要想成功必先沉淀，要想出彩必先挂彩，要想出头必先埋头，要想得到必先付出。"这是主人翁精神长期形成的价值观，并付诸于行动的良好习惯。

我即公司，我就是以自己名字命名的公司，我自己才是命运的主宰。我要像经营公司那样来经营好自己的人生，我要像经营公司那样来给自己的职业生涯规划、定位、实施，直至完成既定战略目标。

　　我就是我认为的那个我，我就是我即公司的总裁。我不再迷惘，我不再忧伤。打工的心态离我远去，消极和颓废的思想也与我无关。我像换了一个人似的，斗志昂扬，精神焕然。我的眼里再没有挫败和苦难，那都是磨砺我意志最好的科幻。我的内心世界里，澎湃动力，激情无限。我要对自己的公司负全责，我要用实力对自己的前途证明，我要用成就对自己未来招展。

　　我要为经营好自己的公司全力以赴。因为我人生的道路找到了方向和出口，我从此就有了神圣的使命感。

　　人因性命而存活，性命因生命而美好，生命因使命而升华。使命感是一个人或一个公司"存在理由"的宣言，我将坚持不懈，奋勇向前。

　　我即公司也是通过市场那只无形的手，来对"我"的思想和行为进行调节和控制，对"我"的要求就是：在利己的时候，先必须利他；我为人人的时候，人人才能为我。"我为人人"的基准点还不仅仅停留在自己的意愿度上，这仅仅是道的层面，还需要道、术合一才能成就卓越。所以，"我为人人"还要落实到"我"的能力、技能、能量、方法等"术"的提升上；"我为人人"的简单而又质朴的思想和行为，其原动力就是发自内心的主动，主动为别人、为工作、为事业付出爱心、付出努力、付出身心，这才是一种真正的主人翁精神。

　　我即公司倡导每一个自然人将独立的小"我"上升到公司化的大"我"经营层面。人的生命、人的思想、人的精神、人的价值，无不是通过"经营"两字才得以传承、延续和实现的。学业如此，家业如此，事业如此，人生依然！

　　在写作方面书中采用了传统的章回小说结构，从大唐玄奘带着悟空、八戒、沙僧从西天取回经书《我即公司》开始，由此展开了他们二次创业的传奇故事。探索性地采用以穿越千年、跨界演绎的手法，将人物、事件、哲理、心理、情感、矛盾、佛学串联成一个完整的故事情节，在风格和写法上与传统的励志、管理类书籍迥然不同。但尝试和创新都是要冒一定风险的，这种写法不一定对大家的胃口，在此恳请各位专家和读者多多包涵、多多批评！

本书献给有梦想、想改变自己命运，并想成为自己命运主宰的人。希望我们共同追寻、探索、实现人生的幸福和价值。

王新安

2016年5月于西安

目　录

第三回　"我即公司"是全新的价值观 / 55

在经历了几十年改革开放的激荡，我们的主流价值观在风云变幻的环境下发生了根本的变化，"我即公司"的全新价值观将要更新、重塑、颠覆传统。

第四回　"我即公司"唤醒了沉睡中的我 / 71

心理自我唤醒力也叫暗示力，是一种神奇的力量。我们中间的大多数人都具有非凡的潜在能力，但这种潜能大部分时间处于一种酣睡状态，需要不断地运用积极的信号来唤醒。

第五回　盘点"我即公司"的资产 / 89

灵性注册资本的大小又完全取决于心灵货币的真正含金量，即在"我即公司"注册了多少爱，注册了多少专注，注册了多少勤奋，注册了多少创造力，注册了多少企图心，注册了多少知识和技能，注册了多少持之以恒。

第六回　听从使命的召唤 / 113

使命感是人内在的永恒的核心动力。一个人的使命感越强烈，那么他的人生希望也就越强烈；他的工作激情与生活热情就越强烈；他的人生责任感也越强烈。有强烈使命感的人，是自觉的人，是奋进的人，是百折不饶的人，是任劳任怨的人，是坚持不懈的人。

第七回　"我即公司"的三个层级 / 143

我即公司初级阶段杠杆撬动的对象，是人力资本里的知识和技能；中级阶段杠杆撬动的对象，是货币资本和人力资本以及其他社会资源；高级阶段撬动的是，高端人脉资本、货币资本、人力资本和社会资源。

第八回　"我即公司"的运营 / 167

美国著名营销专家艾·里斯与杰克·特劳特认为，定位要从一个产品开始。那产品可能是一种商品、一项服务、一个机构甚至是一个人，也许就是你自己。

第九回 "我即公司"的品牌建设 / 197

美国管理学者彼得斯有一句被广为引用的话：21世纪的工作生存法则就是建立个人品牌。他认为，不只是企业、产品需要建立品牌，个人也需要建立个人品牌。

第十回 "我即公司"呼唤的三种精神 / 229

工匠精神不仅仅是企业需要，它同样适合各行各业的从业者、管理者、员工、专家、学者、教授、职业经理人等。当工匠精神成为我们的人生态度和习惯的时候，当工匠精神真正成为整个国家和民族的精神和灵魂的时候，我们国家和民族的意志将变得更加坚韧和顽强，我们国家整体的竞争力和实力就变得强大无比。

引　言

　　大唐玄奘师徒一行四人经过九九八十一难的洗礼，终于来到了有祥光五色、瑞霭千重的灵鹫圣境。双脚一踏入那西方佛地，果然与他处不同：琪花瑶草，苍松古柏，鸾凤鹤鹿随处可见；灵宫宝阙，琳馆珠庭，楼阁栋宇皆耸汉凌空，冲天百尺。丹凤仪翔、差峨云屏，低头观落日，手可摘飞星。这里家家向善，户户斋僧，真是个"每逢山下人修行，又见林间客诵经"的极乐世界！

　　这番胜景，早惹得悟空、悟能、悟净左顾右盼、目不暇接，除了手之舞之、足之蹈之，嘴里也不由得发出啧啧赞叹之声。

　　玄奘法师却脸若秋月、目若凝霜、心如止水。就连奉佛祖之命来山下迎接他的玉真观金顶大仙都看不出他内心的端倪和波澜。眼看就要完成十四年来朝思暮想的凤愿了，他对自己所表现出来的如此淡定和从容，真的有点佩服有点赞同有点嫉妒甚至有点怀疑了。难道自己已经修炼到了"已到灵山有静气"的禅定境界了吗？回想来时路，思绪慨又然：

奋志当年奉皇命，领碟辞行出玉关。

晓起兼程迎雾露，暮夜枕石卧云霾。

路遥十万八千里，灾衍罹患九九难。

不忘初心求正果，方得始终见如来。

明明自己的心海已是巨浪狂卷了，明明自己的泪光已是婆娑闪闪了，明明就要见到心中的太阳了，为何却如此内敛如此沉静？"不敢多说一句话，不敢多走一步路"只为那来时受尽的千般苦，只为那紫金阁珍藏的经宝卷。

无底船过凌云渡，回头岸到雷音寺。

鼓刹雷音寺，如来大雄殿。四金刚，八菩萨，两行排列；五百罗汉，三千揭谛，金旨第传。

玄奘向佛祖殷殷作礼、倒身下拜，跪求真经，以济众生。如来佛祖开怜悯之口、发慈悲之心，命阿傩、伽叶开了宝阁，在三藏经中的《涅槃经》、《金刚经》、《宝藏经》、《大智度经》等三十五部经中检出五千零四十八卷给了玄奘，让其传流东土，永注洪恩。

法师取得真经，翌日东归，再次对佛祖叩头膜拜，遍礼三匝，信受奉行，承谨归诚。又一一谢了众圣，领经而去。

行至三山门前，见五方揭谛，四值功曹，六丁六甲，护教伽蓝等拥戴着观音菩萨在此送行。师徒见到观音莫不欢呼雀跃，如同见到了可敬可亲的人。

因为，观音不仅是一位救苦救难的菩萨，也是取经项目的成功组织者。

为组建取经队伍，她到东土大唐，亲见大唐皇帝，对其说明大乘佛法度亡脱苦的意义，使皇帝下决心派玄奘西天取经。并为他安排了三位徒弟一坐骑，组成了一支金、木、水、火、土五行齐全的取经团队。

因为，观音也是取经项目强有力的推动者。

悟空并非一开始就意志坚定，他感到"西方路上这等崎岖、似这等多折多磨，老孙的性命也难全"，如何能保得唐僧？如何能成得功果？因此他缺乏信心。观音则鼓励，到了"伤身苦磨之处，我许你叫天天应，叫地地灵，十分再到那难脱之际，我也亲来救你。"并赠以三根"救命毫毛"。这使悟空感到有了坚强的后盾，坚定了取经的信心。

因为，观音更是具有高水平的领导者。

许多神仙无法解决的难题，观音做起来是如此轻巧自如，体现了她的法力无边，超群的本领。对待几乎无人能收服的红孩儿、通天河中的金鱼怪、朱紫国的金毛犼、毒敌山的蝎子精等，她都及时前来解除厄难。

因为，观音也是循循善诱的导师和可以倾诉衷肠的挚友。

沙僧在流沙河受酷刑、心中凄苦与委屈无处可说，见观音到来："待我诉苦"。一切错处，一切委屈都可倾诉，如对一知己。在取经途中，孙悟空不但在有困难时请观音来帮助，有苦恼时，也是到观音面前倾诉。悟空打死了几个强盗，被唐僧赶走，"恼恼闷闷"地想回花果山，"恐本洞小妖见笑"；想去天宫，又"恐天宫内不容久住"；想投海岛，"又羞见那三岛诸仙"；想奔龙宫，又不愿"求告龙王"。走投无路时，只有观音的落伽山是个去处。他一见到观音，就"止不住泪如涌泉，放声大哭。"观音叫木叉与善财扶起他，听他倾诉，指出他打死人不对。然后又做玄奘的思想工作："你应该收留悟空。一路上魔障未消，必得他保护你，才得到灵山，见佛取经。"

因此，师徒四人见了观音，那是相当地亲切和亲近！

一番祝贺和惜别的言语之后，观音菩萨从善财童子手中接过一饰有杏黄色绸缎包裹的锦盒，递与玄奘，合掌道："佛祖赠你三藏真经，今日我也有一经书叫《我即公司》相送。此经功德，不可称量。不仅是我门之龟鉴，亦乃三教之源流，人生事业之圭臬。若到你那东土，示与一切众生，不可轻慢，非沐浴斋戒，不可开卷。慎之！宝之！重之！盖此内有万化人生和企业管理之奥秘，有涅槃主人翁精神之奇方也。"

玄奘及徒弟对观音感恩戴德，再三叩头拜谢，由佛祖之八大金刚驾云护送向东土而来。

天上方一日，世间已千年。

法师率领的取经团队于太宗贞观一三六二年（公元2016年）正月，终于回到了阔别了一十四年的京师长安。

那法天象地、帝王为尊、百僚拱侍、寓意长治久安的长安都城，迎来了盛大的节日。玉祥门彩绣高悬，钟楼朱雀大街红毡铺地；都城百姓道俗奔迎，倾都罢市地围观争视。宫殿上唐主赐宴、君臣言欢，热闹非凡！

有诗为证：

当年清宴乐升平，文武安然显俊英。

水陆场中僧演法，金銮殿上主差卿。

关文敕赐唐玄奘，西去经卷配五行。

万重凶魔扫除灭，功成归来喜上京。

太宗宴罢取经功臣的翌日，敕封玄奘为慈恩寺的上座法师和大唐西经翻译学院的院长。要求法师择日译出经文后，举办一场水陆法会，超度亡灵，普度众生。

师徒四人正式入住慈恩寺，取回的真经则于大雁塔内保存。

玄奘法师为早日翻译出经文，夜以继日，笔耕不辍。

开始时，三徒弟尚能刻苦勉力。稍后，那悟空、八戒凡思又起，心不在焉，功课怠懈，有时还诡秘地有意避开法师在讨论和筹划什么。

或一日黄昏，悟空、八戒引沙僧溜出寺院，流连于大雁塔北广场。

只见那大雁塔北山墙的"大唐盛世"浮雕长百米，呈现盛唐市井农桑的安定繁华和充满活力的大国气度；斗拱宏大、出檐深远、气势雄浑的胜景更显大唐气魄；观景平台、音乐喷泉、瀑布相连，层层叠水喷涌，朵朵莲花绽放；变频跑泉云海茫茫，美妙声光海鸥展翅翱翔，更现大唐风韵。

三人观此美景，疑为仙境，竟流连忘返。从此竟一发而不可收，更加无心佛事，一有机会即溜出佛门，到北广场游览。

法师认为人都是环境的奴隶，徒弟的分心是因了院外的喧嚣和浮躁，决定向孟母学习，先从改变周围的工作和生活环境入手。在报请太宗首肯后，将译经团队搬至二百里外比较清静的玉华寺。

谁知道，道高一尺魔高一丈，心乱源自心魔始。那徒弟三人依然空旷疲沓，连做一天和尚撞一天钟的最基本的职业道德都渐渐怠失了，上班无精打采，念经有口无心。

想那日佛祖将团队成员提升为佛国的高级领导干部，分别加封玄奘、悟空、八戒、沙僧、白龙马为斗战胜佛、净坛使者、金身罗汉、八部天龙，俱正果了本位。佛祖那时乘一时之兴，遂了法师众徒弟的心愿，除还了他们的人形外，还给悟空念了松箍咒，去掉了头上的金箍。

法师此时却愈加担心起来，西天取经的阶段性任务是看似完成了，但人生路上新的取经任务又将开始。去掉了紧箍咒以后，拿什么来制衡约束悟空，让他继续走向新的取经人生路呢？

想走得快靠个人，想走得远靠团队，团队的成功靠能力强大的骨干人才来支撑。人才有用不好用，庸才好用没有用。悟空是团队的骨干，神通广大。可是，花有几色，人分四等。一等人，有本事没脾气；二等人，有本事有脾气；三等人，没本事没脾气；四等人，没本事有脾气。

悟空本事大脾气也大，不服管。取经路上，我故意几次试错，想苦其心志、动心忍性，想磨炼和造化他。结果他猴性大发，总是撂挑子，想脱离组织回花果山，想占山为王。要不是如来赐我紧箍咒这个刚性制度工具，团队的取经大业将毁于一旦。一个组织里，能力越大的人，发挥得好其所起的作用力越大；若驾驭不好，反作用力也越大呀！现如今，悟空的紧箍咒已去，马无缰绳、船无风帆，我该如何让他带头干好眼前的工作呢？

玄奘正摇头懊恼间，他祯祥乍现、灵光一闪地猛然想起了观音菩萨临走时交给他的那卷经书《我即公司》来！

不知那观音的经书《我即公司》到底有何法力？能解去法师何种烦恼？且听下回分解。

一路向西就成功

　　新经济到底是什么？它是否像潮水一般惊涛骇浪地涌来，又悄无声息地撤去？它是否如泡沫一样，刹那时充斥视野，转瞬间又灰飞烟灭？新经济的出现说明着什么？意味着什么？揭示着什么？人们在探讨、在猜测、在寻找关于"成功"的答案。

诗曰：

混沌未分天地暗，茫茫渺渺无人见。

自从盘古破鸿蒙，开天辟地清浊辨。

清静空旷的玉华寺依山而建，佛殿与壁崖相连，石窟与回廊相接，是一座群山怀抱、逍遥尘外的世外桃源。

打坐诵经、念佛走香、慧灯朗朗的晚课过后，玄奘法师跨出佛殿高高的门槛。抬望眼，夜色清朗，月明星亮。

玄奘法师行过严饰道场、澡浴尘垢、着新洁衣、内外俱净、对说罪根、举体投地、皈依三宝、敬诚回向的八关斋礼之后，心无挂碍、虔诚万般地开启了《我即公司》。经书正文是梵文，注解全是巴利文。好在，这些都难不倒他。

佛教于东汉初年正式传入东土中原，圣朝的佛教史上，玄奘是与鸠摩罗什、真谛、不空四人并称为四大译师。鸠摩罗什重意译，文采流畅。玄奘重原著，逐字逐句，意在精准和严格。

观自在菩萨，行深般若波罗蜜多时，照见五蕴皆空，度一切苦厄，得阿褥多罗三藐三菩提。也就是说，观世音菩萨，在她很深很深的禅定境界中，发现人是由色、受、想、行、识这五大因素组成的。当这五大因素一解散，人身的内外相就空虚了，就不存在了。菩萨因此而开悟，就找到了超脱了一切的生死苦难之法，从而获得了无上、正等、正觉。

旃檀功德佛玄奘，也是在很深很深的月夜里，用色、受、想、行、识读出了《我即公司》生发出的大智慧，结出了开悟众生鸿蒙之果——我即公司，我就是以自己名字命名的公司！

这是一种"智慧的到达彼岸"，它解脱了人生、职场伦理混沌不清、高下难分之痛苦，也是无上、正等、正觉的开悟，也使人无有诸疾苦，离恼常安乐。功莫大焉，善哉，善哉！

法师此时正沉浸于内心的亢奋之中。

这时，门口传来了急促的脚步声和争吵声。

悟空和八戒两人大声嚷嚷着敲门走了进来，后面紧跟着的是沙僧。八戒的脸因气愤变成了猪肝色，声音提高到了十三度，房子的屋顶盖都快掀翻了，"师父，不公平，如来不公平！你得给我评评理嘞！"

"八戒，深更半夜的，有啥事不能到明天再说么？"法师嗔怪道。

"不行，我想知道猴哥说的是不是真的，这事不解决，俺睡不着！"八戒仍然愤愤不平。

法师问了一旁劝架的、曾经的卷帘将军悟净。

事情的起因是，悟空、八戒和沙僧一起午餐时，吃到最后时八戒的盘子里有剩菜。悟空让他吃完，八戒摸着滚圆的肚子，虽然面有难色，但还是勉强地将剩菜吃完了。可是悟空还是不依不饶，嫌他吃得不干净不彻底，没有按照寺院的规矩——净盘。逼他用了半个馒头蘸着汤汁，将盘子里的残菜剩液吃得干干净净，才算罢休。

悟空还逗他："佛祖当初给你提干当净坛使者的时候，就是考虑到你口壮身慵、食肠宽大。从今往后，除了你盘子里的、碗里的剩菜剩饭要打扫干净外，我和悟净的汤汤水水全都归你处理，这样才对得起你这个净坛使者的光荣称号么！"

八戒听完，当时就急了，要掀桌子！"哦，搞了半天，净坛使者是这么个来历啊！我还以为让我当美丽的天使呢，我可指望着大风起兮云飞扬，当上天使兮回高老庄呦！""我们都是一路跋山涉水过来的，凭什么你们都当了这佛那佛的，心安理得地接受别人的香火，吃香的，喝辣的。而我就只能当个垃圾回收桶？是可忍，孰不可忍？这绝对不公平！"

八戒此时的心情，就是当年悟空知道了"弼马温"在天庭里什么级别都算不上，什么人都不把他当盘菜后，闹将着要打进南天门要找玉帝评理时的心情，是一种被愚弄的恼怒和心底的隐隐作痛！

"阿弥陀佛，善哉，善哉！八戒，你又上了你猴哥的当喽！"法师一边揶揄道，一边端起了茶杯呷了一口茯苓茶："既然八戒将这事挑明了，很好！取经回来后，因一直忙于唐皇交付的工作，我们也好长时间没有一起过组织生活了。今天，我们就临时开个交心会吧！"

"佛祖在西天取经表彰大会上，公布的三十五名先进工作者里头，我们团队五名成员都位列其中。这一方面充分说明组织对我们取经项目的重视和认可，另一方面也说明领导在对待排名这件事上，是经过认真权衡和考虑的，是把我们团队成员放在重要的位置来看待的。"

法师清了清嗓子，继续道："此次果位排序加持，仅仅代表悟道的修为，没有地位的高低之分。佛、菩萨、罗汉的果位就好比是学位的博士、硕士、学士，根本不能用来做纵向比较，说谁比谁的官位大、谁比谁的职权小，这没有可比性。"

说到这，法师重重地用手指敲了一下桌子，给悟空瞪了一个白眼："对果位的名称，决不能望文生义、妄加臆断。净坛使者，就是吃饭时舔净盘子和坛子吗？那你悟空是斗战胜佛，若从字面上看，是不是你每次战斗都胜利了呢？未必吧，取经路上靠你自己战胜了几次？还有，悟净此次的果位叫八宝金身罗汉，如果也按照你的理解，那悟净就是以后再也不用上班，光呆在家里煮八宝粥喽？"

法师的这句话，让现场的三位都情不自禁地哄笑了起来，气氛一下子舒缓了许多，也似乎能闻到从师父那里飘过来茯苓茶香的味道了。

"严肃点啊，我的话还没讲完呢！八戒，你别忘了，你果位的全称是南无净坛使者菩萨。享受的是实职副部级待遇，佛国的供奉、香火、物资都统一归你部门计划、调度和管理。用世俗的眼光来看，这可是经济效益和社会福利最好的部门呐！你难道想和悟净对换一下果业职位吗？"

法师说着用眼角扫了一下八戒，八戒没注意师父在看他。他听了玄奘对他的岗位职务说明，正陶醉般地看着窗外的月色。透过月色，他仿佛又看到了那翩翩起舞的嫦娥。

沙僧此时站起身来，恰如其分地给师父的茶杯里续热水。

八戒被悟净从给师傅添水的动作中惊醒，从遥远的月光宝盒里拉回到法师的话里，"噢，不，不用换了，我听了师父的分析，才明白净坛使者是不错的果位。我一定干好本职工作，决不辜负上级领导的殷切期望和栽培！"

玄奘就知道八戒是个直肠子，群众基础好，人缘又好，最适合干这个总后勤的工作。他今天发的这通脾气，一是对岗位说明不清楚，二是受了那悟空的挑拨。今天我要抓住这个机会，给他们好好清清肠子、挖一挖思想根源，这段时间他们的表现是很糟糕，很令人失望的哟。

法师挺了挺身子，继续说道："此次，西天取经功劳最大的当然是南海观世音菩萨，从项目的组织、策划、协调、危机公关到各项流程细节的处理和落实，无不专心致志，无不亲力亲为，无不体现出她高超的领导艺术和才能。佛祖这次一心想提她到佛的果业上，她却坚辞不受。说，要等到普天之下的人都度成了佛，她才成佛。她这种甘居人后、高风亮节、利益众生的情怀早就超越了佛的'三觉'境界。她这样的菩萨，比起我们南无旃檀功德佛、南无斗战胜佛、南无净坛使者菩萨和南无八宝金身罗汉菩萨，无论是在法力深邃方面，还是在格局境界方面，比我们何止高千倍、万倍？像观音这样发广大心、立坚定志，誓愿往生、见佛闻法、得无上果、广度众生的菩萨，才是真正佛！"

八戒仿佛听懂了师父隐含的责备，起身向玄奘作揖道："师父，我这个猪脑袋欠考虑，做事情太冲动，太浮躁。平时念佛，有口无心，严重缺乏政治思想教育和道德信仰的学习，要不是师父及时地挽救和教诲，还差一点要酿成西天上访事件呢。那将是一失足成千古恨啊！师父，您惩罚我吧！"

悟空、悟净见八戒态度诚恳，也心有所动地连忙起身给师父赔罪和道歉。

玄奘也惊诧于自己电光火石间就取得了会议阶段性成果。可见《我即公司》赋予的正能量果然超巨，今天初试锋芒就有如此收获。看来，以后天天要细细参悟，理论结合实践，反复演练，直至炉火纯青，就可以高屋建瓴了！想到这，他意犹未尽、语重心长地对他们说道："徒弟们呀，第一次过组织生活，惩罚就免了。但需要提醒的是，希望你们以后再不能用看小人书式懵懂不辩的思维，这会影响我们对事物的判断和行为的。就知道这世界上只有两种人。第一种人是好人，第二种人是坏人。长得好看的就说这是好人，长得难看的就说这是坏人。那我要问你们，那长在好看和难看之间的好难看的人，到底是好人还是坏人呢？"

这句话又引起了众徒弟的一阵笑声，师徒间的和谐气氛又进一步推向了高潮。

悟空用一种既惊讶而又敬畏的眼神，隔着沙僧宽厚的肩膀打量着法师。师父在倏然间好像成了他眼里最熟悉的陌生人！以前那个迂腐、木讷、教条的师父，啥时候变得如此博学、深邃、睿智和风趣了？难道，去了一趟灵山，师父就真的有灵性了吗？真的成佛和顿悟了吗？悟空脑海里铺满了一层一层的问号，这些问号都可以用来当铺地的地板砖了！

"取经后，我们既然都已经修成了佛业的正果，那就要学会用佛眼来观天下。当朝以清正、廉明、真抓、实干深得民心的丞相魏征不是号召我们要有互联网+的思维吗？我们一定要……"

还没等玄奘法师说完，八戒就插话道："是的，师父，魏丞相还要求我们要把握机遇和发展趋势。说，风口来了，猪都会飞上天的，我上不上天，倒无关紧要。俺老猪当年就是在天上待腻了才下凡的，俺主要是想弄懂这趋势到底是哪路神仙呀！"

"呵呵，呆子，趋势就是事物前进的规律、形势、迹象和苗头么，这都不懂！"悟空不愧是望文生义的专家。

不苟言笑的沙僧这时回过头来，用一个呲牙、露齿的表情给猴哥点了个赞。会笑的人，运气不会太差！更何况，今年是猴年，要与猴们多多搞好关系。

"那圣朝发出了'万人创业、万众创新'的号召，这创业呀、创新呀，是不是趋势呢？"八戒瓮声瓮气地又与悟空较上劲了。

"是呀，是呀，朝廷还张榜公布，专门还发了红头文件呢，肯定是趋势呀！"

"你说的不算，我都上了你几回当了，这得问师父！"八戒的语气里竟然多了一种不屑。显然是因了净盘事件的破窗效应，造成了对悟空的疑窦和愤懑未消。

"对，对，师父最懂得圣朝政策！"沙僧又当起了和事佬。

三个人，六只眼，齐刷刷像探照灯似地对着玄奘照了过来，仿佛要将今夜的黑暗，照成黎明。

"经济要腾飞，思想不衰退，悟空这次说的对！万人创业、万众创新当然是趋势，这种趋势必将成为一种新的生活方式这既是一种潮流，也是一场新的产业革命。这场革命就是围绕'经济'这两个字展开的。要讲清楚这件事，要从三个方面来分析。"法师做了一下停顿，环顾了一下侧耳倾听的徒弟们。

"第一、从国际形势方面。新一轮科技革命和产业变革浪潮席卷而来。信息、能源、材料、医药、环保等领域技术不断取得激动人心的突破，催生了新的制造模式和商业模式，也催动着一场全人类走向智能生产、绿色生活的新变革。其中蕴含的诸多革命性变化，这将对圣朝竞争力和世界经济政治格局产生重大的影响。要想顺应这一潮流，只有加快创新和建设创新型国家，才能扎实推进经济转型升级和提质增效，抢占国际竞争的战略制高点。

第二、从国计民生方面。圣朝自改革开放以来，连续三十多年经济增速超过国际平均增速的两倍以上，并成为世界第二大经济体，这就是被国际上公认为圣朝奇迹的贞观之治。

随着支撑圣朝经济发展的要素条件发生了变化，传统的粗放型增长模式已经走到了尽头，圣朝的经济增长也由高速转向中高速的历史拐点。一方面是由于我前面提到的错综复杂的世界经济形势，另一方面是由于'中等收入陷阱'的现状，再一方面是由于传统的拉动经济增长的三驾马车，在圣朝经济新常态下角色也发生了转变。

因此，培育和促进新的消费需求成为新的经济增长点，成为稳定和拉动经济发展的突破口。消费对经济的拉动作用超过外贸和投资之和，消费成为圣朝经济发展的'稳定器'和经济增长的'新引擎'。尤其圣朝在资源和环境压力加大的情况下，唯有加快经济转型，特别是进一步兴起大众创业、万众创新热潮，才能为建设创新型国家筑牢基石，为经济发展增添持久动力。当然，创造新的消费需求，就离不开创新。只有创新出新的产品、新的商业模式，才能创造出新的消费需求，才能推动新的经济增长。

第三、从就业方面。圣朝近几年高校毕业生总数都高达七百万人以上，高校毕业生迎来最难的'毕业季'。不仅如此，每年的归国留学人员总数将近五十万，大量的"海龟"变成了"海带"。待业的海归们纷纷挤入人满为患的就业行列，更加剧了就业的压力。因此，与其让众多的毕业生来'找工作'，不如转变一下思路，鼓励和帮助大学毕业生中一些有创业能力和意愿的人来'创造工作'就业。

近年很多地方兴起的'创客风潮'不仅激发了无数人的激情梦想，也预示着我们将迎来一个'大众创业、万众创新'的崭新时代。'大众创业、万众创新'不仅给许多年轻人一个追梦的机会，对社会经济来说也具有极其重要的现实意义。"

三个徒弟听得有点入迷了！师父，就是师父！不仅对佛学博大精深，还对经济也是有如此深刻的研究。没看出来啊！取经路上也没有发现他有这业余爱好呀？忽然之间，他们对师父真正产生了一种仰视的膜拜！

　　玄奘从他们澎湃的表情里，读出了他们内心灼热的温度，读出了这段时间他们萎蔫不振的真正原因——他们想创业！这个判断像一道闪电擦亮了玄奘的整个天空。他们也许早就筹划商量了很久，差不多都已经有了具体详尽的方案了，只不过一直不敢跟我提起罢了。我倒要趁此机会好好探探他们的底。

　　玄奘微微合了一会眼，拨动了胸前六七个佛珠，忽然睁开眼对他们高声道："出家人不打诳语，不说妄言，现在就说说你们最近的创业计划吧！"

　　空气顿时仿佛凝固了，三人你看我，我看你，都要从对方的神色里找到泄密给师父的疑点。

　　"悟空，你是大师兄，还是你先说吧。"法师道。"你两位师弟并没有向我说过什么，是佛法无边的如来佛祖昨晚托梦给我的。"

　　悟空听了这话，感觉两股有点颤颤起来。暗室亏心，神目如电啊！我一个筋斗云虽能翻十万八千里，但终究跳不出佛祖的掌心，我脑子里的一个想法，还是逃不过佛祖的法眼。看来，我还是老老实实地给师父交代了吧！

世界这么大　我想去看看

　　自从西天取得正果回来以后，发生了许多事情，让我一直心神不宁，今天我就给师父做个思想报告吧，孙悟空说道。

　　上月还住在慈恩寺的时候，跟两位师弟晚上正心无旁骛地加班加点查找资料、翻译经文呢，我的手机却突然响了！是花果山CEO赤尻马猴马总打来的，他电话里跟我说了两件事：

第一、花果山是生您养您的地方。自从董事长您创业到取得真经大业以来，您总共才回来了四次。记得第一次，您师从菩提老祖学艺归来，铲除了魔鬼的黑恶势力做了齐天大圣。您的心灵是自由的，您的心情是愉悦的，您的笑容是灿烂的；唐三藏从五行山救您回来是第二次，您因有了承诺，有了责任，您的脚步是匆忙的。您留给我们的背影像大山一般，是厚重的、坚实的；三打白骨精您回来的那次，您虽然还是那么高兴和快乐，但我们还是读出了您的委屈、您的失落、您的牵挂；最后一次是为真假美猴王危机处理事件而回的家，您那次的心情糟透了，是气愤的、痛苦的、是百口莫辩的。

此后，您都一直忙于取经事业，学大禹治水三过家门而不入。花果山福地，水帘洞洞天。这里毕竟有您的童年、有您的欢笑、有您的回忆，如今取经事业大功告成了，您还是常回家看看吧！

第二、是关于经营方面的事情。公司业绩受整个经济大形势的影响，近两年效益提振乏力，减员增效的作用又不明显。必须要通过转型升级或采用新的商业模式等综合解决方案，才能得到根本改变。但提出和发现问题容易，改良和解决问题比登天还难。当然，董事长您登天就易如反掌，胜似闲庭信步！

在如何转型、如何升级等方面董事会开了好几次讨论会。会议总是在"方向不明决心大，心中无数主意多"的掌声中开始，总是在"意见不一，不了了之"甚至是在不欢而散中结束。

目前公司人事上也亟待调整：晓阴阳、会人事、善出入的赤尻马猴流副总，因三年前儿子和家属就办移民到了宝象国。他一个人留在国内工作，身体因在那年独自力敌九龙的战斗中负过伤，生活上又没有家属照顾，工作上总显得力不从心。

负责营销的通臂猿猴崩、芭两位正副总监当年拿日月、缩千山、辨休咎，也是给公司立过赫赫战功的。但两人在营销策划、品牌运营、团队管理方面观点相左、分歧太多。猴子的首要职责和任务是掰苞谷，他俩却没事就掰手腕！公司高层是这样，中层和普通员工就更不会好到哪里去。员工的普遍想法是，公司好不好、有没有发展前途那是领导的事，自己反正是拿固定工资的。冒尖了，遭人嫉妒；管多了，遭人愤恨。咸吃萝卜淡操心，干啥？

而我这个总经理，总是处于当消防队员的状态，总在协调、沟通、灭火，总是疲于奔命，总是劳而无功。公司现在猴心不稳、猴浮于事。我呢，年龄也大了，想退休。不是有那句话么，世界是你们的，也是我们的，但归根结底还是属于那帮猴孙们的。还是让年轻猴来干吧！我是很早就想退下来了，以前考虑到您的事业，不敢给您分心添乱。现在您那边的事情也告一段落了，恳求董事长尽快安排啊！

这些就是花果山让我颇为烦心的事！

还有一件事情，让我浮想联翩，久久难以平静——牛魔王竟然去年就回翠云山创业了！

这也是在慈恩寺时，我在网上看到的一段视频。那牛魔王对着记者的话筒，把自己当成了粉丝万千的时代明星侃侃而谈：

"作为一名长期受到领导教育和栽培的老同志，以前在地方工作的时候，由于放松了自我管理。满脑子的小农意识，没有丝毫社群意识、互利共赢意识，更缺少统一战线的意识。对革命信仰缺少追求，思想上得了软骨病。在工作作风、生活作风上以及对直系亲属管理等方面犯下了一些腐败的、严重的主观主义错误。感谢组织对我不抛弃不放弃，对我及时采取了治病救人的措施，这才有了我第二次生命。

时势造英雄，创业无止境。我要把我的第二次生命，献身于现代绿色、安全、健康食品的伟大事业。

我们翠云山天高云淡、山青水美、土肥草绿，是畜牧业最佳的天然牧场。我们不做产品的加工和生产，只做大自然食品的搬运工！我们将来要运营的项目有：牛魔王山庄、牛魔王观光牧场、牛魔王罐头食品、牛魔王绿色奶业等，打造以绿色健康食品为理念的牛产业链第一品牌。我创业的终极目标是，做一家有责任感、最受人尊敬、最牛的上市公司。我对公司未来的发展充满信心，我老牛的IPO不仅要在华尔街牛气冲天，而且还要在全世界各个城市的东西南北大街都牛不可挡！"

想当年，俺老孙得到金箍棒以后，遍访英豪，广交贤友。与牛魔王、蛟魔王、鹏魔王、狮驼王、猕猴王、禺狨王结拜为兄弟，结为七大圣联盟，算是一次原始的强强合作尝试。我还推举牛魔王做带头大哥，让他当了盟主。实指望各公司在他带领下能提升凝聚力、战斗力，能抱团取暖、共同对敌。可是，在李天王十万天兵天将围困花果山时，我终于知道了这世界上永远只有圆滑，永远没有圆满。那牛魔王为保存实力，蜻蜓点水，虚晃一枪，逃之夭夭。还有，过火焰山时，我向他家借一下芭蕉扇用用。他却小肚鸡肠，牛哄哄地不给兄弟面子，还跟俺老孙来了场断袍割义、大打出手。现如今，倒以投资家和企业家的身份和面目大出风头了。这让我情何以堪啊！

我将牛魔王创业的这事跟八戒和沙师弟透露后，他们都跟我一样，反响非常强烈。表示我们决不能落后那老牛，寻思着要不要也回乡创业呀。而且，花果山目前又是这么一种状况。

悟空的话刚刚说完，八戒又抢话道："是啊，是啊，俺老猪也不能让那老牛小瞧呀，当年我就气不过他那副重色轻友的嘴脸，一耙下去就挂了他二奶玉面狐狸的小命，好让他知道我这个天蓬元帅可不是吃素的！

叫俺老猪说句实话吧，既然圣朝将'大众创业、万众创新'作为一种带动就业的政策来推动，鼓励返乡创业、网上创业，支持科技人员在职或离岗创业等，体现了国家支持创业的新思路。魏丞相在世界达沃斯论坛上也承诺，要'打破一切体制机制的障碍'，让每个有创业愿望的人都拥有自主创业的空间，让创新创造的血液在全社会自由流动，让自主发展的精神在全体人民中蔚然成风。既然人们都有摆脱旧有生活秩序的渴望，而想融入另一股创业的潮流，都勇敢地大声说，'世界这么大，我想去看看'那我们为何不顺应历史的发展潮流呢？师父啊，我想回高老庄创业去呀！"

"回高老庄？"玄奘法师正喝了一口茶还没咽下去，一听这话差点喷了出来。"你回高老庄，能干啥呀？"

"俺老猪回去，可以干的事情那就太多喽！根据资金的状况，项目可大可小，可以围绕'高老庄'三个字做项目，什么高老庄酒楼、高老庄葡萄观光园、高老庄葡萄酒庄等。但这些项目只是属于'三十亩地一头牛，老婆孩子热炕头'的小打小闹。凭俺'猪八戒'三个字就有很多故事可讲，什么'猪八戒吃西瓜'、什么'猪八戒背媳妇'等都可以挖掘出很多商机和项目来。如果能吸引到大的天使投资，我就定位于文化产业，搞几个大的项目。那绝对比他老牛搞的畜牧业有品位，高端、大方、上档次！什么'猪八戒'广告策划、'猪八戒'婚庆礼仪、'猪八戒'影视传媒，甚至还可以拍几部电视剧和电影，什么《猪八戒当天蓬元帅的日子》、《猪八戒在高老庄的日子》、《猪八戒西天取经的那些事》等等。他牛魔王想干大事，哼！俺老猪也不是孬种！"

沙僧听了不禁欢欣鼓舞起来，边鼓掌边笑道："二师兄，你这些想法倒挺有意思的。不过，我担心那是你梦里娶媳妇，想得美啊！"

"唉，沙师弟，你还别说梦不梦的。马云不是有句著名的励志名言吗？'梦想还是要有的，万一实现了呢！'"

玄奘看着这形势，果然跟他开始判断的那样，他们早就身在曹营心在汉了，看来是留不住了。而且，他们留在这里给自己的译经工作，并不能帮多少忙。但真要让他们回去，还有很多事要处理。他们在佛国可是有正式编制的，是按佛规受戒过的。虽然古往今来的法律都没有规定不许出家人还俗，佛也允许不乐出家生活的比丘还俗："若我等不能精进，恐不能消信施，请乞还俗。"可取经归来后的他们，可是成了圣朝有光环的高僧大德了，唐皇会同意他们还俗吗？这些都需要从长计议啊！

"啊，今天时候不早了，再过一个多时辰，东方欲晓了。创业的事过几天我们再议吧！"玄奘挥了挥手，做了个结束的手势。

屋外，夜风透衣觉稍寒，启明星光尚无眠。

创业的冲动，更加强烈了

玄奘法师这几天在译经时，思想不能很好地集中，感觉有好几副画面老是在他眼前飘忽：悟空回到花果山的欢声雷动，八戒在高老庄与众人挥耙如雨，牛魔王盛大开业典礼。这些嘈杂浮华的场面形成了强大的干扰磁场，影响了这台翻译机器的高速运转。

他心里明白悟空和八戒说的那番话，扣动了他心弦上的一支箭，那离弦之箭将他的思绪向那灵山飞去，飞去！

跋涉了千山万水，说过了千言万语，想尽了千方百计，经历了千辛万苦。我们来了！来到了西牛贺洲的灵山圣地，我心中的麦加！终于"功成行满见真如"！十四年的五千零四十个日日夜夜里，都在用心用手来感知和触摸你佛祖纯真、圣洁的肌肤和容颜！

可是，接下来发生的一件事却毁了大徒弟悟空的三观。

师徒在第一次参拜如来后，如来命弟子阿傩、伽叶尊者去藏经阁处取三藏经文。不料阿傩、伽叶两人，却索要人事。悟空说来时没有备具人事，两人当即讥讽，说都像你这样我们后人就饿死了。悟空十分生气，便嚷嚷着要去如来处评理，阿傩、伽叶两人便只好将经拿出。

取得经来刚启程东去时，燃灯古佛派徒弟白雄尊者追来抖落经卷于地上，才知上当，取的竟然是无字经！

大王好见、小鬼难缠。此事只应冥界有，西方净土哪得闻？傲慢与偏见、卑鄙与势利怎么可能在这里发生呢？猴急猴急的悟空说，必须要举报这些蒙蔽佛祖和亵渎净土的腐败分子，必须要换回真经。

再次返回大雄宝殿，让悟空大跌眼镜的是，那如来和众佛、菩萨好像早就知道他们要回来似的，是一副如假包换的神态。看来，他们经常给别人发错货。而且，还习以为常，见怪不怪！肯定有很多消费者发现假货后，即使知道能换货，算算搭上来回的包裹费、快递费、协调费、口水费早都超过货值了，于是就只好捏着自己的鼻子自认倒霉。今天俺老孙幸亏碰上雷锋式的燃灯古佛同志，不然，回到东土大唐再打开包裹就后悔莫及，那时若见了唐皇，肯定是心受伤，泪千行，惟有系根绳套，头悬梁！

两位业务主管索贿不成就故意发错货，如来佛祖却不追究当事人的责任，还帮忙打圆场："经不可轻传，亦不可以空取，向时众比丘圣僧下山，曾将此经在舍卫国赵长者家与他诵了一遍，保他家生者安全，亡者超脱，只讨得他三斗三升米粒黄金回来，我还说他们忒卖贱了，教后代儿孙没钱使用。你如今空手来取，是以传了白本。白本者，乃无字真经，倒也是好的。因你那东土众生，愚迷不悟，只可以此传之耳。"

此话让悟空大吃一惊，让他仿佛吃了三只苍蝇。要不，在回来的路上，他为何呕吐、腹泻不止？想想那次自己变成苍蝇钻进铁扇公主肚子里，也确实太难为人家了。

第一只苍蝇是，当时比丘僧去舍卫国赵家，给人诵经保生者平安、死者超脱，收了人家三斗三升米粒黄金。就这，那如来还嫌给得少嘞。意思就是嫌我们一分钱都不出，于是就给我们一副白板麻将回去玩自摸游戏，这都好像已经是十分照顾了！

第二只苍蝇是，我们大唐可是世界强国，金山银山堆积如山，外汇储备不计其数。大唐的天空就飘着三个字，不差钱！佛祖你不想传有字经也就罢了。或者你就明说，必须要款到发货也行。大不了，俺老孙翻个筋斗云回去拿张大唐银行的金卡给你，那也不是个事呀。千不该、万不该，说我们东土众生、愚迷不悟，只配传无字经的资格。地球人都知道，我们圣朝是夜不闭户、路不拾遗，是何其高度文明和发达的国家？俺师父将唐王赐的无价之宝紫金钵给了阿傩、伽叶换成了有字真经，东土就不愚昧了？看来，愚昧不愚昧只跟你这要人事的规矩有关系！

第三只苍蝇是，如来开始时曾当着众佛、菩萨的面，说好了给我们三藏之数的真经："东土愚昧不明，所以教你们不辞辛苦前来，历经劫难，取得三藏真经，以超脱东土的种种苦恼。"结果只给了一藏之数，大家都知道我师父的名字唐僧、唐玄奘、唐三藏，是三位一体的。如今，这二藏之差，名不副实，相去甚远，这不是让我师父难堪么！

"无字经"事件使悟空心里产生了西方净土也有拜金主义，办事情也需要打通关节的印象。

为纠正悟空的极端思想，玄奘法师就抽空给他开了几次小灶，给他炖了几次心灵的鸡汤：

一、取无字经，也是佛祖设置西天之行九九八十一难的必考科目，看东土之人与无字真经是否有机缘。

二、千万不要以为无字经就是假经。燃灯古佛见阿傩、迦叶传无字经书，于是笑云："东土众僧愚迷，不识无字之经，却不枉费了圣僧这场跋涉？"而如来也说："白本者，乃无字真经，倒也是好的。"可见，"无字真经"是比有字真经更高深之经，愚迷之人难以参悟。常人参悟，要比参悟有字真经付出更多的精力，要经历更加艰难的磨砺。

佛祖灵山讲法，拈花微笑，传弟子迦叶的都是无字真经，这是禅宗的精髓所在。世上语言和文字虽然广泛，却无法把真正的佛法表达完整，能说出来的和写出来的，都只能是佛法当中的一小部分，如果执意地按照传下来的语言和文字去修习，肯定偏离了原来的佛法。故而禅宗以"直指人心，见性成佛"为根本宗旨。

三、佛祖关于人事的那番话里大有禅机和真意，而不是为了索要钱财。阿傩、伽叶说无人事后人皆饿死，是指众多佛家弟子，是为了后世之人。因为弘扬佛法也需要众生的支持和供奉。佛要把经文传承下去，让有缘人能够看到经文领悟成佛。但佛又不可能一直长存世间，只有把这个任务交给弟子。弟子们精心地护持着经文，就为了让其他那些没领悟的人能够在后世看到经文而领悟成佛。而这些人也是需要吃饭需要生存的，如果每个人去学习佛法都不给钱的话，那护法的人就无法生活，后世人也就没办法再看到经文，所以必须要人事的。这不是为了利益要的，而是为了经文能够长存于世间。

真经是用任何奇珍异宝买不到的，他是无价之宝，没有办法用任何的财富所能够衡量的。真经能够拿到手中，必须用自己的真心和努力来获得。容不得半点懈怠和松懈。因为天下没有免费的午餐，这个世界上从来没有不劳而获的事情。你想要获得什么，你就必须先要付出什么。如果不依靠自身的努力，那任何东西都不会无缘无故可以拿到手的。"民以食为天"，我们每天都必须依靠食物来维护和延续自己的生命。但是我们不能只顾着吃饭，而活得没有追求，没有目的，没有意义。阿傩尊者这是在告诉我们。食物只是救你的性命，而佛法却可以救你的慧命，两者之间必须要有一个取舍。大舍大得，小舍小得，不舍不得。舍中有得，舍即为得，舍之于物，得之于心。

这是阿难尊者给我们表明的佛法真谛所在，师父我自然就明白这样一个道理。所以就把钵盂供养给了阿难尊者以表明自己的心迹，也在向阿难尊者表明决心，我愿意用我的生命来维护佛法。我宁肯不吃饭饿死，也要取回佛法，表明了我坚韧的决心和毅力，宁向西方一步死，不退东土一步生。

佛法的目的是为了帮助人能够解脱自己、能够认识自己，不能亵渎了救助众生的大慈大悲的精神，去贱卖佛法，让救助众生苦难的佛法沦落为受人轻视的敛财工具。

赵长者是众生愚昧无知的代表，只顾眼前的一些如米粒般的小利益，只想求福、只想渴望超脱生死、只想家人一生平安。这就失去了众比丘圣僧去教导他的真实意义。他只是想从学习佛法中得到一些好处，只是把佛法仅仅用来当作一般超度的佛事。佛菩萨只好通过讨之以三斗三升米粒黄金这样一个善巧方便的方法，来消除赵长者不愿意布施的吝啬心理。示之以言者谆谆，听者藐藐的惩戒。

经不可轻传，亦不可以空取，是佛祖在暗向我们昭示：

一是，末法时期出现了一些有违背他的教导，诸如拿佛法做交易，拿佛法当钱卖，这些都是"迷人修福不修道，只言修福便是道"的乱象。

二是，免费的东西即使拥有，也毫不珍视、毫无价值。免费的午餐你味同嚼蜡，免费的书籍你视而不见，免费的情感你弃之如敝履。世上凡是免费的东西其实是最贵的，免费的背后往往有更多的诱惑、陷阱、黑洞在张网、在潜伏、在捕获。

佛祖所阐述的道理和意义深入浅出，极为深刻。好让我们众生能够有所领悟，有所启迪，也有所警醒。

悟空听了师父的这番话，这才消除了对如来佛祖的误会，内心更加虔诚地敬拜佛祖。

但悟空创业的冲动，却变得更加强烈了！

因为，圣朝的一个崭新的创业时代正在全面来临。有来自市场去库存去产能的刚需，有"一带一路"的拓展引领，有新一轮城镇化建设的机遇和经济转型的机遇以及消费市场转移的机遇等，都孕育着与之前完全不同的市场需求。敏锐的先行者们应该率先入场，在未知的领域开创出新的事业。

玄奘法师也认为悟空、八戒他们应该大胆地参与到这场创业的大潮中去。股神巴菲特不是说过，大潮退却过后，就能看出到底谁在裸泳。还是要趁着风起云涌、大潮叠起之际，放手劈波斩浪啊！

法师于是亲拟奏折将悟空他们想创业的情况呈报给了太宗。

唐皇竟然很快批复，同意悟空三人在协助法师完成《三藏西域记》的撰写和《瑜伽师地论》的部分翻译工作后还俗创业，并同等享受圣朝关于促进创业创新的文件中简政放权、减税降费、金融支持等十三个方面的鼓励扶持政策。

三月的玉华寺，已经有了浓郁的春天气息了。

虽然还有点春寒料峭，但那玉华河边的排排柳树毕竟已长出了串串嫩芽。

在玉华寺规模宏大的肃成院东北角，那几棵五六米高的菩提树此时也透满了鲜嫩的新叶。

"一切竟是如此顺利，莫非天意？"玄奘这样想道。

一路向西就成功

悟空、八戒、沙僧这晚功课后，聚到肃成院硕大的译经殿。法师让他们行了跪拜之礼后，拜读了太宗同意他们还俗创业的回复函。其中有几段看得法师，也恨不得想脱下袈裟、卷起袖子到外面去大干一场。

"……更有来自科技方面的改变，无论是人体的基因测序，还是环境保护的再造，新的技术都在催生创业者的梦想。诺贝尔经济学奖学得主爱德蒙德·菲尔普斯在《大繁荣：大众创新如何带来国家繁荣》中说，工业化地区创新能力的大小，取决于这个国家的大多数人，能够在多大范围以及多深程度上接触并使用最新科技。互联网+的出现，使得每一个传统行业都面临着挑战，是涅槃重生还是万劫不复，取决于每个行业领导者创新意识的强弱。墨守成规迟早将会面临出局！"

"上世纪80，90年代，曾经兴起一阵下海潮。知识分子、机关干部、国企员工、各个群体中都有人下海创业经商，最终诞生了一大批例如联想、万科、万通这样的业界巨头，相应地成就了柳传志、王石、冯仑这样的企业家。直到现在还有很多人后悔自己没赶上这一波致富潮。本世纪初，互联网产业蓬勃兴起，又有一大批人投入到互联网创业大潮中去，这些年轻人中就包括马云、马化腾、李彦宏等。阿里巴巴、腾讯、百度不仅成为圣朝互联网企业的领头羊，也成为圣朝企业闯荡世界的名片。"

"当年实行联产承包制，极大调动了亿万农民的积极性和创造性。不仅创造出了粮食生产的奇迹，而且迅速改变了圣朝的经济结构，加速了圣朝从传统农业大国向现代化工业国家的转变。特别是乡镇企业异军突起，农村剩余劳动力大量转移，极大地推动了我国城镇化进程。农村社会事业，社会风气和人们的精神面貌都发生了翻天覆地的变化。

如今，创业热潮所孕育的奇迹已露端倪。只要我们从体制机制和政策上大力支持和鼓励创业和创新，放手让一切劳动、知识、技术、管理、资本的活力竞相迸发，让一切创造社会财富的源泉充分涌流，让每一个创业创新者都拥有梦想成真的公平机会，圣朝必定能够开辟经济增长的新天地，必定能够形成奋发进取的时代新风尚和社会繁荣新气象！"

"皇上不愧是一代英主明君，胸怀全局，高屋建瓴，这真是万民之福啊！"法师率众徒面向南，又行了一次叩拜之礼后说道。

"悟空啊，你们现在心里面肯定是在摩拳擦掌、跃跃欲试了。但是，我可想给你们泼点冷水哟！自主创业，更大的困难是自我奋斗、自负盈亏。更大的风险是急于求成、急功近利、半途而废，更大的成功是与时俱进、自我超越、共享发展。创业本身就是优胜劣汰的过程，创业并不光鲜，更不好玩；创业过程就是西天取经的过程，会非常艰难非常寂寞。这既是对信心的极大考验，也是对能力的极大挑战，没有屡战屡败、屡败屡战的创业精神，很多人是撑不下来的。所以，创业可以说是成功率最低的行业。当然，我对你们抗拒困难和压力的能力是毫不怀疑和担心的！"

"担心的是你们还总是冲动，只会冲动！"法师加重了语气，继续说道。

"你有冲动，说明你还有激情；你总是冲动，说明你还不够成熟，说明你还很浮躁。世界一浮躁，魔鬼就发笑。

咱们佛家讲究，灵台清静，静能生慧，慧能生智。所以，我倒希望你们最近把自己空杯地静下心来，好好理一理头绪，做好规划。

结合西天取经成功的经验，我做了初步的整理和总结。如果说红孩儿那三昧真火能驱寒避疫，那么，我今天给你们准备的这温炖八珍汤，也有降火祛湿的功效。望你们好好咀嚼品尝，为成功创业打好基础：

一、行业。选择自己喜欢的能做的、发展前景比较好、市场需求量大、国家支持的行业。比如我当初选择佛教和西天取经项目，首先是我喜欢、孜孜以求，并将它当做了我毕生追求的事业。项目又是有广泛市场需求、国家支持、皇上钦点的重点工程。

二、平台。要发展就离不开平台的支持。打造平台有两种方法：自己创建一个平台和借用别人的平台，起步阶段要学会一个字：借。借人、借物、借势、借牌、借名。取经时我们很好地借用了圣朝、仙界和佛界的资源，那借的东西可就多喽，你们知道的。

三、圈子。你能走多远看与谁同行，圈子就是阶层，就是能量。你们回忆一下，道祖和佛祖法宝都是圈子，那是无边的法力和能量。太上老君的金刚琢圈，有千般变化，水火不侵。能狂吸各种兵器，妙用无穷；如来的声控密码紧箍圈，各依所用的咒语念一念，眼胀头痛、脑门皆裂、见肉生根，"任何神通广大的妖魔，管教他入我门来。"它的威力，悟空你是最有发言权的，我就不多说了。

四、朋友。小成功靠自己，大成功靠朋友，甚至靠敌人。大成功靠朋友好理解，靠敌人指的就是居安思危，成功典型案例就是越王勾践的卧薪尝胆。同样，我们取经时，既靠了自己的努力，也靠了许多朋友，甚至是敌人的支持，也不多说了。

五、名师。读万卷书还要行万里路，行万里路还要贵人相助，贵人相助还要名师指路。三人行必有我师，取经路上我们得到了三教九流名师的指点，让我们少走了很多弯路。

六、团队。小事情拼个人，一般事情拼团伙，大事业拼团队。梁山白衣秀才王伦只想着过大碗喝酒、大块吃肉占山为王的日子，没有将公司做大做强的理念和愿景，是典型的团伙做法。最终，王伦只好做了豹子头林冲刀下之鬼。而晁盖和宋江打出了替天行道的大旗后，公司发展一日千里，鼎盛时期达十万之众。西天取经团队坚持遵循如来救苦救难、普度众生的佛旨，得道多助，终于成就了一番事业。

七、方向。方向就是战略，就是有所为，有所不为。《战国策·魏策四》："犹至楚而北行也"中讲的南辕北辙的故事，告诫我们不要迷信奔跑的速度，如果方向错了，停止就是进步。进行取经项目时，我们有毅力、有定力。咬定青山不放松，一路向西就成功。即使迷路了，那太阳落下去的地方，就是我们的凝望，就是我们的方向。

八、坚持。成功的路上并不拥挤，因为能坚持的人并不多。光说不做淘汰一批，逢年过节淘汰一批，天气太热淘汰一批，天气太冷淘汰一批，亲人打击淘汰一批，朋友嘲笑淘汰一批，自己瞎折腾淘汰一批，不去学习淘汰一批，死不改变淘汰一批，自以为是淘汰一批。超越别人，就是在别人休息的时候，别人停止不前的时候，别人惆怅沮丧的时候，你却仍在百折不挠地坚持和坚守。

你想过普通的生活，就会遇到普通的挫折；你想过上最好的生活，就一定会遇上最强的伤害。世界很公平，你想要最好的，就一定会给你最痛苦的！

三徒弟这回是彻彻底底地被师父征服了，简直就是MBA总裁班教的内容么。实在不明白师父从哪儿知晓这么多道理的!

沙僧趁着给师父杯子里续水的当空,脸憋得通红地对法师说道:"师父,两位师兄回去都有事情可干了,我没地方可去,咋办?"

八戒撸了撸袖子说道:"嘿嘿,那还不简单!沙僧、沙僧,回去挖沙呀。靠山吃山,靠水吃水。猴哥吃山,你就吃水。那八百流沙界,三千弱水深,河沙取之不尽、用之不竭,何愁干不成通天事业?"

"二师兄,你有所不知。流沙河除了水势凶险外,还有一个奇异的自然造化:河水夹杂着细碎轻巧的浮沙,年年岁岁游动着,水与沙始终不分离。沙随水动,水随沙流,取不了沙子。就是能取得了沙子,谁会到那儿用沙呢?天山南麓盆地遍地是沙子啊!所以,我得跟师父干,让师父给找个项目。呵呵!"

大师兄悟空这时若有所思地说道:"师父不是刚给我们上课说,干大事要靠团队么,我们师徒四人是一个讲究整体打拼的团队。这样吧,我回花果山一段时间安顿安顿那边的事务,就马上回来。八戒也一样,先回高老庄。长期的打算,也就是长久之计,我们师徒四人还是一起创业、一起抱团取暖,不能各自为战。还是师父给我们当老大,做董事长,我们成立股份制公司。两位师弟同意吗?"

"同意,同意,相当地、严重地同意!俺老猪可就有了主心骨喽,沙师弟,就听大师兄的,没错!"沙僧鼓起来掌来:"哈哈,我求之不得,刚才不还正愁吗,现在好啦!"

玄奘法师被众徒弟黄袍加身了!当然,这黄袍不是让他当皇上,而是继续让他当带领大家进行二次创业的领头羊。

悟空话音刚落,忽见玄奘法师站起身,来到金刚座佛像前点烛焚香、祷告默念后,声若洪钟地对三徒弟连声道:不可,不可,万万不可!

三徒弟一听这话，当场惊得目瞪口呆。

有诗为证：

创业创新心已动，捷足先登意汹涌。

万事已然皆具备，东风无意全落空。

欲知法师为何对徒弟连声说不可不可，且听下回分解！

其实你已经是总裁

　　每个人都有与生俱来的父母给予的固定资产，有的人的资产却蒙上了厚厚的灰尘，有的人的资产在沉睡，而更多的人选择了盘活、选择了增值，使"我即公司"的资产越来越大。

《临江仙》：

梦里曾发几回愿，当个老板给你看。只因那，羡慕点赞，风光万般，青春衣锦好作伴。谁知高处不胜寒，船到江心帆却偃。回首遥望，归程断。苦无边，牙落肚里咽，尘泪满面。

老板的痛苦

众徒弟听师父连说不可不可，顿时大惊失色，慌了心神地将师父围住。

玄奘法师双眉紧蹙地说到，你们不要以为让为师当董事长当老板是尊重我、抬举我、成就我，其实你们是在苦我、烤我呀！

你们知道，圣朝人普遍都有宁为鸡头、不为凤尾，想自己说了算，想当老大的心结。不说别人，就说你悟空。在天庭做了弼马温你还嫌官位太小，不是吵着闹着做当齐天大圣吗？所以，圣朝人创业有其与生俱来的传统文化和价值观的基础。不想当元帅的士兵，绝对不是好厨师！

但有谁知道，当老板是下得了河，却上不了岸，是一种成功率很低的职业？

我给你们讲一个小故事吧：从前有个国王名叫狄奥尼·西奥斯，他统治着西西里最富庶的城市。他住在一座美丽的宫殿里，里面有无数美丽绝伦、价值连城的宝贝，一大群侍从恭候两旁，随时等候吩咐。国王有个朋友名叫达摩克利斯，他常对国王说："你多幸运啊，你拥有人们想要的一切，你一定是世界上最幸福的人！"

有一天，国王听腻了这样的话，对达摩克利斯说："你真的认为我比别人幸福吗？那么我愿意跟你换换位置。"于是，达摩克利斯穿上了王袍，戴上金制的王冠，坐在宴会厅的桌边，桌上摆满了美味佳肴。鲜花、美酒、稀有的香水，动人的乐曲，应有尽有。他觉得自己是世界上最幸福的人。

当他举起酒杯，突然发现天花板上倒悬着一把锋利的宝剑，尖端差点触到了自己的头！达摩克利斯身体僵住了，笑容也消失了，脸色煞白，双手颤抖，不想吃也不想喝了，只想逃出王宫，越远越好。

国王说："怎么了朋友？你怕那把随时可能掉下来的剑吗？我天天看见，它一直悬在我的头上，说不定什么时候、什么人或物就会斩断那根细线！或许，哪个大臣垂涎我的权力想杀死我；或许，有人散布谣言让百姓反对我；或许，邻国的国王会派兵夺取我的王位；或许，我的决策失误使我不得不退位。如果你想做统治者，你就必须冒各种风险，风险永远是与权力同在的。"

达摩克利斯说："是的，我知道了，除了财富和荣誉之外，你还有很多忧虑。请您回到您的宝座上去吧，我只想回我的家去。"从此，达摩克利斯非常珍惜自己的生活。

当老板和当国王一样,人人觊觎。看上去风光无限,其内心却千疮百孔。这其中有一定的历史原因和特殊的文化背景,比如封建社会里存在着不可避免的不平等现象,老板是剥削者的观念根深蒂固,导致了人们对老板的偏见,导致了老板的种种不易和痛苦:

首先,老板的痛苦有多方面的原因。战略抉择之痛苦,要处理好经营风险之痛苦,企业越大犯错误的风险越大,差之毫厘,失之千里;亲情之痛苦,亲戚朋友的误解和隔膜在某种程度上使老板成了孤家寡人;身体之痛苦,很多老板的倒下绝对是与累有关的;孤独之痛苦,老板风光永远只在表面,内心的苦楚更与何人说;安全之痛苦,常人缺乏安全感,老板有过之无不及;找不到好员工之痛苦,铁打的营盘流水的兵,鱿鱼的眼光比海深,物欲的横流使员工与职业化的忠诚度相去甚远;责任之痛苦,有限的公司,无限的责任,骆驼背上的稻草无数根;修炼之痛苦,老板的高度决定了企业天花板的高度,打造学习型的组织迫使老板又有了学鹰重生的痛苦。

所以,老板是一种表面看上去风光,内心却煎熬的职业。有许许多多的企业家,是因压力过大而身亡的。外人看老板的头衔响亮而威风,其背后却是日复一日地不眠之夜,年复一年地呕心沥血,精神之弦始终紧绷。企业是老板毕生的心血,老板为之付出了毕生的全部。

老板用智力、体能、勤劳、坚韧铸就了成功,成就了企业的辉煌,为员工、为国家、为社会做出了巨大的贡献。但是还有多少员工,却把老板当成榨取员工汗水的资本家,把老板看成现世的黄世仁、周扒皮。其实企业小时是老板自己的,企业大时在某种程度上是国家的。因为每个老板都有做强做大的情节,所以便不由自主地承担了越来越多的责任、风险和痛苦。

其次,老板的痛苦更多地还来自于其管理内部。

从老板的层面看,老板呼唤员工的忠诚。在这个硕士、博士满街走的时代，最不缺的是人才，最缺乏的却是人心，尤其是忠诚。尽管在现代社会，忠诚已经不是一种绝对意义上的、类似于仆从一样的人身依附关系，而是一种基于与"契约精神"的权利和义务对等意义上的忠诚。然而，这样的忠诚也日益稀缺。很多员工认为，自己和老板就是赤裸裸的劳动和报酬的交换关系，我工作，你付钱，天经地义，以人格上的平等来弱化"契约精神"上的敬业和忠诚。工作上虽谈不上完全的敷衍了事，但按部就班、拖沓应付的成分却少不了。

员工动不动就"炒"老板。心气儿不顺了就辞职，在老板这儿学到知识，长了本事，拿到资源就要让老板加薪。想的是如何才能干活少，拿钱多；不干活，也拿钱。干多少都嫌多，拿多少都嫌少；这山望着那山高，有人多出一点银子就与老板挥手拜拜了。

一个没有追求的员工，他的老板是很无奈的。老板鼓励道：好好干，干好了，我给你加薪。他说：我不爱钱，家里有钱，上班只是为了打发时间。老板改口道：好好干，我给你升职。他说：我现在做员工就很好，升职成了主管，还要管人，太麻烦了，我自己管自己就很好。老板仍不放弃地道：好好干，我给你学习和成长的机会，如何？他说：我现在完全能胜任工作，没有必要学习，太累！这样的员工你怎么管理？他什么都不要，他无欲则刚了。没有自己的人生追求，老板拿他怎么办？一个没有目标没有追求的人，就是一个不忠诚于自己的人，这样的人，怎么可能对老板对公司忠诚呢？所以，老板首先要教育员工成为对自己负责的人，然后才有可能对公司负责、对老板负责。因此，老板又要担负起社会教育的职能，要改变他们的世界观、人生观、价值观。老板肩负的责任和担子就更加沉重了！

从老板的层面看，老板总期盼有权威的执行力。老板的一句话虽然顶不了一万句，但应该一句是一句。作为企业的发起人，老板既是公司的所有者和经营者，又是企业核心精神和企业经营理念的人格化体现。老板的人格力量是企业不可缺少和替代的资源，是一笔不可忽视的无形资产。很多企业的崛起就跟创始人的象征性和号召力密不可分，还有不计其数的公司甚至干脆就直接用老板的名字做商标：松下幸之助是"松下"的灵魂，比尔·盖茨几乎就等同于"微软"，而韦尔奇简直就是"通用"的第二商标。客观地说，老板的权威绝对不是通过"造神运动"造出来的，而是从无到有，一步一个脚印，是长期吹尽黄沙始到金后沉淀形成的。

在公司的实际运营中，老板的威望和威信是政令畅通的坚强保证。一个成熟的员工，对老板的决定，理解的要执行，不理解的要在执行中理解。在执行中，不仅要处处留意和弥补老板的疏忽，还要不露声色地维护老板的威严。所以，不妨将"职场总规则"稍做改动：一、老板永远是对的；二、当怀疑老板不对时，请在第一条的原则下不动声色地纠正。

从老板的层面看，希望员工将职业当成事业。一旦你把职业当成你的事业，就会发现事业是你最好的滋补品、最好的化妆品和最亲密的恋人。比尔·盖茨在被问及他心目中的最佳员工是什么样时，他强调了这样一条：一个优秀的员工应该对自己的工作满怀热情，当他对客户介绍本公司的产品时，应该有一种传教士传道般的狂热！一句话，将你的职业当成一门事业来做，它的荣誉感和使命感会立即将你工作中的一切不如意一扫而空。工作越干越有劲，人越活越年轻，道路越走越宽广，生活越来越美好。

但是，毋庸讳言，圣朝目前的职场中，有这样观念的员工还不多。他们大多数人将工作仅仅当成一门养家糊口的、不得不从事的差事，谈不上什么荣誉感和使命感。甚至有很多人认为，我出力，老板出钱，等价交换。谁也不欠谁的，谁也不用过分认真。没有一丝创新的热情，而是像老牛拉磨一样，懒懒散散，不求有功，但求无过。只是想"熬啊熬，直到熬成了阿香婆"，便功德圆满。

张瑞敏曾感叹道："没有沉不了的船，没有垮不了的企业，一切取决于自己的努力。员工要三倍地努力，管理层要十倍地努力，老板要万倍地努力！""在外界激烈竞争下，要办好企业我每天身心都是备受煎熬和摧残""每天都是如履薄冰，战战兢兢！"

所以，老板都是在耗用整个生命在做企业的。我非常赞同马云打的比方：上山打猎，遇到猛兽。猎枪最后一颗子弹打完了，但猛兽还扑过来。这时可看出两种人：扔了猎枪就跑的，是打工的；没有猎枪，拔出刺刀迎上去的是老板。

如果爱一个人，你就让他当老板；如果恨一个人，你也让他当老板。你们说，让我来当董事长，那到底是爱我呢，还是恨我呢？

八戒嘿嘿地说道，师父呀，我们爱您帅气和崇高的外表，我们恨您见了妖怪就退缩和胆小。我们爱您恨您，谁也比不了！

悟空和沙僧听罢，噗哧而笑。

你们切莫笑我退缩，笑我胆小。想我金蝉子十世投胎转世，十次均以"未泄童贞之身"饲喂那些意在长生不老的妖魔鬼怪，给我精神造成多大的创伤和摧残呀！而现在，在很多人的眼里，依然把老板当成"唐僧肉"来看待，这怎么不让我胆颤心寒呢！

当然喽，我佛以慈悲为怀，讲究的是苦度众生。若让我来当这个救苦救难的董事长，我还有个萦绕于心的困惑或者说是前提条件需要好好推敲：

民营企业普遍存在着结构调整和转型的瓶颈。结构调整主要来自于国家在宏观的产业方面的调整，转型却包含两个内容，一方面为迎合国家宏观产业如向绿色、节能、环保产业的转型；另一方面是指公司在内部治理结构的转型。有很多公司在初创时，是采用有大哥或老师、师傅带领型的合伙人制。规模小时，问题和矛盾不太显现。等到公司发展到一定规模时，这种大哥式的经营管理模式的弊端就井喷了。

董事长是资本的代表人，他权力的合法性来自于《公司法》所赋予的股权。而大哥或师傅是权威的代表人，他的权力合法性来自于长期以来形成的暴力和强权。怎样把哥儿们弟兄或师徒靠感情来维系的合作关系，转变成股东的平等关系面临着巨大的挑战。

很多公司的衰败或倒闭，就是因为换了大哥或师傅，公司的战略、文化和价值观也就发生了变化。公司便失去了可持续发展的基因和条件，公司在宏观和资金的掌控上就缺少章法和理性。所以，把哥们变成股东、把大哥或师傅变成董事长是一场重大的组织变革和转型，是标志着真正进入公司化治理年代的自我蜕变。

哎呦，创业当个老板，还有这么多的学问呢，看来当老板真不是好干的活哟！俺老猪可是领教了喽。不过，师父呀，当这个救苦救难的老板，非你莫属啦，您不下地狱，谁下地狱呀！

还有，师父！我和悟空后天准备回高老庄和花果山了，您有什么交待的尽管吩咐，俺老猪一定听您的，绝不含糊！

法师说道，该说的我都说了。吉德林法则告诉我们，认识到问题就等于解决了问题的一半。而解决问题，必须通过有效地沟通。过去是沟通，现在是沟通，未来还是沟通！老板在管理中遇到的所有问题，用沟通的工具基本上都能解决。而不是像西天取经时，在遇到问题和阻力后，一律采用对抗、打击甚至是以暴制暴的方式。

明天我和沙僧、辩机去慈恩寺参加太子慈母感恩的诵经活动，你们临行前我就不送了。希望你们快去快回！

打工者的纠结

传统的观点认为，皇帝最主要的职责是给天下人做道德表率，而不是政治事务的具体执行者，只要端居深拱、清心寡欲、静默无为就可以了。

老子推崇"无为而治"。孔子也有同样的观点："无为而治者，其舜也与？夫何为哉？恭己正南面而已矣。"能够做到无为而治、不发号施令就能治理好天下的只有舜，他做了些什么呢？只不过是恭敬严肃地坐在宝座上而已。

荀子则干脆说："君者，论一相。"老板选好了职业经理人，皇帝选好了丞相，就能达到"不视而见，不听而聪，不虑而知，不动而动，快然而坐。天下从之如一体，如四肢之从心"的最高政治境界。

然而，精力充沛、拥有超强事业心和进取心的圣朝大帝却不以为然："天下至大，一念不谨，即贻四海之忧；一日不谨，即贻百年之患。"当老板当董事长哪有轻松的？马云说，做企业就像打仗，能活着回来就是成功。阿里巴巴付出的代价和努力超乎别人的想像，背后有太多的眼泪、委屈和挫折。

那一日，玄奘法师在慈恩寺礼佛完毕后，带着以渊博的学识、优雅流利的文采而著称的译经助手辩机在太极宫承晖殿接受皇帝的召见，太宗对《大唐西域记》的撰写和译经的进展非常满意，当即提诗点赞曰：

法轮含日转，花盖接云飞。

翠烟香绮阁，丹霞光宝衣。

幡虹遥合彩，空外迥分辉。

欣然阅此记，西域必将归。

太宗正准备亲自执笔作飞白草书，将诗赠给玄奘法师。不料从几案一堆的奏折里，滑落一张纸页，纸上却无名字和落款，用楷书写了四句七言诗：

日月惊丸浮生短，人事飞尘劳攘辛。

何时得遂心中愿，睡到黄粱自然醒。

太宗阅罢，龙颜沉郁，心情低迷地对玄奘道："御弟呀，朕自入住太极宫以来，日日寝不安枕，时时忧悬于心。虽宵衣旰食、朝乾夕惕，尚难理宇内万机之一。今观此臣心迹，虽发茶余饭后之慨，但不应如此消散颓废、萎靡不振。食君之禄，却不分君之忧；不思建功立业，只叹人生苦短，只盼睡醒自然。实在是令人寒颤失望，实非万民社稷之福啊！"

玄奘道："启禀皇上，吾近日译览研习观音所赐的经书《我即公司》以来，如灵光乍显，豁然洞开。其中玄机，为众妙之门，裨益匪浅！"

太宗兴致勃然，赐座法师，并示意他详尽叙述。

现在全人类都面临着三大危机的困扰：一、无节制开采和利用的生态危机；二、资源控制和掠夺的危机；三、过度追求物质而陷入的信仰危机。

危机产生的根源，并不是外在，而是内在。生态危机的产生，根源于人类内心的贪婪；资源掠夺危机的产生，根源于人类内心的嗔恨；信仰危机的产生，根源于人类内心的愚痴。贪婪、嗔恨、愚痴，又总根源于人类内心的我执。

因此，认识并克服我执已成为化解危机、成就和平与和谐的根本渠道。这是一条非常艰难而又漫长的道路。为了做到这一点，佛陀选择了出家修行，最终克服了我执，证得了无我的境界，因此获得了化解危机的智慧和力量。当觉悟的佛陀重归生活，给予人们谆谆教导的时候，无不是在告诉人们化解危机之道。

佛在《金刚经》中说："是法平等，无有高下。"就是教导人们，应当以平等、尊重、慈悲、奉献之心面对一切众生，奉献自我而不知疲厌，更能呈现生命的意义和价值，成就生命的尊严和神圣。

佛的"奉献自我而不知疲厌，呈现生命的意义和价值，成就生命的尊严和神圣"的核心思想，就是《我即公司》理论的基础。就是要我们放下我执，放下自我，将个人的"小我"上升到公司的"大我"层面去经营、去奉献，去成就人生的精彩。佛在《大般若经》中所说："菩萨摩诃萨应发一切智智心，以大悲为上首，以无所得而为方便。"

言为心声，诗为心志。高雅的人，看背影就知道；奋进的人，听脚步声就知道。而有打工心态的人，我从这位臣子的诗里就知道。心生则种种法生，心灭则种种法灭。"何时得遂心中愿，睡到黄粱自然醒"，这完完全全就是一种打工的心态！历代有些文人雅士，推崇在出世中入世、在入世中出世，以出世之心、做入世之事。佛养心道养性，此种心态，修身养性则可，治国平天下难成矣。更有甚者，以无为之心入世，以有为之心出世，恃才傲物、意纵天高、放旷山林。虽可独善其身，却无益于苍天黎民，更无益于国家生产力的发展。

士人的避世清逸、洁身自好，国人的事不关己、明哲保身的土壤里滋生繁衍出了具有现代意味的打工心态。

"打工"是一个界限模糊，定义混乱，而且在一定时期专家和学者又不能准确界定的名词。是一个描述社会生产关系的俚语，是指从业人员在某个固定或不固定的利益主体下，获取一定生活资源的劳动手段。打工本来是一种很正常的生活方式，打工者所表现出来的心态却各有不同：

卑微、消极的眼光里，看到的是生活的无奈、悲苦、纠结，是"独在异乡为异客"的孤独；是"在家千日好，出门时时难"的辛酸；是"安能摧眉折腰事权贵"无望下的自我沉沦自我否定中，对苦难的悲怨和挣扎。

旷达、积极的视角中，"阳光总在风雨后"是生活对自我的磨炼和提升，"太阳每天都是新的"是对美好事物的追求和坚守，是对生命将要开出娇艳之花的期盼和热望。

看问题的角度不同，就会有不同的法相。而一个人的法相直接决定了他的果报。同样的工作环境，不同的工作心态和格局成就了他们不同的结果、不同的人生。

有三个建筑工人在共同砌一堵墙。这时，有人问他们："你们在干什么呀？"第一个头也没抬，没好气地说："你没看见吗？在垒墙。"

第二个人抬起头来说："我们当然要盖一间房子。"

第三个人边干活边唱歌，脸上满是笑容："我在盖一间非常漂亮的房子，不久的将来，这里将变成一个美丽的花园，人们会在这里幸福地生活。"

十年后，第一个人仍是一名建筑工人；而在施工现场拿着图纸的设计师竟然是第二个工人；至于第三个工人，现在已成了一家房地产公司的老板，前两个工人正在为他工作。

究竟什么是打工心态？简言之，就是眼睛紧盯工资报酬，把自己定位于打工者。既然把自己定位于打工者，就必然产生"尽量少做事，想法多挣钱"的心理，而"遇到事情躲着走，能少干就少干"就成为打工者的工作表现。打工心态害人不浅，其更多地表现出了"失败者的愤怒"的特质：

对自己的工作岗位不深入研究，满足现状，怕麻烦，一知半解，浅尝辄止；偷懒，拖延，千方百计地躲避脏活，累活。拈轻怕重以少干活为荣，自以为得计；打工者之间互相算计，自己不努力，还怕别人超过自己，对比自己强的人百般掣肘，大有"既生瑜，何生亮"之感，嫉贤妒能；除了关心自己那点可怜工资报酬，什么都不关心，整天浑浑噩噩，麻木不仁；马虎，浮躁，推卸责任，寻找借口，满嘴理由，没理也要辩三分，推诿扯皮；草率，冒失，大意，松懈，糊涂，糊弄，心存侥幸；牢骚满腹，满脑袋怨恨；反正俺是打工的，工作何须积极主动。出了问题，我不知道，谁说的你找谁去；工作嘛，差不多就行，干一天是一天，得过且过；不把心思放在工作上，而是投机取巧，寻找靠山，某领导说的就办，某领导说的就应付，看人行事、见风使舵；发现问题不提出，能解决也不解决，造成损失与我何干。

人往往能宽容不如自己的人而难宽容强于自己的人，因为强于自己的人总在提醒自己的失败。

所以，具有打工者心态的人也陷入了囚徒困境的纠结：假如同样的工作条件和同一个绩效评估标准下，甲和乙两个员工在付出同样的劳动力成本时，都获得了相同的劳动报酬。甲和乙两人都会选择消极怠工或偷懒，因为每个人都偷懒时，彼此的工作表现就会不相上下。虽然，两人都会放弃获得奖励的机会，但选择放弃比选择安逸、娱乐也许很值得。此外，如果有员工真的想要从工作中得到锻炼而选择主动长时间工作加班或额外的工作量，其他员工就视之为对集体的背叛和另类，于是全体就冷嘲热讽地排挤他、打压他，以惩罚这个不识时务的傻瓜。因此，只要员工在一起工作，而且彼此之间形成了重复博弈。

从某种意义上来说，长期的打工心态固化了人的思维，淡化了人的责任感，扼杀了人的创新思维，没有成本观念和质量意识，缺乏长远规划。最为关键的是，打工打得越久，看问题的视角就越悲观，总是站在受害人的角度思考问题，结果自己也就越自卑，心里就会滋生出失败者的愤怒。这样的心态下，他们带着执着与憧憬虽然栖居于城市，但内心对于城市永远有着隔阂与陌生，原乡情结、漂泊情结永远难以释怀。

所以，打工心态是对人力资源的极大浪费，是对生产积极性的极度扼杀，是意识形态的肠梗阻现象。要改变这种被动局面，唯有导入《我即公司》的思想理论体系，将打工心态向老板心态进行转化。

太宗听着法师对打工心态分析得如此透彻，心悦诚服。对"我即公司"的理念倍加赞赏后，又对法师提问道，两种心态如此天壤之别，那么，什么样的员工才是好员工呢？

玄奘法师道，看一个员工是否是好员工，最重要的一点就是看他是否能站在企业的高度、老板的角度思考问题。如果一个员工处处能为企业着想，为老板着想，那么即使这个员工低学历，也一样可以成为一个好员工。如果你以主人翁的心态思考问题，随时为老板出谋划策，排忧解难，那么有一天企业有什么好的发展机会，老板第一个想到的就是你。因为人都是相互帮助的，越是为老板着想的员工越能得到老板的重用，越是自私自利的员工越得不到老板的认可或提拔。多劳多得，少劳少得，不劳不得。舍不得，不舍得，得不到，这是最基本的道理。然而，有太多的员工就是做不到，他们一天到晚就是在工作上计较，在报酬上比较。总认为全公司人都占便宜，就是他吃亏，所以这种员工不愿意付出，不愿意贡献，他们害怕自己的付出得不到回报。可是，越不付出越没有回报，越没有回报，他越不想付出。恶性循环的结果就是自己最后被企业淘汰，被市场淘汰。因此，今天的求职者，他们之所以失业，不是他们能力不行，而是思想和心态不对。立讯精密董事长王来春去年再次入选"福布斯富豪榜"。据公开资料显示，王来春以前是富士康在大陆的第一批打工妹，曾在富士康线装事业部工作近十年。十年中，她一直以老板的心态打工、以老板的思维做事，最后做到了大陆员工的最高职位，离开富士康后，她才开始自主创业。

为什么有人打工一辈子还是打工的，而有人打工几年后就当上了主管或老板。其实，影响一个人能否当老板，关键要点不在于学历的高低，不在于工作时间的长短，而在于这个员工是否有老板的思维。一个员工看的是一个月的收获，一个经理看的是一年的收获，一个老板看的是一生的收获。一个人能看多远，决定了你能成就多少。越是计较眼前得失的人越不会成长，不会成功。人生的成功必须遵循因果定律。要想成功必先沉淀，要想出彩必先挂彩，要想出头必先埋头，要想得到必先付出。

太宗对法师的论述一边频频点头，一边回想当年的戎马疆场岁月，自己也是从零开始，一点一滴、一城一池地得了天下。得天下不易，治理天下更难。记得有位开国皇帝得了江山之后，下令设专人每天五更之时在城门谯楼上吹起画角，高声唱道：为君难，为臣又难，难也难；创业难，守成更难，难也难；保家难，保身又难，难也难。

唐太宗记得就创业和守业的难易也问过魏征和房玄龄，开创事业与保持基业哪一样更难？房玄龄说，开始时各路好汉起事于草莽，群雄竞相角逐，攻破阵地迫使敌人投降，苦战获胜才平定天下，创业就是难啊！魏征说，王业的兴起，必然是趁天下衰乱，推翻了昏庸的暴君，创业恐怕是天意授予和别人给予的机会罢了。既已得到天下，就会安于骄奢逸乐。国家由此就衰落，所以守业就是难啊！太宗总结道，玄龄跟随我平定天下，冒百死，遇一生，就看见创业的艰难。魏征跟随我安定天下，生怕富贵后骄奢起来，骄奢就会懒惰，懒散怠惰就会亡国，看到了守业的不容易。但是创业的不易，已经成为过去了；而守业的艰难，正是需要天下臣民认真谨慎对待才行啊！

太宗认为，事情的难度其实不在事情的本身，而是在办事的人对待办事的态度上。这种态度其实就是玄奘法师今天讲的心态！"我即公司"理论的魅力就在于将个人的我，提高到自己就是公司、自己就是老板的心态上。如果，我们圣朝人人都能将打工心态转变成为老板心态。那么，我们的国民就能变消极为积极、变被动为主动，个人创业的潜力和激情就能迸发；我们的官员就能去庸政怠政，就能为官一任造福八方；我们国家就能励精图治，就能自强于世界民族之林。如此，无为而治所倡导的"我无为，而民自化；我好静，而民自正；我无事，而民自富；我无欲，而民自朴"治国理想才能真正实现。圣朝应当将"我即公司"的思想理论"译布中华"，全面推行。这必将成就圣朝"将日月而无穷"、"与乾坤而永大"的不朽胜业！

太宗最后挥了挥他坚强有力的手臂，像是给自己下了个很大的决心，又像是对玄奘法师今天这番话语的总结和肯定，又像是对在他殿前已站立良久的魏征、长孙无忌、房玄龄、杜如晦和一班文武大臣们发出的铿锵指令。

其实你已经是总裁

人间四月芳菲尽，山寺桃花始盛开。

群山环抱的玉华山，林木葱郁，山花遍野，争奇斗艳，芬芳清香。寺前平畴沃野，景界开阔，寺后层峦叠嶂。玄奘法师手植的娑罗树，挺拔葱郁。一股清泉从寺后石隙流出，绕石渠淙淙而下，泉水清澈，四时不竭。

肃成院大雄宝殿的匾额上，有一句佛语"无去来处"。无所谓从哪里来，也无所谓到哪里去，如来无处不在。

自上次拜见了太宗之后数日，玄奘便又正知正觉地感知了佛祖的"无去来处"的法力：皇帝在承晖殿颁布诏书，令京城及天下诸寺度僧；颁发《我即公司》的《施行敕》，要求全国各级衙门、院校、企业认真宣讲、诵习、推行、贯彻。

于是，玄奘法师除了大量的译经工作外，还常常受邀到各院校授课。

长安管理学院的第七届MBA课程开始后，玄奘法师被邀请到学院开讲的就是《我即公司》的第二卷——其实你已经是总裁。

玄奘法师开宗明义，侃侃而谈。

佛教里有谈三心、四修的教义：发愿心、至诚心、深心。要求我们长时修、恭敬修、无间修、无余修，目的是为了让我们能成为一个专念、专修、专注的人。

今天我们就先讲讲两心，一是发愿心，二是成佛心。

首先，发愿心，是指普度众生的广大愿心。亦泛指许下愿心、发起誓愿之意。佛语里总指发求佛果菩提之心，以救济众生之心。盖菩萨所发之愿，有总愿、别愿、净土成佛愿等。

在大众创业盛行的当代，我们在座的每个人都想获得成功、走向人生的辉煌。现代成功学大师拿破仑·希尔认为："你就是你想要成为的人！"这句话说明了只要内心有一个标杆和愿景，它就会让你时刻进行自我暗示。这种自我暗示能够爆发出无限的潜力，让你有机会成为自己内心精神偶像那样的人，这是发愿心的力量所在。

你想要成为的人或者心里企图要实现某一个计划和目标的力量，这是发愿心的内核——意念，也叫企图心。

爱因斯坦曾经说过："意念要比知识重要得多——知识是有限的，而一个人的意念却是概括整个世界的一切，同时也在推动着世界不断前进。意念是知识进化的源头。"的确如此，意念是一个人人生之中最重要的存在因素，而且意念是加强人的潜意识并使之发挥出强大力量的核心因素和重要原因。

美国心理专家克龙巴赫·李·约瑟夫曾经认为："一个人有了不同的意念之后，其潜意识里就会不断加强和积蓄这种意念的力量，并且在行动中会发挥出其强大的力量。"这句话并不是凭空而来，而是经过了众多的实验和科学研究得出的，从这句话中就可以看出意念的重要性。尤其是在一个人的人生之中，肯定自我意念很重要，只要拥有了肯定的意念，才能让潜意识不断加强和发挥出其中的伟大力量，进而塑造一个成功完美的自我。

意念是每个人不断发展的一种能力。细数历史，所有的成功人士，不管是科学家还是政治、历史学家都有自己坚定的意念。可以说，正是意念给了这些人奋斗的无穷潜能量，才使他们取得了别人所不能拥有的成功。

意念是一个人所有创造力的源泉，心中的意念只要得到了肯定就能够获得无穷的潜能量，而潜能量是支配自我内心活动的一种有效力量。因此，意念是一个人自我改变和内心暗示的重要体现，也是加强潜在能力的重要因素。

这就如同人的思维，只有有了强大肯定的意念才能够有强大的潜在能力，而有了潜在的能力之后，思维才能像长了翅膀一样，飞得更高、更远。人们的心中有了肯定的意念之后，内心就会增加一种无形的力量，而这就是潜能力。通常而言，意念越强，潜能力也就越强大，距离成功也就会更近。

美国著名的心理学家哈罗德·凯利做了这样一个著名的实验。当时正值新学年开学之际，于是哈罗德请校长分别叫三位教师来办公室，并且分配给他们一个很重要的任务：校长从全校挑选100名最优秀的尖子生，并且将其分为三个班，分别让这三位教师教授。校长还对这三位教师说由于他们是全校最优秀和出色的教师，才将这个重任交给他们。由于这一百名学生的优秀程度可谓是拔尖的，所以校长希望这三位老师能够认真教授，不要给最优秀教师丢脸。这三位教师听到自己不但是最优秀的教师，而且还接受了最重要的任务，内心都非常高兴，他们欣然允诺，表示一定会努力培养学生们。但校长另外还叮嘱他们对待这些学生的教育方式也要像对待其他学生那样，不要太过张扬。

一年之后，实验结果出来了：这三个班级的学生的成绩在全年级中是最好的，可是哈罗德·凯利教授和校长突然将这三位老师再次叫到了办公室，并且对他们说出了实验的实情：其实这些学生根本就不是最优秀的，只不过是随机抽取的最普通的学生而已。这三位教师听到之后都非常诧异，但是令他们感到惊喜的是自己的教学水准得到了肯定。但这时候哈罗德·凯利又说出了一件令人们难以置信的事情：这三位老师并不是最优秀的，而只是随机抽取的普通教师。

这个实验能够更有力地验证这样的事实：这三个教师都认为自己确实是最出色的教师。他们在进行教学的时候总是会在内心进行自我心理暗示，肯定自我，并且对教学的工作充满无限的信心，激发出了他们潜意识中的潜在能量，所以让他们出色地发挥出了潜能力，最终他们就真的成了全校最优秀的教师。

这也证明了在做任何事情的时候，哪怕是最困难的事情，如果能够充分地肯定自我，拥有强有力的自我暗示心理，那么就向成功迈了一大步。因此，在面对挑战和困难的时候一定要时刻肯定自我，在心理上进行强大的自我暗示，只有这样才能激发潜意识中存在的无限潜在能力，使自己拥有美好的人生。

其次，是成佛心。

成佛心是什么？即菩萨（菩提萨埵的简称）心。菩提是通达自在彼岸的大智大慧，和一般的智慧概念有本质的区别。萨埵是有情、是慈悲。所以，成佛心就是一个人所具有的、可以令自己自觉的大智大慧和令众生觉悟的（觉他）的大慈大悲。

六祖慧能说：自性就是佛，佛就是自性，学法作佛莫向外求。自性悟，众生是佛，自性迷，佛即众生。所以，佛曰：人人都有佛性，人人都可以成佛。

刚才，我们彻彻底底地认知了发愿心意念的力量。在你们意念的自性里，都有一个共同的梦想和心结就是要创业当老板、当总裁、做伟人。我们从儿童到懂事开始，人人接受的是父母关于立志方面的启蒙，没有人立志长大后当小偷、干坏事的，无不是想在将来干出一番事业，能光宗耀祖、让父母脸上增色。这是多么伟大，多么美妙的人生理想啊，这是多么纯真无邪的佛心啊！

历史的车轮碾轧过沧桑，时代在沉沦与变迁中向前发展。这个社会充满了机遇和挑战，生于斯长于斯，多少人渴望命运之神对自己的眷顾，衣食无忧，生活美好，前途一片光明，无数人的创业人梦想靠自己的双手创造出巨大的财富和最美好的一切，并且希望自己有朝一日能通过当上老板或总裁，以实现自己的人生理想。

但今天我要告诉大家的是，其实你已经是总裁了，每个人都是以自己名字命名的公司总裁！

我要强调的是，你这个总裁不是现在才当的，也不是你将来才能当上，而是你呱呱落地后，你的公司就成立了，你就是"我即公司"的总裁了，只是你那时候还没有这个意识。等到你的父母给你取了名字后，你的"我即公司"就有了以你自己的名字命名的字号。长大后你所从事的小学、初中、高中、大学、硕士、博士的学业过程，都是在为"我即公司"积累无形和有形的经营资本。从此，"我即公司"的经营和管理伴随你的整个人生。

宋朝的一位比丘尼有首诗"尽日寻春不见春，芒鞋踏破岭头云。归来笑拈梅花嗅，春在枝头已十分。"讲的是关于寻找春之性的开悟，"其实你已经是总裁"讲的是关于自性的开悟。我们一直想当老板、想当总裁，"尽日寻春不见春"，却并不知道自己早已在经营着一家叫"我即公司"。当"春在枝头已十分"的时候，竟尚然不知！

"人身难得今已得，佛法难闻今已闻"。人人本具佛性，而佛性是万法齐备，无所不包的，已成之佛与凡人本具的佛性如灯灯相摄，构成了这一真实的法相。

"其实你已经是总裁"从大概念来理解，代表的就是我们现实所处的法相，是一种真实的人生，是一种存在着的形态。

"其实你已经是总裁"从因果关系分析，"我即公司"是因，"我是总裁"是果。是一种智慧的果。这个智慧能通达自在、辉煌人生彼岸的大智大慧。

"问春桂，桃李正芬华。年光随处满，何事独无花"。四月初的长安，是樱花绽放美艳的季节。管理学院的樱花和青龙寺的樱花一样负有盛名。

玄奘法师下午课讲完后，漫步在学院绚烂缤纷、樱羽弥漫、落地为晶的樱花林荫里。"林花谢了春红，太匆匆。无奈朝来寒雨晚来风。"樱花的灿烂绚丽、樱花的飘飞逸散，虽然只在瞬间，然而这瞬间的辉煌，却足以让人们一辈子都拥有了那最美艳的倩影。

樱花的美丽不在于花的本身，而在于它提示了在那段岁月里，曾经的邂逅、曾经的停留，曾经的回味，曾经的追忆。

玄奘法师抚摸着伸手可及、花团锦簇的树枝，仿佛触摸到了一段历史。

樱花原产喜马拉雅山山脉一带，靠近云南的山系，所以滇樱花自古以来就闻名天下。有一种说法，称日本樱花的祖本，是由日本僧人从云南带回去的。

这世上好像真的存在"墙里开花墙外香"的奇怪现象。被称为"世界花后"的郁金香原产地在土耳其，可荷兰把它做大做强了；樱花原产地在我们圣朝，可日本把它做大做强了；佛教原产地是西牛贺洲，我们圣朝现在却把它做大做强了。

历史和朝代总在不停地变换、更迭、交替，演绎着兴盛衰落，而物种、文化、思想、精神、宗教总是能突破时空的距离而薪火相传，并且散布得愈加广阔久远！

法师正徜徉在樱花的道路和故事的遐想里呢，忽觉得手机像按摩器般猛地震动起来，连忙拿出手机，当他看到来电显示的名字时，惊得他浑身直冒冷汗，不禁倒吸了一口凉气。

这正是：

从来好事就多磨，杞人忧愁因忧天。

佛门更有灵丹药，一诺布道赴灵山。

欲知法师接电话后为何如此惊悚和紧张，且听下回分解！

"我即公司"是全新的价值观

在经历了几十年的改革开放的激荡，我们的主流价值观在风云变幻的环境下发生了根本的变化，"我即公司"的全新价值观将要更新、重塑、颠覆传统。

上回书说到，玄奘法师接到了一个电话，是魏丞相打来的。

魏征，被唐太宗李世民尊为雕琢"美玉"的良工、曾任谏议大夫、左光禄大夫，宰相、封郑国公，谥文贞，为凌烟阁二十四功臣之一。太宗非常赞赏他只做良臣而不做忠臣的情怀："使自己身获美名，使君主成为明君，子孙相继，福禄无疆，是为良臣；使自己身受杀戮，使君主沦为暴君，家国并丧，空有其名，是为忠臣。"

魏征还以直谏敢言著称，是圣朝史上最负盛名的谏臣。以"犯颜直谏"而闻名，即使太宗在大怒之际，他也敢面折廷争，从不退让。他这种"上不负时主，下不阿权贵，中不侪亲戚，外不为朋党，不以逢时改节，不以图位卖忠"的"拗相公"的做派，让老板太宗都对他心生敬畏。

有一次，唐太宗想要去秦岭山中休闲打猎娱乐，顺便去农家乐吃上一回香椿炒土鸡蛋什么的，行装都已准备停当，最终却迟迟未能成行。后来，魏征问及此事，太宗笑着答道，当初确有这个想法，但害怕你又要直言进谏，又要说我不务正业，所以很快就打消了这个念头。

还有一次是，太宗得到了一只上好的鹞鹰，把它放在自己的肩膀上，很是得意。但当他看见魏征远远地向他走来时，便赶紧把鸟藏在怀中。魏征却故意奏事很久，致使鹞子闷死在太宗的怀中。

所以，玄奘法师接到魏征的电话当然要好一阵紧张啊，连老大都敬畏的硬骨头，谁心里不犯怵！更何况，魏丞相这么急叫他，却不是请他去喝酒、K歌、聚餐，而是让他立即去政事堂枢机房议事！

回想魏丞相在电话里，不冷不热地就抛出一句"你赶快来我办公室"就挂了电话，玄奘法师心里那个忐忑呀！"拗相公"可从来没有让我去过他办公室呀，难道是我最近工作上，有哪些失误或差错被他抓住辫子了吗？

玄奘法师脑海里快速过滤了一遍，没有什么纰漏呀。总不至于不允许我看樱花，以防我变成花和尚吧？喔，难道是？他电闪雷鸣般地想到了悟空、八戒两位徒弟，心里有一种莫名的惊恐升腾起来！对，肯定是这两人回去又惹出什么事端来了。都怪自己最近总是很忙，疏于叮咛。想到这，法师加快了脚步迈出学院大门。刚巧，自己叫的滴滴打车也到了跟前。

有一种胜利叫撤退，有一种失败叫占领，有一种念想叫忧天。"杞人忧天自心失，庸人自扰亦可恼"，原来是虚惊一场！

法师见了魏丞相后，心里一下和缓了许多。丞相不是他所想象的是那副韦陀般冷峻的黑脸，反倒是一副和颜悦色、谦谦君子般的神态。看来，人和镜子一样都不至是一面！不仅能反观过去，而且能映照未来。金刚怒目，菩萨低眉，皆是慈悲、皆是普度。

魏丞相道明了让他来的缘由，第八届经学高峰论坛将于本月中旬在灵山圣地召开。大会组委会邀请玄奘法师将《我即公司》作为论文在论坛弘法。

邀请函旗帜鲜明地阐述了本次高峰论坛的宗旨、理念、原则、目标：

佛陀示教，自利利他，普度众生。二千五百余年来，佛教超越种族与国界，东渐西输，南传北播，流布寰宇，蔚为世界三大宗教之一。在世界全球化、经济一体化的大势中，我们深感当今世界变化日新月异，时代潮流滚滚向前，我们应该契理应机，为世界佛教事业的整体发展，为人类的和平安乐献大智慧、放大光明，做大贡献。现阶段人类科学技术、物质文明方面取得了空前的成就，极大地改变了自然生态和社会环境，强烈地冲击着传统信仰、伦理观念、生活方式、行为习惯。因此，人类健全宗教信仰、提升精神品格就显得迫切而重要。以庄严国土、利乐有情为己任的佛教应该承担净化人心、化导社会的重任。

各国佛教界都十分重视以佛教理念改善现实人生，积极致力于文化教育、慈善救济、环境保护、反对战争、维护和平等事业；世界性佛教组织纷纷涌现，各国佛教界开始跨国界、跨语系团结合作，"世界佛教"的理念正在形成。当此一时千载，千载一时之际，设立"经学高峰论坛"可谓适逢其时，因缘具足。

法师对大会提出的"一粒种子可以长出一片森林，一种观念可以唤醒一群迷惘的心灵"的理念非常赞同。是的，论坛可以播撒无数的种子与观念，人心的再造凝聚、世界的和谐和平，就在我们的心念之间！

第八届经学高峰论坛会议的主会场灵山梵宫，坐落于钟灵毓秀的灵山脚下，气势恢宏的建筑与宝相庄严的灵山大佛比邻而立，瑰丽璀璨的艺术和独特深厚的佛教文化交相辉映。有来自全世界五大洲近五十个国家和地区的千余名高德大僧、专家学者、护法居士、社会贤达云集灵山参加了本次高峰论坛。

玄奘法师在会议第二天的下午，就《我即公司是全新的价值观》论文分了三个部分作了精彩的演讲。

有七律诗《明镜台》为证：

万物藉何生和灭，佛法因果启合开。

和聚缘起即得法，见法本性即如来。

宗派汇融开法筵，论坛弘法拂尘埃。

大德云集紫荆香，玄奘布施灵山台。

造就了真正的主人翁精神

当我们一提到主人翁精神，人们脑海里就会涌现出我们耳熟能详的那些劳模和英雄，他们无私奉献、不计得失、任劳任怨的精神曾经影响了一代又一代人。主人翁精神，曾经是社会价值观倡导的主流。然而，随着企业的改制和外企、民企的异军崛起，"打工"一词已基本成为"职工"的代名词，员工的打工心态逐渐成为了我们必须引以关注和重视的主流心态。

在许多人看来，市场经济年代，凡事讲究的是经济效益。我干活，你付钱。不出工，就没钱。其他与我一概无关，将劳动关系简单地归结为一种等值交换条件下的雇佣交易。因此，主人翁精神的缺失，不仅是对员工自我价值实现的埋葬，也是人力资源的巨大浪费，更是对我们圣朝倡导的核心价值观的扭曲和亵渎。

在主人翁精神越来越多地被打工心态所置换的今天，我们更加要呼唤"主人翁精神"，它不是一个空洞的口号，更不是一个过时了的符号。

因为主人翁精神是花之蕊、柳之态、刀之刃、人之气。它是人性里那道最耀眼的光焰，能将我们人生的道路照亮。"只要思想不滑坡，办法总比困难多。"这是主人翁精神面对困难时，从心底迸发出的呐喊。

因为主人翁精神是阳光的使者，它乐观、奔放，它温馨、浪漫。在它的世界里，没有阴霾和黑暗；在它的字典里，没有埋怨和苦难。"在迷雾中让你看透，阳光总在风雨后。"这是主人翁精神即使遇见人生风雨，也能透过迷雾看到阳光的达观。

因为主人翁精神是梅花香自苦寒的品质。它沉稳、坚韧，它承受、担当。在它的视野里，从不将责任和义务视为包袱和负担；在它的信念里，从来就是精益求精、勇闯第一，带领团队攀登高山。"要想成功必先沉淀，要想出彩必先挂彩，要想出头必先埋头，要想得到必先付出。"这是主人翁精神长期形成的价值观，并形成了付诸行动的良好习惯。

"我即公司"是产生真正"主人翁精神"的土壤：

一、"我即公司"突破了自然人或员工的属性和定性，也不局限于时间、空间的限制。一个呱呱落地的婴儿自离开母体的那一刻起，世界上独一无二的、以个人为单位的公司就已经成立了，而不仅仅是作为个体新生命的降临和诞生。等到满怀赤城之心的父母给孩子取了一个寄予深意和美意的名字后，这个公司就正式有了自己的字号和商标，字号是自己的姓名，商标的"LOGO"是自己的脸型和长相。这个有字号和商标的公司便与自己相伴一生，传承到老。

二、"我即公司"秉承了"我"参与和融入社会活动后所表现的集体主义哲学传统，强调了自然人社会化的属性，即人是社会关系的总和。"我"实现了多少，"我"就有多少存在。这也体现了人本主义中自我实现、自我成就、自我救赎的佛学思想。因此，若要人本主义的个人价值得以实现，首先就要在社会活动参与和交换的条件下，才能有最美的自我绽放和呈现。

"我即公司"中的"我"不仅仅代表一个独立的小我，而是通过"我"的言行、举止、学识、涵养、技能、心态、德范，最终展现一个经营有方、生机蓬勃、可持续发展壮大、公司化的大"我"形象。

三、"我即公司"的理论体系虽然源于佛教，但是却彰显了它包罗万象的融合性。它与圣朝两千五百年以来儒家推崇的修治平的思想，更具有趋同性和一致性。"物格而后知至，知至而后意诚，意诚而后心正，心正而后身修，身修而后家齐，家齐而后国治，国治而后天下平"。通过对万事万物的研究，获得知识，使意念真诚、心思端正、品行修养，直至完成"我即公司"规范的科学治理，最后实现管理好家庭、家族、治理好国家，使天下永享太平的愿景。

"我即公司"，同样也满足了现代市场经济环境中充分竞争的必要条件。经济学是假设每个人都是在理性的前提下，每个人为了获得最大的受益或提高效率，直接或间接地和他人进行社会协作。比如，专业化提高了生产效率、商业化促进了交换、同行的竞争也提高了产品质量等，这些都是社会协作个人收益最大化的体现。同时，"我"的人性是有本性的弱点的、是利己的。作为一个经济原动力的利己心，这时便成为了一个经济交换的基础。要从别人那里获得自己所需要的东西，必须给别人以他所需要的东西。于是，就有分工、有交换、有价值、有货币等现象产生。人们在利己心的支配下做各种劳动，从而构成了私人财富和社会财富的源泉。

"我即公司"也是通过市场那只无形的手，来对"我"的思想和行为进行调节和控制，对"我"的要求就是：在利己的时候，先必须利他；我为人人的时候，人人才能为我。"我为人人"的基准点还不仅仅停留在自己的意愿度上，这仅仅是道的层面，还需要道和术合一才能成就卓越。所以，"我为人人"还要落实到"我"的能力、技能、能量、方法等"术"的提升上。所以，"我为人人"的简单而又质朴的思想和行为，其原动力就是发自内心的主动，主动为别人、为工作、为事业付出爱心、付出努力、付出身心，这才是一种真正的主人翁精神。

四、"我即公司"倡导每一个自然人将独立的小"我"上升到公司化的大"我"经营层面。人的生命、人的思想、人的精神、人的价值，无不是通过"经营"两字才得以传承、延续和实现的，学业如此，家业如此，事业依然。

人的经营活动可以分为两个层级的经营活动：

一是对自然界的经营活动，这种经营活动主要是对物质资料的经营，其目的是获得更多的物质利益、并使物质的量得到扩大、质量得到提高。

二是对人本身的经营，这种经营活动主要是对人的意识、行为、利益进行调节，其目的是使人的意识、行为规范化，平衡人们之间的利益冲突，保持社会稳定，维持社会公正。

第一类经营称为经济，即物质资料经营。经济被人们解释为"经邦济世"、"经国济民"的意思。第二类经营称为政治，即社会经营。人在经营的过程中，既有实现衣、食、住、行和文化娱乐等物质资料的欲望，达到履行社会化的经济职能的目的。同时又有满足安全感、荣耀感、社会活动和社会秩序的参与、维护、管理等自我价值实现的要求，以达到履行社会化的政治职能的目的。这种经营活动的主体是"我"，最终获取的收益和红利也是"我"。这种经营的整个过程完全符合"自主经营"、"自负盈亏"的公司化营运特征，不存在被动的、消极的思想，更不存在替别人"打工"的心态和行为。

综上所说，"我即公司"是关于"我"公司所有经营活动的阐述。在其整个经营活动中，血液是艳红的、流动的，生命是鲜活的、是充满张力，思想是积极的、奔放的，行为是激活的、主动的。因此，"我即公司"成就了真正的主人翁精神，彻底解放了自我设限的束缚、打碎了自我禁锢的牢笼、破解了

职业生涯的成功基因,使真正的主人翁精神能凝聚、积淀和扎根在千千万万个
"我"的心里!

事实证明,所有成功人士的身上,几乎无一例外地表现出了这种主人翁的
精神特征:把工作上的事当成自己的事,甚至比关心家事更关心工作;主动、
积极、负责、奉献、坚持、追求成功、永不言败。全身心地投入工作,全力以
赴地完成任务,以"怎样才能更好、怎样才能更快"的标准处理每一个工作细
节。他们这样做时,可能没有刻意地想得到什么,但是,只要长期坚持这样做
了,人生的价值最终就得以实现。

改变了劳动关系

劳动关系包含三个方面的内容,一、是指劳动者与用人单位,包括各类企
事业单位等在实现劳动过程中建立的社会经济关系。二、是指用人单位招用劳
动者为其成员,劳动者在用人单位的管理下提供有报酬的劳动而产生的权利义
务关系。三、是指劳动者通过与用人单位签订劳动合同或劳动协议所建立的法
律关系。

用人单位与员工建立了劳动关系后,就形成了管理的上下层级关系。单位
或企业管理人和改造人的方法有两类:一是,换人。二是,换脑。换脑的方法
就是不停地培训,心态培训、知识培训、技能培训。

但心态培训是掌声雷动,过后不动;知识培训是怦然心动,手脚不动;技
能培训是你教我动,不教不动。企业投入了大量的人力物力,收效甚微。由此
可知,人是社会关系的产物。要彻底改变一个人,不仅仅只改变他的情感、思

想和价值观，真正可靠的还是要改变人际关系中最重要的劳动关系。

"我即公司"理论体系，改变了传统的劳动关系：

一、主体不同。原来的劳动关系一方是符合劳动年龄并具有与履行劳动合同义务相适应能力的自然人，另一方是符合劳动法所规定条件的用人单位。"我即公司"的劳动关系由自然人上升到"我公司"与用人单位的平行平级的主体关系。尽管有很多人对此嗤之以鼻，并不认同这多此一举的形式，只讲究更多实际和实惠的内容。但是，名不正则言不顺。没有因，就没有果；没有形式，就没有内容。皮之不存毛将焉附？古猿人花三百万年的时间进化到人类的过程，追求的就是先从形似再到神似的过程。

二、内容不同。原来的劳动关系中形成的是管理与被管理、监督与被监督、指挥与被指挥的隶属关系。"我即公司"形成的劳动关系是平等主体下的合作关系，去除了寄人篱下只有靠打工获取生存权利的卑微怯懦的心理，夯实了真正的主人翁精神的土壤。不要小看这平等两字，人类为生而平等的伟大理想，几千年以来，一直抛头颅、洒热血地在为打碎各种有形和无形的不平等枷锁而努力。社会秩序是一项为其他一切权利提供基础的神圣权利，而社会秩序的神圣权利的核心和本质就是平等。

三、稳定性不同。原来雇佣的劳动关系多为一次性或临时性的工作，一般以完成特定工作或阶段性的工作为目的。

雇佣的打工关系产生懈怠、消极、离心离德，最终产生利益博弈、对立，甚至关系破裂是必然的结果。"拿人钱财替人消灾"，钱财的支付是双方确定的一个定数，说好了价钱后工作；但工作时间的准确性、工作投入的最终程度却没办法精确定性，全凭工作者自己的心情、良心或职业素养而定。公元前四世纪，亚历山大东征中，在夺取了小亚细亚后，欲南下攻取叙利亚。他亲率大军越过伊苏斯平原，在高加美拉地区与波斯国王大流士三世率领的由希腊雇佣兵组成的波斯军队，进行了一场大规模的战役。战役中，波斯军队因左翼雇佣军胆怯、懈怠而率先弃阵退却，导致全线崩溃，死伤十几万人，强大的波斯帝国从此土崩瓦解。

"我即公司"的劳动关系比较稳定，反映的是一种持续的生产资料拥有者和劳动对象之间的相结合的可持续关系，表现的是价值观趋同的合作关系。"以利相交，利尽则散"，唯有共同的价值观和经营理念才能跨越千山万水，才能合作久远。

四、回馈不同。原来劳动关系中劳动者只定期得到劳动报酬和享有劳动法律法规所规定的各项待遇和其他福利。"我即公司"的劳动关系因为有了真正的主人翁精神系统的支持，员工思想、行为、格局、境界、情怀发生了天翻地覆的变化，使企业的价值能实现最大化。企业股改时，这样的员工具备和满足了成为股东或合伙人的条件，从而实现劳动力的使用能创造出超过劳动力价值的剩余价值，从而参与企业的利润和经营增值的分配，为国家为社会创造财富。

颠覆了传统的世界观、人生观、价值观

世界观也叫宇宙观，它是人们对整个世界总的、最根本的看法。由于人们在社会实践中所处的地位不同，特别是阶级地位的不同、立场的不同，对世界事物就有不同的认识和看法，于是就形成了不同的世界观。人们的世界观不同，在观察问题和处理问题时，就会有不同的观点和方法，就会有不同的思想感情和对事物的不同态度，世界观是立场、观点、方法的统一。因此，世界观问题是一个最根本的问题。

世界观和他的理想、信念有机联系起来的，世界观总是处于最高层次，对理想和信念起支配作用和导向作用；同时世界观也是个性倾向性的最高层次，它是人的行为的最高调节器，制约着人的整个心理面貌，直接影响人的个性品质。可以讲，世界观决定一个人的价值观和人生观。

价值观是指人对客观事物的需求所表现出来的评价，它包括对人的生存和生活意义即人生观的看法，它是属于个性倾向性的范畴。价值观的含义很广，包括从人生的基本价值取向到个人对具体事物的态度。

人生观是指人们对人生的根本态度和看法。它是世界观的重要组成部分。人生观主要回答人为什么活着，人生的意义、价值、目的、理想、信念、追求等问题。人生观的基本内容包括幸福观、苦乐观、荣辱观、生死观、友谊观、道德观、审美观、公私观、恋爱观等等。

人的自我认识既是一个古老的问题，又是一个现实的问题。在中外思想史上，许多思想家都从不同的角度提出了自己的见解，其中不乏真知灼见，为科学揭示人的本质提供了大量的思想资料。任何人都是处在一定的社会关系中从事社会实践活动的人。社会属性是人的本质属性，人的自然属性也深深打上了社会属性的烙印。每一个人从他来到人世的那天起，即从属于一定的社会群体，同周围的人发生着各种各样的社会关系，如家庭关系、地缘关系、业缘关系、经济关系、政治关系、法律关系、道德关系等。这些社会关系的总和决定了人的本质。人们正是在这种客观的、现实的、不断变化的社会关系中塑造自我，成为真正意义上的人，成为具有个性特征的自我。

在实际生活中，人们不断面对各种各样的问题，逐渐地认识和领悟人生。到了一定年龄，无论自觉与否，人都会形成与自己的生活阅历、实际体验密切相关的关于人生的根本看法、价值判断和生活态度，这就是一个人的人生观。

如果一个人的人生观发生变化，往往会导致世界观发生变化。现实生活说明，一个人即使曾经树立了正确的世界观，在人生实践中，如果经不起拜金主义、享乐主义和极端个人主义等腐朽人生观的侵蚀，放弃了利他的人生观，正确的世界观必然也会丧失。

圣朝传统文化的主流是"君子喻于义，小人喻于利"，是鄙视利益、耻于金钱的。在义与利的取舍上，总是以义为先，崇尚舍生取义、杀身成仁。随着市场经济飞速发展，人们的世界观、人生观、价值观发生了较大的变化。"孔方兄"被祭上了神坛，人们盲目崇拜金钱、把金钱价值看作最高价值、一切价值都要服从于金钱价值。太过强调金钱的重要性，以致于拜金主义者变得唯利是图、对许多事物只看得到表面，看不到其中的内涵，精神层面也极为空虚，这是造成现代社会物欲横流、道德沦丧的原因之一。

从社会历史根源看，拜金主义的滋生与市场经济规则不完善有关。同时，市场经济自身的弱点和消极方面也会反映到精神生活中来。市场经济有自己的运行规则：一是市场行为主体在经济活动中要遵循等价交换原则，二是市场行为主体在经济活动中要追求利益或利润的最大化。同时，市场经济还是一种"消费经济"，靠消费引导生产，依赖消费拉动经济。结果是：一方面，物质利益和物质财富在推动经济社会发展中的地位和作用突显，这就有可能诱发人的趋利性，刺激人对物或金钱的欲求，从而滋生出对金钱的崇拜心理，导致"一切向钱看"。

另一方面，市场经济条件下之所以容易引发拜金主义，与财富和经济活动的符号化也有一定关系。市场经济离不开商品交换，商品交换离不开货币，作为中介的货币因而成为财富、商品的化身，成为普遍价值的代表，拥有了货币似乎就可以购买一切、占有一切。这就容易使人产生一种错觉，以为货币无所不能，使人产生对货币、金钱的崇拜，诱发对货币的无限制的追逐和占有，从而走向拜金主义。从拜金主义的产生看，拜金主义表面上是对金钱的崇拜，但这种崇拜的背后实际上是享乐主义、极端个人主义在作祟。拜金主义的抬头使崇高被蔑视、奉献被嘲讽、真善美被淡漠、主人翁精神被边缘。

"我即公司"理论倡导的主人翁利他精神，是市场经济的产生与发展在社会、政治、文化等方面的必要条件之一。每个社会成员只有首先讲道德、讲责任、讲主人翁、讲奉献，然后才是得到和回馈，形成"我为人人、人人为我"的良性循环。这样，经济才能长期健康发展，政治局面才能持续稳定，道德情操才能高尚、才能讲诚信友善，社会才能自由平等、才能长治久安，民族才能繁荣昌盛，国家才能民主富强、才能文明和谐。

"我即公司"理论是无惧的时中智慧，是点燃美好人生明灯的开示，是一种由内而外的全新心智模式。用这种心智模式推导出了两种截然不同的心态和人生。认识的制高点是自我认识。佛教力量的产生是更多地体现在帮助和提高众生形成自我认识的能力。人只有认识自己，才能战胜自己、提升自己，才能用准确的眼光和心性来感知世界、形成良好的价值观来改造世界，最终实现圆融通达的幸福人生。

而由于世相的存在和业障的干扰，人却是很难认识真实的自己。道家的祖宗老子骑着青牛来到函谷关告诫世人："知人者智，自知者明。胜人者有力，自胜者强。"古希腊哲学里面一个重要的命题、苏格拉底曾进行过论证和解说，深深影响了人类两千多年来的思辨和认识，至今仍作为时时提醒和警示、并镌刻在古希腊宗教中心戴尔菲阿波罗神庙柱子上的箴言是："认识你自己"。但是，诺贝尔文学奖得主、囊括毛姆文学奖、英国皇家文学会荣誉奖等几十项文学大奖、英国最伟大的女作家多丽丝·莱辛又很无奈地叹息道："我们的骄傲多半是基于我们的无知！"。

"我即公司"理论将对"我"的认识提升到从未有过的全新高度，摈弃原来自己的"小我"意识，格物致知地认识到，自己在世界上是以公司单元化的"大我"存在，直至将我们的人生经营格局提升到"无我"、"忘我"的大同境界。

所以，"我即公司"的理论颠覆了传统的世界观、人生观、价值观。

玄奘法师在峰会的演讲非常成功！他刚步出会议厅，就被一大帮记者围住了。并受到了经学协会会长慧远法师和大会组委会秘书长弘仁法师的亲切接见，宾主还于梵宫宴会厅共进了晚餐。晚宴后，玄奘法师和沙僧还接受了几家媒体的专访。

第二天早上，法师一打开手机便接到无数短信和微信的祝福和邀约。有四十余家的媒体、网站，用梵文、中、英文播发了法师在佛学大会演讲盛况的新闻和图片。继三个月前的西天取经热之后，法师又再度掀起了灵山《我即公司》的热潮。

会议期间，玄奘法师还饶有兴致地详细参观了灵山梵宫。

梵宫以南北为轴线，东西呈对称分布，总建筑面积达七万余平方米。内部各建筑空间独立且互相贯通，顶部为错落有致的五座华塔，后侧为曼陀罗形态的圣坛。梵宫的建筑形式突破传统，大量运用高大的石材廊柱、大跨度的梁柱，搭建出高耸的穹顶、超大面积的厅堂。既体现佛教的博大精深与崇高，又将传统文化元素与鲜明时代特征相融合。

梵宫建筑构造的巧妙、完美无缺的设计堪称佛教建筑中的鸟巢。走进梵宫，精雕细琢的东阳木雕、敦煌技师的手工壁画、光灿夺目的琉璃巨制、技艺精湛的扬州漆器，还有恢宏大气的油画组图、古雅精丽的景泰蓝须弥灯、精致典雅的瓯塑浮雕壁画，仿佛走入一个包罗万象的精品博物馆，美不胜收，引人入胜。

法师尤其还喜欢梵宫周围那满枝满树、蓬勃生机的紫荆花，一朵挨一朵、一簇拥一簇，紧密依偎、抱团绽放。与世无争、纯朴宁静地吐露清新淡雅的芬芳。

玄奘法师正对着紫荆花津津有味地冥思遐想呢！没曾想，沙僧急惊风地跑将过来，气喘吁吁地对法师道：师父呀，急死我了，我可找到你了！快走吧，有急事。

这正是：

佛观宇宙存天理，世间人眼难分明。

一万年光阴太久，晚来急只争朝夕。

欲知沙僧急匆匆地唤法师为何，且听下回分解！

"我即公司"唤醒了沉睡中的我

心理自我唤醒力也叫暗示力，是一种神奇的力量。我们中间的大多数人都具有非凡的潜在能力，但这种潜能大部分时间处于一种酣睡状态，需要不断地运用积极的信号来唤醒。

沙僧边走边跟法师说道，师父，你手机也不带，害得我好一阵苦找！香江财富商学院两位老师受院长的专程委托，想当面邀请您去讲课。已在酒店大厅等了快两小时了，他们因要赶下一趟航班，所以急着要见您。

法师慨然一笑，对沙僧说：万物都有定数，不用慌张。

这正是：

一切众生有佛性，如来常住无变恒。

果从因生皆缘分，事待理成凭天论。

有依空立非为虚，唤醒沉睡梦中人。

姓名解读正精进，正见正觉是根本。

一星期后的中午，玄奘法师和辩机下榻香江财富商学院附近的扬子江酒店。令法师欣喜的是，在这里他又看到了紫荆花。

紫荆花又称满枝红，因其有"繁荣、壮观、奋进"的象征，因此被市民广为栽种，并成为这座著名城市的市花。现在正是春暖花开的季节，树上万紫千红、繁花似锦、灿若红霞。

关于紫荆花，还有一个美丽的传说：

汉代有一个叫田真的兄弟三人分家，财产均分后，尚有屋前一株紫荆花树未分。兄弟三人约定次日将这株紫荆花树一分为三，各得其一。谁知次日清早，紫荆花树已枯萎死去。三兄弟见此情形非常感动：一棵树木听说要将它一分为三，尚且憔悴而死，难道我们兄弟三人还不如树木？于是兄弟三人不再提分家之事。没多久，屋前的那株同根连理的紫荆花树又繁茂起来，而且更加生机勃发。从此，紫荆花便成为团结和睦、骨肉难分的一种象征。

当然，吸引法师此行的不仅仅是那满街幽香的紫荆花，也不是香江财富商学院要进入世界十强商学院之列、为企业高层管理人员提供世界一流的系统管理教育的目标，而是其办学宗旨、理念与"我即公司"的理念不谋而合：

提倡"超团队精神"、"人文关怀"和"社会责任感"。希望学员不仅是社会财富的创造者，更是"为天地立心，为生民立命，为往圣继绝学，为天下开太平"之集大成者。这不仅要求他们能为民族振兴而团结凝聚，在个人修为上他们也必须诚信、正直、包容、胸怀天下，敢于承当"小我"之外的责任，乐于为回馈社会奉献自己的价值。

法师在学院能容纳三千人的学术报告厅，作了两天的课程演讲。除了对"我即公司"的理论体系作了进一步阐述外，还对第四卷《我即公司·唤醒沉睡中的我》进行了重点讲解。

唤醒沉睡中的我

世界为什么是无边的？万物为什么是无界的？

原因是世界不是实存的，而是本性与真空世界是一体的，万物本身也没有独立实存的特征。虚和无，空和有组成了世界万物的无边无界。然而，我们不能被一个错误的观念误导，以为空就是没有。

在佛教里面，空其实也是一种有。例如房子不空，就不能入住；耳朵、鼻子、口腔、肠胃不空，我们怎么能生存？我们口袋不空，东西放到那里？世界虚空不空，森罗万象如何安放？因为空，才有一切，"有"是依"空"而立的。

所以《般若心经》云："色即是空，空即是色。"龙树菩萨在《中论·观四谛品》中提出"以有空义故，一切法得成；若无空义故，一切则不成。"这就是"有依空立"的理论根据。

缘起性空正如拳头与手掌，五个指头合起来成为一个拳头，这叫缘起；放下来变成手掌，这叫性空。因为性空，所以才能缘起；因为缘起，故知本性是空。缘起性空的道理不容易懂，但是人生各种关系的存在，却都离开不了缘起性空的道理。意识是性空，唤醒是缘起。意识有时像手掌一样是空的，是沉睡的，需要缘起唤醒，才能形成五指攥起的拳头，像铁锤般刚强有力。

心理自我唤醒力也叫暗示力，是一种神奇的力量。我们中间的大多数人都具有非凡的潜在能力，但这种潜能大部分时间处于一种醋睡状态，需要不断地运用积极的信号来唤醒。

世界著名的心理学家布伦塔诺·弗朗兹告诉人们，我们可以与潜意识沟通。其实，潜意识就隐藏在人类大脑中的某个角落里，只要触动了它，它就能够带给人类无穷无尽的超能力——潜能。这种潜能可以完全操控一个人的命运、改变一个人的人生，并且能够帮助人们实现自己脑海中那些曾经有过的美好画面。当然，要想实现梦想与目标，就需要注意恰当地与潜意识进行沟通，唤醒脑海中沉睡的潜意识，让潜意识行动起来，激发你生命中的潜能，从而实现你的理想和目标，继而使你真正掌控自己的命运。

　　自我唤醒是人们的潜意识与外界进行良好沟通的一种媒介，它能激发起人们体内强大的潜能量，从而使人做一些令人意想不到的事情。此外，运用自我暗示的力量还能够不断地进行超越自我、突破自我，甚至能够改变自我，重塑一个完美的自我人生。

　　自我唤醒的力量是让你拥有成功人生的最重要因素。学会跟自己进行心理上的对话，不断地暗示自己、肯定自己，让自己的潜意识得到加强和发挥，才能拥有成功的人生。以"我"为中心，学会自我唤醒，从潜意识里找到自我的超能力，为自己树立一个切实的目标。这个目标不是为了取悦他人或者赢得一定的荣誉，而是顺应内心潜意识里的一种必然趋势。需要注意的是，在潜意识带你走向成功的道路上，一定要注重进行自我对话和鼓励："我一定能够和他一样好！"、"我能做到！"、"我是最棒的！"诸如此类的话是自我鼓励和暗示的一种力量，也是一个人走向成功的内在催化剂。

　　自我唤醒通过自己的主观念想进行自我激励，并且以改变自我行为和主观观念为目的。也可以这样说，自我暗示是一个人内心的"自我对话"。它代表自我的完全看法和想法，是一个人改变自我和做出行动的基础。

　　自我唤醒的力量是非常强大的，而且每个人在想要改变自我的时候都应该以一种积极的自我暗示来进行改变。经常与自我进行这样的对话："我的人生将会变得越来越好""我不会再抱怨，生活还是很美好的""我的理想就在前方，我会好好地去抓住""每天我要微笑面对每个人"等等，这些话语能够让内心变得积极向上。当然行动上也会做出相应的改变，如此一来，重塑自我也就变得很容易了。显然，这充分说明了自我暗示是无限能力的来源，也是行动的基础，同时还能改变自我的意志力。

　　自我唤醒可以改变一个人，也可以成就一个人——自我唤醒的力量是伟大的，它能够激发出一个人内心的无穷潜力来实现心中的理想。

米开朗基罗也用这样的方法唤醒过一位少年英雄。

米开朗基罗是意大利文艺复兴时期最伟大的画家、雕塑家和建筑师，也是一位热爱祖国热爱自由，反对专制抗击外族侵略的爱国志士和共和主义战士。

当年二十六岁的米开朗基罗，应约将一块曾经沉睡于地下达三十五年之久的巨型大理石雕刻成一尊塑像。面对一块沉睡久远的石头，他认为自己首要任务，就是尽快把石头中的人解放出来，赋予他生命和灵魂、唤醒他意识和情感。他一次又一次地围着大理石畅想、构思。

他的思绪穿梭于古代以色列、那个牧童少年大卫英勇抗敌的神话故事，他的想象回到了那个敌方巨人哥利亚正在逞凶战场，他的情感倾注于危急时刻那个用甩石器杀死了敌首，挽救了民族灾难的英雄。

他要将一位身体健壮、表情刚毅、目光炯炯有神的英雄美少年从沉睡的石头中唤醒。让他头部微俯，怒目裂眦地直视前方，表情中充满全神贯注的紧张情绪和坚强的意志：右手下垂、似将握拳，左手上举、握着搭在肩头的"甩石带"。身体中积蓄着伟大的力量随时可以爆发出来，随时准备给敌人以致命打击，让他以无畏勇气与阳刚力量的姿态走出大理石！

于是，米开朗基罗一层又一层、一锤又一锤、千雕万凿，用了将近四年的时间，终于完成了这尊近乎完美无缺的雕像。这尊雕像被认为是西方美术史上最值得夸耀的男性人体雕像之一。他塑造出来的不仅仅是一尊雕像，而是思想解放运动在艺术上得到表达的象征。作为一个时代雕塑艺术作品的最高境界，《大卫》将永远在艺术史中放射着不尽的光辉。

由此，为确保我即公司的可持续发展，我们要时时对自己的潜能量进行唤醒。因为我们每天的能量都在消耗，我们必须以这种方式对自己进行能量的补充和加持。

奥格·曼狄诺的《我是自然界最伟大的奇迹》，就是很好的一种唤醒方式，建议大家时时加以运用。法师还带头和大家一起诵读了这篇文章。

我是自然界最伟大的奇迹。

自从有了天地万物以来，没有一个人和我一样。我的头脑、心灵、眼睛、耳朵、双手、头发、嘴唇都是与众不同的。言谈举止和我完全一样的人以前没有，现在没有，以后也不会有。虽然四海之内皆兄弟，然而人人各异。我是独一无二的造化。

我是自然界最伟大的奇迹。

我不可能像动物一样容易满足。我心中燃烧着代代相传的火焰，它激励我超越自己，我要使这团火焰燃得更旺，向世界宣布我的笔迹，我的商标，我的成果，我的能力。从今以后，我要使自己的个性充分发展，因为这是我得以成功的一大资本。

我是自然界最伟大的奇迹。

我不再徒劳地模仿别人，而要展示自己的个性。我不但要宣扬它，还要运用它。我要学会去同存异，强调自己与众不同之处，回避人所共有的通性，并且要把这种原则运用到工作上。

我是自然界最伟大的奇迹。

物以稀为贵，我独行特立，因而身价百倍。但是，我的技艺、我的头脑、我的心灵、我的身体若不善加利用，都将随着时间的流逝而迟钝、腐朽，甚至死亡。我的潜力无穷无尽，脑力、体能稍加开发，就能获得超过以往的任何成就。从今天开始，我就要开发潜力。

我不再因昨日的成功沾沾自喜，不再为微不足道的成绩自吹自擂。我能做到的比已经完成的更好。

我是自然界最伟大的奇迹。

我不是随意来到这个世上的。我生来应为高山，而非草芥。从今往后，我要竭尽全力或为群峰之巅，将我的潜能发挥到极致。我绝不忘记，许多成功的人，其实只有一套说辞，却能使他们无往不胜。我也要不断改进自己的仪态和风度，因为这是吸引别人的美德。

我是自然界最伟大的奇迹。

我有双眼，可以观察；我有头脑，可以思考。现在我已洞悉了人一生中最大的奥秘。我发现，一切问题、沮丧、悲伤都是乔装打扮的机遇之神，我不再被他们的外表所蒙骗，我已睁开双眼，看破了他们的伪装。

我是自然界最伟大的奇迹。

飞禽走兽、花草树木、风雨山石、河流湖泊，都没有像我一样的起源。我孕育在爱中，肩负使命而生。过去我忽略了这个事实，从今往后，它将塑造我的性格，引导我的人生。

我是自然界最伟大的奇迹。

自然界不知何谓失败，始终以胜利者的姿态出现。我也要如此，因为成功一旦降临，就会再度光顾。

成功的密码从解读姓名开始

佛陀悟道之初，曾经宣示说，众生皆有佛性，人人皆可成佛，但因烦恼无明覆盖，因此不能证得。只要断除无明，拂尘去垢，开发佛性，自能证悟成佛，因此有所谓"佛是已觉悟的众生，众生是未觉悟的佛"。《大乘理趣六波罗蜜多经》卷一说："一切有情入佛智，以性清净无别故；佛与众生性不异，凡夫见异圣无差。"这就是"佛是人成"的最佳佐证。

人人皆有佛性，人人可达成功的彼岸。

但是，芸芸众生的一切痛苦都产生于无明，由于无知而产生了偏见与固执，不知苦、集、灭、道，不知过去、未来，不知终止苦的方法，不知自己的姓名里包含成功的密码。

一、姓名密码作用

姓名学乃心理学、社会学、哲学、历史学、民俗学精髓之大成，是一个人形象、素养、品味之世相。姓名不仅有普遍符号的意义，姓名还因其包含诸多音、形、义而蕴含无限的信息。

（一）、名字就是品牌。孔子说："名不正则言不顺。"一个公司要开张营业，首先是再三推敲了几个寓意吉利响亮的好名字。同样，孩子一落地，父母就绞尽脑汁地想给孩子取一个寄寓太多人生内容和希望的好名字。因为在人的一生中，除了身体为第一载体之外，人的名字就是人的第二载体，是生命超越年龄极限的延续。名字是一个人在处世交往的过程中给人的第一印象，是商务社交中首先递出的以名片形式出现的个人品牌。

（二）、名字蕴含正能量。姓名学最基本的意义为"音律、象形、涵义"，包含了物物一太极，其大无外，其小无内的道理。然后运用"天人地合一"、"在天成象，在地成形"的学说进行诠释其丰富的内涵。因为宇宙是一个大太极，自身也是一个小太极，两者结构是一致的，这被称叫宇宙全息论。

好名字能影响人的一生，是一种弥足珍贵的财富。一个吉利的名字本身就是一种力量，它像一个智者指导我们人生的方向，激励着我们蓬勃向上的斗志，推动我们的生命之舟披荆斩棘、奋力向前。姓名是自己的人生意义的图腾，名字可以在人的心理上产生唤醒和暗示作用，表明自己的人生理想或家庭愿望，对人一生的事业、身体、前途起着潜移默化的作用。

二、解读成功密码。

姓名就是我即公司的电台，时时刻刻地发射和接受具有个人公司特性的磁场电波。如果你接受和发射的都是积极的正向的，你的内心就充满激情、斗志昂扬、自信自强。反之，你就沮丧、愤懑、消极。正因为姓名具有神秘的力量，所以，有一个好名字显得多么重要！但是，刚出生的孩子可以取一个好名字，那对于已经有名字的人怎么办呢？总不能都申请改名吧，并且改名的手续又很难办理。办法当然有，那就是对自己的名字进行解读。

将自己现有的名字赋予新意、目标、愿景，并能用一句话清晰地诠释自己从哪里来、要到哪里去，表达"我即公司"的战略、目标、定位和决心等，同时反复地进行自我宣贯、演绎，唤醒自己潜在的能量，然后运用到每天实际的生活和工作中。这就是"化腐朽为神奇"的姓名解读。正所谓："赐子千金，不如教子一艺；教子一艺，不如赐解读姓名一法。"

那么，姓名该如何解读呢？

老子开篇时就谆谆教导我们说："道可道，非常道；名可名，非常名。无，名天地之始；有，名万物之母。"其含义有两层，一是从道的方面而言：道如果可以用言语来表述，那它就不是常道；名如果只以表面的文辞去命名，那它就不是常名。要从"无"中去体察悟道的奥秘，要从"有"中去发现道的端倪。二是从成功姓名的解读而言：如果姓名的解读仅仅按字面的意思去表情达意，那是肤浅的、不充分的，是不能将其成功的密码解读出来的。应以非常之心非常之意正向地将普通之名读出非常之道来。

姓名的解读，大概有拆分法、类比法、连贯法。但前提就只有一个：正向提取，正向放大。此乃姓名解读之核心、灵魂和根本，天、地、将、法，道为先！

（一）正向拆分法

"姓"字，为左右结构，左从"女"右为"生"，从"女"而生。在母系社会里，子女只知其母，而不知其父，母姓为后代唯一能确定的尊亲。正如《白虎通·三纲六纪》所云："古元时，未有三纲六纪，人民但知有母，不知有父"。"姓"是一个集合名词，是家族的标识，或表示与某个大家族的某一血缘关系更为亲近的部分。氏只是在汉朝以前才独立存在，它是"姓"的分支，"姓"是氏族的族号，氏族的成员都是以这个族号作为自己的姓。

"名"是指个人的符号，带有个人的烙印。在我国传统习俗中，"名"是在婴儿出生百日之后由父亲取定的。据《礼记·内则》记载，到了这一天，由母亲和保姆抱着婴儿来到厅堂见他的父亲，父亲郑重地握住孩子的手，给他取名。名取定以后，母亲和保姆把孩子抱回内室，然后把孩子的名字通告亲戚。父亲则立即把这个消息告诉朋友，并报告地方长官，入籍登记。因此命名仪式非常隆重，是孩子一生中的第一件大事，这种习俗现在虽然没有了，但给孩子过"百日"的风俗依然长盛不衰。百家姓氏皆有渊源和脉络，都能从仓颉造字和象形文字里探寻出你独特的姓氏起源的美好故事和传说。同时也可以从结构上加以分拆，以延伸和挖掘美化其寓意。比如："张"，可以分拆为弓和长，意为一张蓄势待发的长弓。"王"，可以拆分上面一横下面一横、上下相连、中间又有一横，意为天地之间以一冠之，代表超越和优异。因为"天地之间人为贵，众人之中王为本"。"斌"，可以拆分文和武，意为智勇兼备、文武双全、超凡脱俗等等。

（二）正向类比法

姓名拆分是类比的前奏和动因，类比是提炼和画龙点睛。

类比法的作用是"由此及彼"。如果把"此"看作是前提，"彼"看作是结论，那么类比思维的过程就是一个推理过程。类比之所以能够"由此及彼"，之间经过了一个归纳和演绎程序：即从已知的某个或某些对象具有某情况，经过归纳得出某类所有对象都具有这情况，然后再经过推断得出另一个对象也具有这个情况。类比时，可将姓名中的"音同字不同"或"字同音不同"的字进行挖掘、修饰、美化，点石成金，赋予能量和新意。

（三）正向连贯法

弗洛伊德在《图腾和禁忌》中写道："名字是人格的重要组成部分，甚至是他灵魂心里的一部分。"华中师范大学心理学博士生导师佐斌教授也说："几乎所有的人都希望自己能对未来的人生产生一些积极的影响。虽然名字本身并不能决定一个人的命运，但通过姓名表达的寓意会让我们感到内心的安宁和自信。"

因此，拆分和类比后，必须要用连贯法像用一根线来串联粒粒珍珠形成项链一样，才能前后一致性地提升姓名的真正内涵。

现代人迫于工作和生活的压力会处于沉闷、敏感、浮躁、患得患失的精神疾患状态。内心的愤怒和灰暗，会影响到主观对人生和价值观的判断和行动，这是种负面的能量，淤积于心脏久而久之会产生心魔。心魔会阻碍你心中真正的声音传达进你的思想和心灵的空域，就会更加低迷和颓废并采取过激的行为和方法。

因此，姓名的解读就是一种最好的自我激励的办法，每时每刻你都在用你的名字发射个人的磁场，你正向的宣贯就是自我赞美："我就是爱因斯坦"、

"我就是自己的信徒"以增加自信和克服困难的能量，用自己"编写的神话故事"向每一个人去传播和营销，以获取别人的认同和肯定，以达到和完成人生的终极目标。

国际著名激励大师约翰·库提斯说过：只要你相信，你就可以成为你想成为的那个人。他还有一句最著名的格言是"因为我们可以！"

真的，成功的激励，成功的人生可以从解读姓名开始。

正信佛法，即断疑生信。《华严经》上说，"信为道源功德母"，自信心就是道，就是佛。入佛法海，信为根本。相信，是万能的开始。

上士闻道

《道德经》里有一段话："上士闻道，勤而行之；中士闻道，若存若亡；下世闻道，大笑之。"有悟性的人听说"道"后深信不已，而且没有一点疑惑，认为它就是这么回事，并且勤勤恳恳、坚持不懈的去练习它、运用它；悟性不高的人听说"道"则有时将它放在心上，有时却忘得无影无踪，并且相信它和怀疑它的存在各占一半，也就是半信半疑。既不全信又有些信，既不否定又心怀一定的疑问；完全没有悟性的人，一听说"道"就大笑不止，认为荒诞不经。之所以大笑，是认为它就根本不会存在。所以就表现出鄙视、讥笑的语态，持完全否定的态度。

老子在这里将闻道的人分了三类：上士、中士、下士。不同类型的人对道的理解不同、感悟不同、执行力不同。尽管道虽然是客观存在的，但不可能被所有的人所认同，特别是在人们还没有对道的观念达成统一认识的时候。

"上士"之人道性浑厚。对道的悟性和灵敏度高，对道的玄机心有灵犀一点通，对道所蕴含的内容和信息高度认同和肯定，对道的存在深信不疑。所以，天道酬勤地加以运用和践行。由此，"上士"也可称之为"佛度有缘"之人。

"中士"之人道性中庸。对道的存在持半明半暗、半信半疑的态度，对道的规律、道的愿景缺乏足够的信心，是骑墙派和观望派。这种"若有种种诸障碍事，增长忧虑，或疑或悔"的"中士"是属于"缘合故有，缘尽则灭"之人。

"下士"之人道性缺乏。对道的存在固执己见，有强烈的主观意识，不能客观辩证地看待问题和接受新的思想和观点，只沉溺于自己的固有思维。他们如同智叟，对传道、修道之人加以嘲笑来显示自己的聪明才智。

佛教说我们这个宇宙共有三界二十八天，是个多维的立体空间，地上的蚂蚁就无法读懂生活在三维空间人类的思维和语言。因为无明和业障而难以理解多维宇宙的"下士"之人，是属于"但以凡情不解圣智，故又自作聪明，妄相诘难，殊可哀怜"之人。对于"不能知者，不可强说"的"下士"，一般采取"众生在迷，如生而盲者，迷本有家，若欲归还，须待人领"的方法，方可不致"撞墙磕壁，堕坑落堑"！

我即公司中的"成功从解读姓名密码开始"的开示，如"千年暗室，一灯烛照"。我坚信，这佛烛的光芒能穿越时空，将那暗室的角角落落照耀得晶莹透亮。我也希望，各位学员今后在各自的生活和工作中，能时时加以运用和实践，使自己的事业更加辉煌和发达，使自己的人生更加圆融和幸福！

法师正准备要结束当天的课程演讲，却见主持人递过来一沓纸条，有概念性问题请教的，有课程预约的，有学习感想的，但大多是对自己名字如何解读请求帮助的。

其中，一位来自某集团公司的女学员因感悟颇深写得比较长：

尊敬的法师，您好！我是从事人力资源管理工作有十三年之久的老革命了，以前也接受过系统的管理学、宏微观经济学、心理学、组织行为学等学科的学习，以及参加过员工心态激励等方面的培训。但在具体的管理和实践时，就感觉员工在职业生涯规划、敬业精神、主人翁精神方面出现严重的缺位现象，尤其是现在崇尚个性自由解放、经济条件优裕、不想被束缚和压抑、一有机会就想创业、就想自我实现的年轻人，传统的管理思想和理念在他们身上就显得十分苍白、空乏和无力！这两天通过学习您关于"我即公司"的理论，有种"甘露洒心，醍醐灌顶"的感觉，很新颖、很有突破力。是一种很有实用价值的教导工具！我也要用您"我即公司"的理论给我自己的能量进行唤醒、提升，同时我还要将它作为人生的法宝分享给我的家人、我的亲朋好友和我们公司同仁和员工。现在，我有一个小小的要求，能否将您的《我即公司》理论编撰成书，以便于我们更好地学习、管理和实践。诚恳欢迎您到我们公司来讲课和指导，谢谢！

另一位来自上市公司从事营销管理的老总叫樊亚平，他写道：大师您好！我非常认同您关于"成功从解读姓名密码开始"的观点，正符合我们正能量的时代精神。每个人都可以从自己的名字里提振"我即公司"的激情和动力，实现人生价值和理想。我也想对自己的名字进行正能量的解读，但绞尽脑汁我都找不到感觉，我的名字很普通叫"樊亚平"，请大师无论如何指点和成全呀，多谢抬爱！

"我的名字叫李海兰，太大众了，怎么解读啊，万分纠结中。请大师赐教，功德无量喔！"一位在外企上班的女高管这样写道。

法师清了清嗓子，对大家说，鉴于时间关系，我就简单地回答一下以上三位学员的问题，其他的事宜，我们可以再找机会探讨。

第一个问题，好回答。是关于《我即公司》的书籍正在编撰之中，估计再过几个月该书就可以付梓了，请这位女学员再稍待时日。谢谢！

第二个问题，是关于名字的解读。名字的解读确实是门艺术，科技含量较高。关于名字的解读，按照名字解读的宏旨，姓名最好是自己来解，解铃还须系铃人么。因为，这里的"我"代表的是一个"公司"。"我自己公司"未来的经营战略、定位、目标、规划等只有你自己这个"公司的总裁"最清楚。因此，自己的名字自己解读，才能解出含金量、才能解出正能量，就如同自己过生日点蜡烛、切蛋糕前要自己许愿一样。别人替你许的愿，不叫许愿，那叫祝福。

当然，刚开始解读姓名时，感觉斗大的馒头无处下口，这很正常。现在，我就"樊亚平"先生的名字解读，做一次范例给大家以开示。大家初读由这三个字组成的姓名时，感觉不出哪里有高山流水或卓尔不群之处，感觉太平淡无奇了！其实，姓名的解读和魅力就在于化腐朽为神奇！

"樊亚平"这三个字真是太有玄机了：大家首先看这个"樊"字，乍一看，有人可能当场就懵了，会觉得无从下手。藩和樊都可与篱组成词语：藩篱和樊篱，都有限制和束缚的意思。"藩篱"是指具体的、感性的、形象的客观存在的实物"篱笆"的门户或屏障；"樊篱"是指理性的、抽象的主观能动、思想观念的虚物"篱笆"的限制和束缚。

根据这种思路，"樊亚平"先生的姓名解读就大致水落石出了：

"我要突破自我格局的樊篱与设限；以争创行业冠亚军的个人品牌处立

足；励精图治，潜心笃行，践行儒家'修身齐家治国平天下'之思想，为所服务的团队及企业创造最大价值！"

这时学员们纷纷站起来，为法师也为樊先生的名字成功解读鼓掌叫好！

第三问题，同样如此，也是姓名的解读。法师继续说道。

李海兰，这三个字虽然平凡无奇，但我们要解出深意来，这叫语不惊人死不休。下次李海兰学员给大家做报告或会议演讲，就可以这样做自我介绍，大家一定会耳目一新，你的关注度和人气指数也一定会大大提升：

"大家好！我姓李名海兰，我是茫茫人海中那朵普遍却不普通、平凡却不平庸，默默盛开着自信和吐露芬芳的兰花，我将秉承君子之气，兰花之质，努力进取，永不懈怠！"

又是一阵欢快的鼓掌声！

法师和辩机结束了香江财富商学院两天的课程。

离开香江前的一天，法师和辩机应宝济寺初慧主持的邀请，参加了该寺的新建万佛宝殿的落成仪式。观摩了寺院内收藏的驰誉中外画坛的岭南派大师高剑父及乃徒关山月、岭南三大诗家之称的陈恭尹等名家的书画、书法、文物。法师对宝济寺一百年前，大悦、顿修和悦明三位禅师在长满荆棘荒草、人迹罕至的大屿山，披荆斩棘、自耕自食、用功修道的精神和开山功行大德印象深刻，叹为观止！

法师和辩机原计划是由香江直接去参加由佛教联合会诸法师组成的"迎请佛陀真身舍利"的活动。但是，一个意外的消息，让法师他们改变了原来的行程，立即改道回国。

这正是：

船到江心补漏迟，树欲静时风不止。

不如意事常八九，可与人言无一二。

欲知法师为何改变计划，到底有何突发事件？且听下回分解！

盘点"我即公司"的资产

　　灵性注册资本的大小又完全取决于心灵货币的真正含金量，即在"我即公司"注册了多少爱，注册了多少专注，注册了多少勤奋，注册了多少创造力，注册了多少企图心，注册了多少知识和技能，注册了多少持之以恒。

常言道，计划没有变化快。玄奘法师突然接到了悟空和八戒回到了长安的消息，并且说有急事要和法师商量。法师和辩机只好改变行程计划，匆匆赶回长安。

五月的季节，南国已经进入了初夏，长安城却才是草木吐绿、春意盎然的时节。灞桥河边、广运潭畔，柳荡绿波，柳絮风起、大雪所似，诗情无限。秦砖汉瓦中有说不尽的传奇故事，暮鼓晨钟里有道不尽的悠远沧桑。

登塔望远，古城墙厚重，雄浑逶迤；鼓楼苍健，恢宏苍朴；兵马俑壮魄，庞大繁盛；大雁塔巍峨，佛香缭绕。

相由心生，境随心转。心情是景色的酵母，景色是心情的映照。春天是进士发榜的时节，此时的长安城，处处春风拂面，百花盛开。尤其那曲江池畔，更是成了"酒后人倒狂，花时天似醉；三春车马客，一代繁华地。"新科进士们，先要一起在曲江、杏园游宴，然后登临大雁塔，并题名塔壁留念。

二十七岁的白居易成为进士时，写下了"慈恩塔下题名处，十七人中最少年"的诗句。少年得志意汪洋，乐天翰林员外郎。

屡举进士不第、得第时已白发苍苍的鲁人刘沧更是豪迈地题壁："及第新春选胜游，杏园初宴曲江头；紫豪粉壁题仙籍，柳色箫声拂玉楼"。把自己考取功名在雁塔题名与录入仙籍相提并论。

连续两次落第、凭借"慈母手中线、临行密密缝"的激励，第三次终于考中却年近五十的孟郊，不禁心花怒放，喜不自胜："昔日龌龊不足夸，今朝放荡思无涯。春风得意马蹄疾，一日看尽长安花。"人逢喜事精神爽，诗人神采飞扬，心花怒放。一扫以往那种生活上的困顿和心情上的阴霾，迎着骀荡春风、策马奔驰于鲜花烂漫的长安道上。思绪无涯，天宇高远，大道平阔；马蹄清脆生风，偌大一座长安城，春花无数，却被他一日看遍。人生得意酣畅如此，夫复何求？此前两次落第的"晓月难为光，愁人难为肠。谁言春物荣，独见花上霜。"和"一夕九起嗟，梦短不到家。两度长安陌，空将泪见花。"的哀叹，早已抛到了九霄云外！

法师和辩机却无暇留意"入试出试，千春万春"长安城的胜意美景，风尘仆仆地赶回住处。

《大唐西域记》是由法师口授辩机编撰完成的，唐皇读后爱不释手，上次在太极宫承晖殿不禁当着法师的面夸赞编撰者文字优美、叙述流畅，世所难得。辩机也因此得以提升为高僧大德，他更加一心扑在帮助法师译经的事业上。为尽快翻译完《瑜伽师地论》，辩机直接赶回弘福寺加班加点。

玄奘法师则赶回慈恩寺，与悟空、悟能见面。

二次创业向北走

两个月时间的短暂分别，那悟空和悟能好像都换了个人似的，满口都是投资、经营、项目、金融、股权、众筹、互联网等名词。

悟空给师父汇报说，我回花果山后认真总结了师父您西天取经的成功经验，发现师父您很好地运用了股权激励的杠杆，使西天取经的大业得以圆满完成。

股权激励是一种通过经营者获得公司股权形式，使他们能够以股东的身份参与企业决策、分享利润、承担风险，从而勤勉尽责地为公司的长期发展服务的一种激励方法。为了使经理人关心股东利益，需要使经理人和股东的利益追求尽可能趋于一致。对此，股权激励是一个较好的解决方案。通过使经理人在一定时期内持有股权，享受股权的增值收益，并在一定程度上以一定方式承担风险，可以使经理人在经营过程中更多地关心公司的长期价值。虽然股权激励对防止经理人的短期行为，引导其长期行为具有较好的激励和约束作用，但如何用好股权激励杠杆却不是一件简单的事。

首先，股权激励必须有核心领导层来推动。

您是取经团队的核心大股东兼CEO。您意志坚忍，不畏艰险，遵守戒律，指挥方向。尽管您不会腾云驾雾，不会降妖捉怪。但您具备掌控全局、审时度势、整合资源、稳定团队、统一思想的卓越才能，使团队成员能看到取经成功后的希望。

其次，股权激励需要建立命运共同体。

西天取经成功之后，您给佛祖写申请，给我和八戒、沙僧、白龙马落实了政治和社会福利待遇，解除了对众徒弟取经前原来的刑罚，尤其最让我们感动的是给了我们"重新做人"的机会：让我们的容貌恢复了"人形"，给了我们莫大的自信心，尤其是八戒！可以毫不夸张地说，是跟着师父您的取经公司才彻底改变了我们共同的命运。所以，取经成功不仅仅是您个人的意愿和使命，更是成了我们整个团队共同的追求。我们是一个命运共同体，我们同舟共济，我们荣辱与共。

再其次，股权激励离不开紧箍咒式的约束机制。

什么样的汽车在公路上跑得最快？答案是，有刹车的汽车。紧箍咒是什么？是一种组织的力量，一种体制的管理制度，更是一种约束机制。确切地说，紧箍咒就是一个组织的刹车系统。一旦成为取经团队中的重要一员，就要遵守组织的纪律和规范，就要听从师父您的命令和指挥。尽管师父您有时也会懈怠也会有失误，但您的权威是决不容挑战的。我当初还不太理解您的苦心和做法，现在想来真是追悔莫及啊！

这一次我回花果山后进行了调研，就公司面临的现状进行了反复论证，我深刻地认识到您推行股权激励的重要性，实施股权激励才是吸引和留住人才最有效的手段。只有推行了适合花果山公司自身成长的股权激励措施，打造人才的"金手铐"，形成"着眼未来、利益共享、风险共担"的新型激励机制，才能充分发挥核心人才的人力资本和价值潜能，达到老板与员工同心协力的效果，才能共同做大花果山这块"蛋糕"，实现双赢。

因此，我通过引进最前沿的股改理论创始人、行业股改权威机构慧聪书院，由他们的专业团队对花果山公司股权激励方案进行了量身定做，制定了切实可行的整体股权激励解决方案，将部分净资产增量以股份形式奖励给激励对象。管理层赤尻马猴马总、流副总、营销总监通背猿猴崩总、芭副总监以及员工的增量持股达42%，其中管理层持股为25%，员工持股为17%，并制定了六年的具体激励实施计划。这让大家切身感受到了公司发展给自己带来的红利，形成命运共同体，凝聚人心，将事业推进到新的高度。目前股改后的花果山公司群情激昂，面貌焕然一新。

悟空将回花果山的情况简单地说完后，显得一脸的轻松和愉悦，和两个月回去之前的他判若两人。

法师正要对悟空取得的成果表示赞许，八戒却兴致勃勃地从西装口袋掏出名片夹，递过来一张精致的名片。

"八戒西经影业投资有限公司总裁，国内资深影视出品人、制作人"法师随口读出了八戒的名片。

"师父，这是我半个月前签约成功的项目，总投资有三个亿呢，大师兄也有股份呢！"八戒满脸的喜悦。

法师却一脸的惊讶，你是如何定位的？如何获得创业资本的？

"我们这个影业公司，依托西经传媒集团丰沛雄厚的整合资源的能力，深度发掘西天取经优秀题材和影视文化资源，立足打造西天取经题材产业链第一品牌，将老百姓喜闻乐见的优秀影视作品搬上荧屏，以达到出版资源和影视制作的优势互补，实现出版产业链的完善和衍生。在加强影视制作的同时，公司签约众多一线明星，丰富发展艺人经纪、整合营销、宣传发行等版块，并结合电影院线建设，进行多元化投资运作，规划建设花果山、高老庄、西海龙宫、灵山圣地等影视基地项目。

关于创业资本的来源，还确实有点机缘巧合嘞！我刚回到高老庄没几天，就有幸参加了'众筹颠覆世界万人大会'，聆听了风险投资、商业模式和营销实战专家刘锐老师四个小时的众筹专题课程。他对众筹有深入的研究，发起组建了国内第一股权众筹平台，并成功发起众多众筹实战项目，被称为众筹第一实战人。

他在演讲说，现代众筹是指通过互联网方式发布筹款项目并募集资金。相对于传统的融资方式，众筹更为开放，能否获得资金也不再是由项目的商业价值作为唯一标准。只要是网友喜欢的项目，都可以通过众筹方式获得项目启动的第一笔资金，为更多经营或创作的人提供了无限的可能。

刘锐老师认为，众筹是终极的商业模式，也是商业的本质。而成功的众筹需要建立众筹生态圈，所以刘锐老师发起成立了国内最大的众筹生态平台——众筹万人会。通过众筹万人会，将众筹进行到底。万人众筹大楼、众筹NBA球队、众筹世界级足球队、众筹收购世界500强等项目都将一一得以实现！

我听了他的课程，我茅塞顿开，又是刹那间的顿悟！我忽然觉得只要有好的创意、好的项目，资金问题都可以解决。于是，我就征得大师兄的同意，和刘锐老师共同策划了这个众筹项目。想不到，还竟然就成了！"八戒眉飞色舞地说道。

"所以，我们就急急赶回来，想和师父商量我们师徒四人共同创业的事情。"悟空将椅子又向法师跟前挪了挪。

"喔，莫非，你们已经有了靠谱的规划了吗？"法师虽然是发问，语气中却带了些许的肯定。

我和八戒对我们共同创业这件事在心里反复论证了无数次，我们是这样想的，请师父批评。

第一、项目选址

由于，要将师父您的译经事业和项目的兼顾，所以项目地址或办公地址宜在长安城或附近，便于大唐皇帝随时对您的召见和您在慈恩寺等地开展相关的佛事活动。

第二、项目内容

我们筛选了七八个项目，最后选定了蟠桃的规模化种植。之所以选蟠桃项目，还是因为蟠桃种植的适宜区域位于长安城正北面的渭北黄土高原，主要集中于北纬36度、东经110度、平均海拔高度1000米以上的特殊地理区域，是真正的优质蟠桃的生态区，也是全世界最佳蟠桃优生区。这里出产的蟠桃形美、色艳、味佳、肉细、皮韧易剥、汁多甘厚、味浓香溢，果面洁净，肉质脆密，含糖量高，香甜可口，能产出色、香、味俱佳的品牌蟠桃。

第三、项目前景

蟠桃最神奇之处当然是天庭仙界的长生不老之果，凡人吃了可成仙得道。霞举飞升，与天地齐寿，与日月同庚。被誉为"仙果"、"寿桃"。也是每年玉帝蟠桃宴会的必备佳果。

由于近几百年以来，仙界的生态环境的严重恶化，蟠桃产量少之又少，天庭供需矛盾十分突出。我和八戒得到可靠消息，就在上个月，也就是农历三月初三的王母娘娘的出道日。按照惯例，王母娘娘要在瑶池举行盛大的蟠桃会，宴请各路神仙。众仙也将受邀赴宴作为了一种荣耀和身份的象征，但让王母娘娘十分尴尬的是，那蟠桃园三千六百株桃树却萎蔫不振，开不出花，结不出果。为此，王母娘娘少不了跟玉帝好一阵啼哭闹腾嘞！

此外，蟠桃的药用价值也很大。中医认为它性平，味甘，具有补血益气，止渴生津和开胃健脾之功。对消化不良，食欲欠佳，胃部饱闷，气壅不通者，有良好的保健治疗功效。除了防止胆固醇升高、减少血糖含量和治疗高血压、糖尿病外，还可以减轻环境污染造成的慢性中毒，对癌症也有积极的抑制作用。因此，蟠桃仙果的未来也将会"旧时王谢堂前燕，飞入寻常百姓家。"在民间的消费市场也肯定会有井喷式的需求。

目前，大唐皇帝正在全力推动，亚欧非大陆及海洋的互联互通、贸易畅通、货币流通、民心相通的"丝绸之路经济带"的战略。我们的蟠桃仙果将一定会借此良机走出国门、走向世界。或许，等到两年后，师父您曾经求佛的古摩揭陀国王舍城的那烂陀寺长老戒贤法师，就可以尝到您的美味仙果喽！

第四、技术保障

"天宫仙露"蟠桃系西农园艺专家安教授，潜心研究二十年培育成功的枝桠蟠曲的异种蟠桃新品种，打破了王母娘娘断言的："中夏地薄，蟠桃种之不生"的神话！该新品种和他的三主枝自然开心形的重叠枝疏栽培技术获得了国际发明专利。该品种表现为树势强健，果丰叶茂，当年生枝、当年成花，第二年就可以丰产丰收。

第五、资金来源

由于我们的项目极具投资价值，而且项目有传奇的故事可讲，我们和刘锐老师已经策划好了项目启动资金和发展战略的详细众筹计划。所以，资金问题完全不用担心呀。

第六、项目背景

老实说啊，一提起这蟠桃两字，就会勾起我们仨兄弟的无限往事和郁集于胸的心结。事缘皆因蟠桃起，怅惘连夜不成眠啊！

玉皇大帝的贴身保镖兼秘书、卷帘大将军沙僧兄弟，仅仅因为在蟠桃会上失手打破一个琉璃盏，不过就是个琉璃器皿小酒杯么！就触犯了天条，玉帝把他打了八百杖，贬下界来到流沙河。又教七日一次，飞剑穿胸百余下；天蓬元帅八戒则因为蟠桃宴会上喝高了骚扰人家蟾宫的美女嫦娥，被罚转世到凡间，并且因操作失误转为了猪身；我也因为天庭仙箓地位过低而未得参加蟠桃会的资格，愤而大闹了一回天宫，被羁押五行山五百年。

所以，选择蟠桃项目其实是为了解去我们的心结呀！

"所以，在哪里跌倒，就在哪里趴下，继续哭！"法师平时不苟言笑的脸上，这会却揶揄地对悟空和八戒泛起了笑容。

八戒对悟空提醒到："大师兄，你说了这么多，怎么不跟师父提咱们取的公司名称呢？"

"正要说到名称了，这不，给师父打断了话题了么。"悟空挠了挠头，继续说道。

关于公司的名称，我们还是受上次师父您的启发。您说西天取经的成功是来自于方向性的成功。尽管我们一路上，经历了林林总总的艰难险阻，但师父您给我们手指的方向和指令总是一句话四个字：一路向西！

因此，我们就继续选用带方向的名称作为公司的字号，取名为：向北走生态果业有限公司。或许，您又要问我，公司是如何规划定位的？

我和八戒这样想的，公司还是由我们师徒四人共同参与经营。当然，取经成功后，白龙马是因为被如来佛祖升为八部天龙，盘绕在大雷音寺的擎天华表柱上，也算修成了正果，不能再参与我们的项目了。公司的老板，哦，不，叫董事长，理所当然地有师父您来担任。具体的事务您不用操心，您还是只需做一个动作：一路向北！实际工作仍然有我们兄弟仨人来完成。

根据我们和刘锐老师前一段时间确定的策划方案，我们将向北走的战略目标定位分为三个阶段。

第一个阶段：进行蟠桃的绿色、生态的标准化种植、栽培和管理。当然，不用我们自己去种植，我们是由蟠桃果业专家团队来推动当地果农共同参与，推行的是公司化+标准化+种植专业户的模式，实行连片规模化和可追溯的数据、视频化管理。每个蟠桃都有一个身份证号，可以通过扫二维码，获取蟠桃在整个作物生育周期生态管理的无公害、无残留的数据和视频资料。

这样才能使天庭的玉皇大帝、王母娘娘和各路神仙以及广大消费者，买得的放心，吃得安心。吃完后，都点赞，都说好。大家好，才是真的好！嘿嘿！

第二个阶段：标准化、规模化种植的问题解决后，我们就要来解决果品的销售了。虽然，近几年我们还不用为销售担心，但五六年后，我们种植的面积达到数万余亩、蟠桃栽种数量将达到两千万余株，是当年王母娘娘的蟠桃园三千六百株规模的六千倍。

我们将通过互联网+来进行品牌的打造和渠道的拓展以及个性化私人订制服务。比如，每年农历七月十八日在西王母诞辰纪念日前，我们可以接受王母娘娘的寿桃订制，蟠桃上有天然的大大的"寿"字或其他祝福语；我们可以接受以客户名字命名的蟠桃树的种植和管理，他可以每年带着全家来踏春、来游园、来免费采摘和品尝"天宫仙露"蟠桃。

第三阶段：实现蟠桃产业链的资源整合。从果品的种植、管理、销售、储藏、深加工形成完整的循环，尤其我很看好用我们天宫仙露蟠桃酿制的功能型饮料和寿酒未来的市场前景。因为，我刚才说过，这里面有许多传奇故事可讲，营销其实就是给消费者讲品牌的故事么。一个产品的热销、一个品牌的创立都离不开其背后的故事在流传、在演绎。有故事的产品，才有灵魂，才有品牌，才能占领消费者的心智！

"说的好，说的太好了！"法师竟然站直了身子，离开了椅子，情不自禁地为悟空鼓起掌来。"真是，士别三日刮目相看啊！"

我认真地听了你们的想法或者说规划，真的很赞同你们的观点。一句话，我很欣慰。此前，我还担心你们回去指不定会给我惹出什么麻烦呢。现在我彻底释然了，你们真的可以干出一番事业来。

至于我当不当公司的董事长，我一点都不在意。"灵台无物谓之清，寂寂全无一念生。"我只能给你们挂一个名誉的董事长，权当我扶上马再送你们一程，起个监督、鞭策、鼓劲和加油的作用。

另外呀，八戒给我讲的众筹理念，很新颖，很开阔思路。我以前听说过，总不太相信，现在我也要改变一下我的固有思维，在不变中求变。世界上，唯一不变的就是变化。在变化中找寻客观规律，在变化中求取生存和发展，才有真正的随因转换、沉浮交替的因业果报。所以，学无止境啊！

一提到学无止境，法师若有所思地环绕了一下房间，对悟空、八戒说道："悟净这会不在，他又少了一次学习的机会。"

刚才，你们都分享了自己的正觉、正见，我也将最近学的一点东西分享一下，这对你们创业有好处。

法师边说边从桌案上取出几张手稿来，递给离他最近的八戒，悟空也连忙凑过来看到的是师父亲笔写的《心灵货币的随感》。

心灵货币的由来

最近我偶然读了一本《心灵的货币》的书，这是一本通向自我实现的起航书。它将唤起我们对人生价值的思考与追求，激发我们全身的热情和潜能，开启一切的意图心和专注力，全力经营好我即公司，奋力奔向幸福、快乐、健康的人生之路。

人们总在孜孜以求富足美妙的人生，而富足却不仅仅意味着财富的宽裕，富足也不仅仅代表成功的全部。人生最大的富足和成就一定是先有心灵的滋养和温润，用彼此爱的传递和营造带来美好人生。

佛陀说过：意生言，言生行，行成习，习结性。故顾意慎念之，使彼涌乎爱，起乎众生心。

想象一下你拥有一种货币，可以用来任意交换所有你想得到的东西。想象这种货币取之不尽、用之不竭，就像阿拉丁神灯拥有的魔力一样，而你却可以要求无限个愿望。

再想象一下你不光是可以拿这种货币去换取金钱和房子等实质物品，更可以换得无形的好处，甚至是天马行空的美梦。

要是这种货币可以让你的人生充满爱、热忱与满足呢？要是这种货币会随着你对它的认识加深而增值呢？要是这种货币随时随地都在你身边流通呢？

这种货币就是心灵的货币。

心灵货币是一股真实而非想象的力量，是一种取之不尽、活灵活现的无形有机体。我们无论做什么事、变成任何身份、经历任何体验，都少不了这种独特的货币。每当我们使用它，即便是不知不觉地使用，都会感受到一股满足感和一道轻松顺畅的脉流。我们可以用心灵货币达成目标，而且结果往往出人预料之外。财富、爱、支持就这样轻易而来，贵人就这样神奇地出现在我们生命中，我们会招来许多机会，就像磁铁把东西吸过来一样。

这就是心灵货币的魅力！

心灵货币这个名词有两层意义。

第一，它是一种可以交换价值的媒介，就像金钱一样，我们可以加以分享、交易、捐赠和投资。但二者不同之处是，心灵货币不是一个象征性的物体，而是存在于每个人心中的灵性能量。

第二，货币源于流动这个词，正如水流、气流、电流一样。我们每个人都拥有自己的心灵货币，心灵货币的本质就是爱。它是一种取之不尽、用之不竭的无形资产。（法师在此句话下用笔重重地划了一道横线）

心灵货币从心理学的角度唤醒人们对自身价值的重视，对自我实现的追求。通过经营心灵货币和灵性资产，为世界、为人类作出每个人最大的最有用的贡献。所以，我们要认真盘活好每个人自己的灵性资产。

灵性资产主要四种类别

（一）直觉与指引

直觉是一种发自我们心底深处的声音，我们有时会在静坐或沉思的时候听到，有时会在梦里或做日常事务时接收到。每个人感受的方式各有不同，但是都有同一个现象：直觉几乎总是"对的"。直觉机制并不是突如其来的"灵感"，而是系统的，而且较之于理性思考，更擅长处理复杂问题。并且在某些情况下人们还会误将直觉决策当做是理性决策，以为自己的判断很有道理，其实可能只是出于无意识的判断。

这些研究都表明直觉是人类认知的核心过程，直觉与理性同样都是人类决策的主要工具。按照演化论的观点，直觉和理性思考都是适应的产物。在社会生活中并不是凡事按照概率行事就是最优的，这也是直觉存在合理性和有效性的根源。与探讨到底是相信理性还是相信直觉相比，当前心理学的研究方向就显得格外有意义——寻找直觉和理性有效性的边界，让人性得到更充分地发挥，而不是为了理性而泯灭人性。

指引是一种经由某些外在形式传达给我们的智慧信息，它通常会在我们迷失方向或对眼前事物感到困惑的时候出现。就如直觉一样，指引也会以多种形态出现，像有意义的巧合。

（二）创造力

创造力会以各种形式呈现，它是我们重要的灵性资产之一。就像其他灵性资产一样，创造力也充满着爱。当你感觉到心中有灵光一闪，表示性灵的创造脉流从你身上流过，激发出想象力。

创造力几乎随处存在，而且可以从我们做的每一件事情中展现出来。当你从事能够发挥自己的创造天赋去工作或活动时，满足感就会提升。

（三）积极人格特质

积极人格特质是任何事情成功的基本要素。包括乐观、专注力、毅力、诚实、勇气、真诚、勤奋，以及许多其他的特质。

（四）后天习得的技能与知识

包括后天习得的技能、体能状况以及智慧。这类技能对你的职业生涯与成功人生，有着意想不到的帮助。

性灵的本质就是充满在每个人心中爱的能量，爱的能量也包含着对别人的关怀、利他想法和行为、幸福快乐、善良仁慈、同情同理心。唯有将爱这个心灵货币加以投资，我们才能够获取灵性上的回报。无论何时何地，只要你把爱加以投资，就会发现更多、更大的爱，同时还可以创造财富。

你有没有认识，会不会管理，想不想发掘，能不能行动。就看每个人会不会投资灵性资本。

灵性投资有三个层次，代表着由近及远、由小我到大我的发展趋势：

第一个层次是我爱意识，是指太注重个人未来的结果，只关心自己的感受和感知。第二个层次是及人意识，懂得关心和帮助身边周围的人，利他的同时也利己。第三个层次是无我意识，会为他人无私的奉献，让更多的人得到帮助和高度幸福。爱是让灵性资本大幅倍增的系数，它的重点不光只是在于让企业成功或富足，更在于联结万物。你会通过热忱、热心、服务人群的意念，以及其他具有催化作用的事物来释放出爱，让自己充满爱与喜悦。

因恐惧而产生的信念、心态及行为都是心灵假币，无论你再怎么使用或投资，也无法替自己增加灵性资本。

为什么恐惧是假币？

恐惧是一种对生活长期以来根深蒂固的负面心态，一天到晚在意可能有什么事会出错、在意为什么好事总是不降临的种种理由。宇宙是随着个人自行认知而成，没有什么对错，只有人创造出来的想法。所以，无论你保持何种观念，如果你凡事只知道恐惧，就真的会经常出错，并制造出许多麻烦与挫折。外在世界的负面结果就是心灵假币的映照。心灵假币会以像是扭曲事实或工作过度反映出来，而有的人往往会误认为这是获得成功与满足的必要条件。

当心中有恐惧时，你创造的就不是纯粹的灵性资本，而是虚幻的灵性资本，因为恐惧把你的专注力和意念放大了。如果你的灵性资产里掺杂着一些恐惧观念，认为人生必定充满挣扎、限制、怨恨，那么到头来就可能会减弱自己的灵性资产，变得难以找到清晰的专注方向和意图心。你或许可以专注于某个很远大的意念，但无论你再怎么努力，却没有力量实现这个意念，因为恐惧让你觉得自己是孤立的、让你内心不断自我挣扎而消耗了前行的动力。所有美好的愿景和理想在恐惧的反作用下，变得遥不可及、永无实现之可能！

要达成人生最高层次的意念，让自己敞开心胸去接受爱的丰富脉流，运用心灵货币就是减少恐惧心带来的负面影响，因为恐惧是阻碍你寻求富足与充实的最大敌人。同时你也必须开始偿还过去在生活中各个层面里，使用心灵假币而积欠的灵性债务。当你有意识地去接受自己与周遭万物相连一体的观念，你就会开始用意念去表现出性灵，而它在你身上以及生活中发挥的作用将会增长，你的自尊及能量也会急遽增加。

付出与接受就像一枚转动中硬币的两个面，呈现出流通与流动的能量。当钱币的其中一面倒下来压在桌面上，能量就会停止流通。直觉、创造力、积极人格特质、后天习得的技能与知识等心灵货币像金钱一样，可以给、可以收，可以慷慨捐赠，也可以投资增值。善用它们，你将开创出前所未有的顺境与富裕生活！

心灵货币是"我即公司"的注册资本

我们在选择与另一方进行合作或关联贸易时，总会首先对对方的实力进行摸底和调查，比如注册资本金是多少？信誉度如何？注册资本反映的是出资人实缴的出资额的总和，反映的是公司法人财产权和公司的整体实力的强弱。

以投入产出比来实现资本的增值和积累的公司，投入的程度可以用实际的注册资本来量化，而"我即公司"能否运营成功或者将来运营的规模大小，则完完全全要看我们到底投入了多少心灵货币去经营"我即公司"。

而灵性注册资本的大小又完全取决于心灵货币的真正含金量，即在"我即公司"注册了多少爱，注册了多少专注，注册了多少勤奋，注册了多少创造力，注册了多少企图心，注册了多少知识和技能，注册了多少持之以恒。（法师又在此处用笔作了重点的标注。）

佛陀曾给我们另一种观点："你去天地间找找有谁比你自己更值得你去爱和关怀的人，结果一定找不到这样的一个人。"唯有将爱这个心灵货币加以投资，我们才能够获取灵性上的回报。无论何时何地，只要你把爱加以投资，就会发现更多、更大的爱，同时还可以创造财富。

当一个人学会如何给予爱、接受爱时，就会创造出富足的脉流，并且在与性灵合而为一的情况下，有意识地以享受和快乐的心态去开创人生。大多数人都比较习惯接受看得到或摸得到的事物，但心灵货币的富足原理将把你对成功的认知心态，从有形的实质象征转变成无形的内在资源。爱会依循宇宙法则运行，只要你能了解爱的真正潜能、明白爱如何通过流通而增生，就会相信自己拥有价值庞大的内在资产。

当我们真心诚意地回应他人并采取行动，我们就会在每一个人身上见心灵货币。从今天起就开始更看重自己的价值，有意识地寻找新的方式去爱自己，并敞开自己去接受别人给予的礼物。

当我们把意念和爱的能量专注在灵性资产上，就会将这些资产转化成一种强大的资本，一旦我们将它投资在某种事业上，就会有大幅倍增的潜力。

如果你的目标是去做让自己开心又能服务他人的事来维持生活的话，那么你学习使用心灵货币的第一步就是列一张自己灵性资产的清单，并诚实评估它们的价值。

"我即公司"的经营成功与否完全取决于对自我的管理和修炼，在自我管理和修炼时，应遵循"我就是永恒脉流的源头"这样的一个原则：

我明白所有的爱及上天的赐予都来自一个永恒的源头，我明白我的生命就是那唯一的生命，我明白如今我已拥有所有的赐予及富足。我完全敞开自己去接受这一切，我敞开心胸去接受爱的创造能量带来的充实满足，我敞开心胸去接受创造力以实现成功的事业和丰硕的富足。

我不再让怀疑和打工的自贬心态存在心中，因为我知道，我就是性灵的体现。我有能力共同创造并引导充满爱、喜悦与丰盛的人生，我的一切所需皆已满足。我身体力行自己应尽的工作与奉献，用爱对待自己接触到的所有人。

我要表达感恩和感谢。因为感恩可以让我想起并联结到自己的灵性本质。我明白自己的话语具有强大力量，且已经对我的生活产生影响，我把以上这些话释放进入宇宙之中。

真正的领悟关键在于要抛弃自我挑剔、恐惧、自绝于性灵之外的观念，而不在于去拥有更多、得到更多。你必须学着顺应自己的本性，让自然的心灵光辉能够发光、发热，去发掘被蒙蔽、遮盖、掩藏起来的自己。当你这些神性特质得以展现出来时，灵性资本将会轻而易举地增长，因此"我即公司"才能取得骄人的业绩和自我价值的提升。

悟空、八戒虽然是第一次接触心灵货币这样的理念，通过师父的笔、师父的心进行了诠释后，现在实实在在地被吸引被认同了。

人与人之间的差别，每个"我即公司"之间的成败不在体重、不在贫富、不在地位的高低、不在条件的优劣，而在于"我即公司"注册的心灵货币的多少和差异，有多少因就能结多少果。反之，亦然！

八戒回想以前自己的种种表现，心里不免有些愧疚起来。

论自己的工作能力和工作实力，应该还是对得起"天蓬元帅"这一称号的。因为当年为当上这个"海军司令"、为练好格斗擒拿、蹦蹦跳跃、闪转腾挪、飞檐走壁、凌波微步、蜻蜓点水这些真功夫，也是冬练三九，夏练三伏。在玉皇大帝亲自组织的天庭武状元选拔赛中，我凭借能腾云驾雾和天罡三十六变身的核心技术脱颖而出，独占鳌头。被册封为"祖师九天尚父五方都总管、北极左垣上将都统大元帅天蓬真君"。并赠我太上老君亲手研发、世界最先进的冶炼技术打造出来的武器——九齿上宝逊金耙，让我主管天河三十万水军。从此，我天天享受到的是"功圆行满却飞升，天仙对对来迎接"的高规格政治待遇。

可是，我在当上了天蓬元帅后，就放松了自己的学习和修炼。心灵货币里面夹杂着好多假币，好吃懒做、贪恋美色、嗜酒乱性等等，最后终于爆发了酒后戏嫦娥、被贬下凡间、劣币驱逐良币的丑闻事件。

在天庭，俺老猪的"我即公司"以失败和破产而告终，我这个总裁、我这个元帅当得太窝囊了呀！

幸运的是，被贬下凡不是彻底剥夺和终结了我的性命，我又下凡投胎了！"我即公司"在人间又重新开张营业了！只是原先凭颜值就可以刷卡消费的脸被一副丑陋骇人、自惭形秽的猪嘴脸替代了，这让我以何面目示人哟！我只好栖身云栈洞，惨淡度日，再也不敢以"天蓬元帅"自居了。只好改名"朱刚烈"恓惶地寄居洞内，靠打家劫舍、杀人越货的手段混日子。到了高老庄，我放下身段认真翻田种地、勤俭持家，我那老丈人却不待见，嫌我丢了他的人，要把我当作妖怪来扫黄打非。真是倒闭的公司难为人，落魄的凤凰不如鸡啊！

由天庭到凡间，我虽然只是路过，但我却遍尝了世间的冷暖。我深深地感悟到，美人绝色原妖物，人情似纸张张薄！

阿弥陀佛，感谢救苦救难的南海观世音菩萨！感谢师父让我重新走上了取经的道路！在取经路上，我有时也能化悲痛为力量，浑身充满正能量。有几次在降妖除怪的大战中，我确实是拿出了吃奶的猪劲、拿出货真价实的心灵货币资本跟恶势力殊死搏斗。尤其是每逢水战，大师兄总是要我去把水里的妖怪引出来后，我们再协力将妖怪打得"三花聚顶得归根，五气朝元通透彻"。

但是，人之初，性本恶。猪身上的猪性弱点似乎总难以驱除，我数了数身上的钞票，居然发现了我身上还藏有八张心灵的假币，我今天干脆彻底一次性向师父交代出来：

一、贪吃。因为贪嘴，我在取经路上遇到许多麻烦，险象环生。若不是大师兄及时阻止，我恐怕早已成为群妖口中的美味了。"猪八戒吃西瓜"这一段中我的贪嘴表现得淋漓尽致。以前，别人有"一朝被蛇咬，十年怕井绳"的警示；现在，我也有了"曾遭卖糖君子哄，至今不信口甜人"的觉悟。

二、好色。取经初期，我对美女严重缺乏免疫力。一见到美女，就找不着北，就想和美女搭讪，总想着"再丑也要谈恋爱，谈到世界充满爱。"多亏顶头上司唐董事长的苦口婆心，大师兄和三师弟悟净的善意规劝，尤其是四位菩萨的点化指引，才没有使我与革命的道路渐行渐远。否则，嫦娥类似的历史事件就可能又要重演，一失足，已成千古恨；再回首，却不长记性！

三、贪财。每每遇到有背景的大腕妖怪，我们无计可施连连败北时，我就对取经的革命事业产生怀疑，就埋怨、消极，就鼓动沙师弟起义散伙，还总念念不忘行李里的集体财物，总想分完财物回高老庄过自己的小资生活。

四、嫉贤。看到大师兄取得了一点业绩，我就在领导面前打小报告、扇阴风，挑拨离间。三打白骨精那一次，大师兄硬是让我在师父面前给"美言"后气走的。

五、做假。曾有过许多次很可笑的弄虚作假的小动作，总自以为聪明，谁知都被大师兄化作蜜蜂紧盯识破，闹出了好几场笑话，自毁了我堂堂天蓬元帅的伟大形象。

六、偷懒。在大师兄被迫回到老家的那些日子里，我又因为贪睡偷懒，害得师父误入妖怪洞穴。好几次师父让我去化斋，我却拈轻怕重、怕吃苦，跑得远远的躲在树林里睡大觉。这是一种严重的自私自利和缺乏自我管理意识的行为，给取经事业造成了较大的损失

七、畏难。取经路上山高水远，更有打不完、杀不尽的妖魔鬼怪。其困难程度和难度系数是显而易见的。每遇到较大、看似难以战胜的困难后，我就很容易打退堂鼓，总爱说各走各的阳关道和散伙回家的丧气话。给团队造成了很多的负能量。

八、贪功。遇上妖怪不是全力以赴，而是落荒而逃，且战且退。可我总有贪功的恶习，总是把别人的成绩记在自己的功劳簿上，向领导邀功。

现如今，作为净坛使者的我，对以前那个取经路上的小我，我要彻底唾弃。现在"我即公司"全新的我，全方位地要将"我即公司"的经营范围由"我爱意识"向"及人意识"、"无我意识"进行转型升级。并以全新的灵性资本投入到"向北走公司"的伟大事业中，决不辜负如来佛祖、观音菩萨、师父、大师兄和沙师弟对我的关心和扶持！

八戒今天的表现特别亢奋，为自己有如此的觉悟和感悟而喝彩。

窗外，一勾新月已挂西天，正淡雅地泼洒着清辉。

悟空、八戒和沙僧，按照师父给出的工作计划表，紧张有序地进入了"向北走"新公司的筹备阶段。名称核准、注册登记、租赁办公场所、推进融资众筹方案和落实具体细节等等，大家忙得不亦乐乎！

指缝很宽，时间太瘦，时间它悄悄溜走。时间总是戴着一副不被人留意和察觉的面具伺服于静处，将光阴于无声处消磨。要不怎么会有"光阴似箭催人老，光阴如骏赶少年"呢！

不知不觉，一个多月就过去了。

六月的长安城，下起了本月的第二场雨，这一次整整持续了三天。

繁都花似锦，落红无数；八水绕城流，水流处处。

下雨是因为天空承受不了它的重量，就像流泪是因为心承受不了它的痛。这场夏雨不同以往的来去匆忙，密密的雨帘里湿气弥漫。

夏雨给人的感觉应该是清凉通透、无比爽快的，可是这连天的雨让人的心情变得十分湿闷厌倦，愁绪压抑，像极了平平仄仄、凄凄惨惨的节奏里那连绵萧瑟的秋雨。

玄奘法师前几天从玉华寺刚回到长安，还是给管理学院总裁班授课。今天来慈恩寺是因了沙门大乘光笔受的请求来帮忙《能断金刚般若波罗蜜多经》、《唯识三十论》的译经勘误校对的。

"从来名士能评水，自古高僧爱品茶。"午餐后照例是法师的下午茶时间。按照法师的习惯，品茶一般讲究四步：观其色，闻其香，赏其形，品其味。

首先要做的是"清具"：即用热水冲淋整个茶壶，同时烫淋茶杯，接着把茶具停干。一可使茶具洁净。二可提高茶具温度，使茶叶泡后温度稳定。三可去掉之前余茶的异味。

其次是"置茶"：依据茶杯的大小，用适量茶叶倒入壶中，尽量不要用手接触茶叶，最好有茶匙选用。

第三是"冲泡"：将茶叶放入茶壶后，依照茶叶与热水的比例，把开水冲入壶中。通常冲水大约占壶的五分之四为宜。第一次泡茶冲水，缓缓以顺时针方向画圆圈，这原因在于不想将壶中茶叶冲乱，能以一个方向溢出茶叶中的汁，以及使茶叶沉底，加快渗出茶味，确保茶味温存。

最后才是"赏茶饮茶"：品茶的速度不可太快，应先观色，察形，看茶叶在杯底是何形态。接着，拿杯闻茶香再细赏茶味。赏茶时，可让少许茶汤由舌尖沿两侧流到舌根，再回到舌头，反复一至两次，留下茶汤的甘香，以品出茶的"和、静、怡、真"。

可是，就在法师提壶冲泡时，出现了从未有过的意外，法师因感觉到一阵突然的心悸，不小心碰倒了左手边的一只紫砂壶茶杯。

这只茶杯通体朱砂泥色，微刻两幅山水，壶底有"金山寺僧"楷体落款，是金山寺长老法明法师临别送的，那上面印刻着玄奘法师儿童和少年的记忆。刹那间，记忆被蝴蝶划成一道斑斓的弧线，落地后碎成了断断续续的残片！

法师唏嘘心痛不已，正要俯下身子去清理。这时禅房门外，传来一阵急促慌乱的脚步声。只见沙僧快步推门而入，老远就喊："师父，不好了，辩机被关入了死牢！"

玄奘一听，如五雷轰顶、如万箭穿心，感觉眼前金星四溅，差点昏倒在地。

这正是：

人在家中坐，祸从天上来。

是福不是祸，是祸躲不过。

欲知辩机性命如何，且听下回分解！

听从使命的召唤

　　使命感是人内在的永恒的核心动力。一个人的使命感越强烈，那么他的人生希望也就越强烈；他的工作激情与生活热情就越强烈；他的人生责任感也越强烈。有强烈使命感的人，是自觉的人，是奋进的人，是百折不挠的人，是任劳任怨的人，是坚持不懈的人。

却说玄奘法师听说辩机命在旦夕，急忙跟沙僧出门，奔长安城西南的西市而来。沙僧在路上将事情的经过给法师讲了个大概。

辩机少怀高蹈之节，十五岁时剃发出家，为著名法师道岳的得意弟子。十余年中，辩机潜心钻研佛学理论。师父您回国在长安弘福寺首开译场之时，他便以谙解大小乘经论、为时辈所推的资格，被选入译场，成为九名缀文大德之一。是时，辩机的年龄约二十六岁。与辩机同时入选为缀文大德的还有另外八人。这九人皆为一时上选，而辩机、道宣、靖迈、慧立四人名声特著，因为他们除了参与译经之外，都另有史传著作行世。辩机编撰了《大唐西域记》，道宣著有《大唐内典录》、《续高僧传》，靖迈著有《古今译经图记》，慧立则有《大慈恩寺三藏法师传》，不但功在释氏，且为一般士人所喜读而乐道。

而这四人中辩机最年轻，风韵高朗，文采斐然，尤为俊异。他在译场中担任缀文译出的经典计有《显扬圣教论颂》、《六门陀罗尼经》、《佛地经》、《天请问经》。又参加译出《瑜伽师地论》要典，在一百卷经文中由他受旨证文者三十卷，足见他才能兼人，深受师父您的器重。

其中《大唐西域记》一书，是师父您奉唐太宗的诏命撰著的重要著作。此书记述了您游历西域途中所经国家和城邑的见闻，范围广泛，材料丰富。除大量关于佛教圣迹和神话传说的记载外，还有许多关于各地政治、历史、地理、物产、民族、风尚的资料。当时唐太宗怀着开拓疆域的大志，急切需要了解西域及其以远各地的上述情况，所以初与您见面，便郑重地嘱您将亲睹亲闻，修成一传，以示未闻。

您见太宗如此重视，不敢怠慢，特选您所倚重的辩机作撰写此书的助手，将您自己游历时记下的资料，交给辩机排比整理，成此巨著。此书问世后，影响极大，因文采优美，致使一些同类著作相形见绌。

那一天，辩机在弘福寺正从事他紧张的译经工作，这时不幸地发生了令人震惊的"玉枕门"事件，导致一个前途远大的有为青年，毁在了一个不起眼的蟊贼手里。

起因是负责治安的大唐御史在常规的破案中，抓住了一个小偷，按惯例要核对赃物。从他身上所缴获的赃物中发现了一个镶金饰银、艳丽夺目的金宝神枕。"此物只应宫中有，人间哪得几回见？"经过严厉审问，小偷招供，此玉枕是他从一个和尚那里偷来的。顺藤摸瓜，便问出这个和尚就是辩机。

办案的人开始还疑惑，此玉枕乃皇宫里的东西，莫非是辩机先偷了去，后又被小偷窃走的？此非小事，赶紧往上报吧！于是，便报到了御史台处。

御史台大人很头疼，马上派人把辩机召来询问。

辩机感到事态不妙，便一口否认。

御史台大人为尽快结案，哄骗他说因此事牵扯到高阳公主，所以不会对外张扬，只要辩机说了实话，他可以替辩机隐瞒。

开始时，辩机也觉得背靠高阳公主一定不会有事，于是便说出此物乃高阳公主所赏。

御史台大人的眉头却皱紧了，高阳公主为何要将玉枕赏赐给一个年轻帅气的和尚？看来问题不那么简单！他继续调查，这一查把御史台大人吓了一跳，他怎么也不会想到，辩机和高阳公主竟然有暧昧关系，而且已经持续五六年之久了！

再细问，才知道作为唐太宗第十七女的高阳公主。性聪慧，备受宠。嫁给宰相房玄龄次子房遗爱，但高阳公主一点都不喜欢他。

某一天，她和房遗爱到长安郊外打猎，见到虽然穿着粗布衣裳，但仍然英俊和儒雅的僧人辩机，立刻心旌飘飘，用火辣辣的目光望着他。少顷，她让随从把携带的帐床等用具抬进辩机的草庵，召辩机进去，一番引诱，便与辩机宽衣解带。让人不可思议的是，当时房遗爱在场，不但不阻拦妻子的恣情，反而像是对高阳公主忠心耿耿，以妨碍"公主休息"为名把所有随从支开了，由自己亲自担任护卫。自此之后几年时间里，房遗爱一直默许高阳公主和辩机幽会。既然驸马爷投之以桃，高阳公主就报之以李，也满足了他金钱、美女、荣耀和官位。

高阳公主对辩机生出了爱意，也由此体会到了有生以来第一次谈恋爱的滋味。她美丽的容貌在恋爱时不需施胭脂，就能散发出玫瑰色的红晕，而她的眼睛里更是闪烁着艳丽的光泽。高阳公主兴奋、甜蜜和幸福，而辩机却害怕、苦恼和矛盾。他觉得此事一旦暴露，自己一定会掉脑袋。但她又无法摆脱高阳公主，所以便就那么苦挨着日子。

当辩机被指派去协助师父您时，他万分高兴，顿时觉得自己要换另一种活法了。他想借这个机会摆脱长期沉溺于情欲的烦恼，并专心致志搞佛学研究。痴情的高阳公主见无力留他，便眼泪汪汪地把一个玉枕交给他。说，这只是暂时的分离，如果从此不能相见，我实在无法忍受。在我们相见之前，你就把这个枕头当作是我，每天晚上抱着它吧！

辩机拿着那个玉枕走了之后，很快便全身心投入到了《大唐西域记》的撰写之中。或许因为他英才卓绝，或许因为他已对偷情厌恶之极，所以他撰写《大唐西域记》时极其认真负责，从不为高阳公主分散精力。高阳公主仍然对他满怀热情，但却苦于无法和他见面，只能苦苦思念。那个玉枕被辩机扔在住所，但他未料到，一个压根儿没引起他多大兴趣的玉枕，却葬送了他的一切。

御史台大人了解到了事情的来龙去脉后，感到头大如斗。他知道，高阳公主不好惹，高阳公主的丈夫房遗爱虽然是个窝囊废，但其父房玄龄却不好对付。而辩机因刚刚完成了《大唐西域记》的撰写，举国上下对他一片叫好，自然也不敢对他轻举妄动。御史台大人一时不知该如何是好，思前想后，他只好如实写了一份奏折，送到了太宗跟前。

太宗听过御史专案组的汇报之后龙颜大怒，立刻下令，比照绞刑的刑律判处辩机腰斩。毫无疑问，太宗认为让皇室蒙羞比按《唐律》"依法治国"要严重得多，因此才枉顾公主相赠的事实，反而以"盗御宝"的罪名对辩机处以极刑。

生命的高度

可是，等玄奘法师他们急匆匆地赶到天牢的门口，狱卒却大门紧闭。只是传出话来：御史台大人特别交代，奉皇上旨意，任何人不得入内见面。

法师知道，京师死刑案执行的是由行决之司五复奏制度，地方死刑案由刑部三复奏。凡死刑囚犯应经皇帝"勾决"后，再由刑部发文至罪犯关押场所。

而此次辩机的案件，牵扯到了高阳公主，是按皇室内部的规定处理的：无论天子诸王、后妃公主因争宠夺嫡而卷入政治斗争的旋涡，或者因违法，或得罪皇帝，这样的案子一般不需要经过普通的司法程序而是直接"刑于家室"。辩机的"玉枕案"因此就成了从严从重从快的御案！所以，不允许任何人见面。

太宗皇帝当初让玄奘取回三藏佛经的目的就是"超亡者升天，度难人脱苦，解百冤之结，消无妄之灾"。他认为，维护圣朝的稳定不能靠杀戮和血腥，而是要赢得民心，"政者，正也"。因此，他对死刑的勾决非常审慎。当时圣朝数千万人口，全国才有死刑犯三百九十人。皇帝还因为与这些死刑犯有过约定，允许他们回家与亲人团聚，一年后秋天的同一天再来执行死刑。

结果，这三百九十个犯人，没有一个逃匿，全部按时赶到刑场。其中，有个死刑犯因身体有病怕耽误行程，途中打了个"牛的"，雇了个牛车让人送其赴法场。这么准时地赴约、还能一个不少地按时到达，给人的印象不是来被皇帝砍头的，倒好像是来领红包和奖金的！

皇帝被这些死刑犯的信守承诺的契约精神而感动，全部赦免了他们的死罪。皇帝赦免死罪的故事，成了人们津津乐道的话题。

沙僧要玄奘法师赶快想办法去见皇帝，给辩机向皇帝当面求情。

法师却冷静地分析皇帝这次发的雷霆之怒，必有其深层次的原因：

首先，房玄龄是唐代的开国功臣，唐太宗为酬谢其功劳，封爵给他的长子房遗直为银青光录大夫，并将最宠爱的女儿高阳公主嫁与其次子房遗爱。这种婚姻是国君向功臣以恩宠的示好，也是另一种昭君出塞式的政治和亲。

作为政治婚姻的当事人高阳公主，就必须给自己准确定位。要维护好这种君君臣臣的政治稳定，为圣朝世代的繁荣昌盛贡献自己的青春、美丽和热血，不能恃宠骄纵而突破底线、打破这种平衡。

很显然，房遗直上一次迫于高阳公主的压力，恳求唐太宗准许他让爵的事件，公主的做法已经让皇帝十分恼怒，痛责她不顾全大局，是胡闹。这次辩机案件，更深深地刺痛了皇帝的心，感觉她彻底丢尽了皇家的脸面。谁要当面提起或求情，无疑是在揭他的伤疤，他一定会被刺激得更加疼痛更加恼怒。

其次，唐太宗这么做，主要是用来震慑惩戒他的女儿，以表现父皇的权威。佛陀说，当头棒喝也是一种挽救和顿悟。同时以腰斩酷刑的方式严加处置当事人，也是对房家一种道义和情感上的双重安抚和体恤。

所以，辩机必死无疑！尽管辩机有许多不死的冤屈和理由。

法师感到全身的困乏和无力，就在监舍大门前的石阶上坐下，抬头望着高高的监舍围墙发呆。为辩机花样生命的凋谢而心痛，为译经团队失去一位优秀的干将而惋惜，为辩机遭受飞来的横祸而悲悯，为自己无法挽救爱徒而愧疚。

法师正在发呆，忽然，监舍的大门开启，从里面走出一位军官模样的人，来到法师面前，向他一抱拳，压低声音道："敢问是玄奘法师么？"法师颔首点头。

"这是高阳公主托我转交给您的信，她来过这里，但也进不去。她好像知道您要来！"那军官说完，留下那封信后，快速离开了。

法师急忙拆开信件，是公主亲笔写的，开首是一行血书：唐长老，快救救辩机一命啊！

下面的文字，除了能看到满纸的泪迹斑斑，仿佛还能听见她阵阵的恸哭声。

我永远记得那第一次骊山草庵的遇见，他穿着一身青灰色的僧袍，卓然地站在林子里，阳光透过叶子投射到他的身上，色彩斑斓。他那双清澈的眼睛，如天空般瓦蓝深邃，如初世婴儿般纯真明快。他没有微笑，但那神情的祥和却比微笑更能让人心安和温暖，他就像是这山中的神祇，让满天满地的色彩都神迹般地鲜亮了起来。谁也说不清那种感觉，像是等待了千万年的轮回、枯竭了上百世的生命，忽一日地如风动花开。

佛说：万发缘生，皆系缘分！偶然的相遇，蓦然回首，注定了彼此的一生，只为了眼光交会的刹那。

而我在刹那间，却忘记了自己是大唐最美丽最高傲的公主。见到了他，我变得很低很低，低到尘埃里去，但心是欢喜的，从尘埃里开出花来。在他面前，没有公主，只是一个一直压抑和忧郁的女人。我放下了尊严，放下了个性，放下了固执，就是因为放不下他。我宁愿匍匐在他的脚下，不是拜倒在一位青灯古佛僧人的脚下，而是拜倒在此生最倾心的男人脚下。他是我心灵的主宰，魂魄所栖，心神所念。

他是这世上不染尘埃的佛果，而我也成了他人间最性灵的尤物。他给我讲佛理，而我却吮吸着他眼中的空灵。他让我看破这世上的苦难，而我却让他懂得什么是女人。

也许，他的前世是一缕彤云的影。在昏黄天际，划过苍凉露的烟痕，魄散时回归佛温柔的水心，倾听来自神明悲悯的声音。也许，我的前世是一滴晶莹的泪，由弘福寺的佛眼，坠落于万丈繁华。在漫天飞舞的季节，凝成枯碎花瓣上相思的露，却唤不醒沉睡的精灵，只好在清晨中悄然化去。

他若是山野柔柔的清风，我必是因他而复苏的小草。他若是天上悠游的云朵，我必是云朵里酝酿的雨珠。

他若是山间清澈的溪流，我必是溪流中畅游的鱼儿。及至他是万物的化身，我也依然将他紧紧拥抱，只因有他有我，今生相随！

　　我们就这样相爱着，沉沦着，快乐着。但是，透过眼神我读到了他铭心的苦痛和泪痕。

　　平时一样窗前月，因有梅花才不同。

　　我愿意他是那一泓清水，而我就是顺水漂来的那朵最瑰丽的莲花。清水涤花，溢染了一池的香气；花随水转，芬芳了一路的距离。但是，池水无心恋凡世，莲花有意入俗尘。有时水想推花上岸，自顾流去。可是花怎么离得开那水的承托？否则，花将沉到池底！

　　因为懂得，所以慈悲。

　　看到他的眼睛日似一日地沉郁，我的心也跟着下坠。他脸上那无奈和悔罪的神情，总让我如冰寒彻。于是，每一次我就向自己和他发誓，这是最后一次相见。然而，一日不见，长如三秋，相思之苦如火炙身。

　　直到，唐长老您从西域带回佛经，让他参与翻译。这工作可能要耗费一生，而且与世隔绝，不得与外人见面。他将这个消息告诉我的时候，他那解脱和坦然的语气，却让我痛不欲生！我只好送给他一个镶金嵌玉的枕头，以代替我日朝日暮的想念。

　　一曲终了，繁花散尽，伊人将逝，只余一声空叹。

　　黑蝴蝶落在红玫瑰的彼岸，爱情飞不过沧海。想不到，无尽的相思，等到的却是突然的噩耗！就在那一瞬间，我仿佛听见了全世界崩溃的声音。我魂飞魄散地奔到皇宫门口，要向父皇求情。可我发现自己再也无法进入太极宫宫门时，我急得昏死了过去。

　　是我害了他，是我害了他呀！

　　记得以前他开玩笑地问我什么是缘？我说，缘是山中高士晶莹雪，深宫仙姝寂寞林。他说，缘是纵然两情曾相悦，亦难逃宿命桃花劫。想不到，现在竟一语成谶！

生命太短，情丝太长。他来如花开，去如花萎，无常迅速，逝如光影。有人说，相遇太美就会忘记宿命，离别太美就会铭记一生。从此以后，我也不会再爱别人，我在生命的花里凋谢。我的心田只能耕种一次，一次之后，宁愿荒芜千年。

我第一次哭是因为他没在，我第一次笑是因为遇到了他，我第一次笑着流泪是因为不能拥有他。现在，我的世界里只剩下愤恨，恨父皇的冷酷和无情、恨缘分的淡薄和疏浅、恨苍天的冷漠和寡义。

唯独，跪求长老您能见父皇，救他一命，胜造七级浮屠啊！

信的最后是公主的一阙《蝶恋花·桃花劫》：

万丈红尘埃，草庵欢爱，云鬟缕解鸳枕捱。柳腰款摆，软玉温香抱满怀，意浓天台。我且任性，陪君醉笑三万场，檀口揾香腮。冬盼春来，春来等花开；桃花盛又败，总欠相思债。

六月忽飞雪，情天恨海，卿卿性命云天外。天欲堕，西北倾，泪雨成灾。衣带渐宽，愁难船载。为续前愿，佛前颂经一千年，慈悲因如来。转山转水转佛塔，来生亦可待，只要有你在。

法师读着公主的信，心情沉重得像从天上坠落下来的一块陨石。

心里思忖道，红尘自有痴情者，莫笑痴情太痴狂！一饮一啄，莫非前定？回想自己在取经途中，那一次被女妖摄入了"陷空山无底洞"，那女妖的外貌不凡：雪白丰满的脸面，柔情万种；小小的朱唇如樱桃，滑润嫩爽；体态匀称，天生是一个美人胚子，犹如那月宫里的嫦娥！她并不隐藏自己内心的情欲和欢喜，喜滋滋地对小妖们叫道："小的们，快排素筵席来。我与唐僧哥哥吃了好成亲。"

看来高阳公主和我遇到的那些女妖们一样，都敢于将女性内心真实的情感大胆表露、大胆宣泄出来：我们女人就是要大胆地爱，爱自己想爱的男人！

法师最后对沙僧叹道：这所有的情爱境界，都是成仁成佛的前行阻碍。一切皆流，无物永驻。辩机就是太在乎自己的感觉、感受，才会使自己身陷于水深火热之中。还是要记得佛陀说过的那句话：放下红尘之事得人间大道，好淬炼舍利子得正菩提。

沙僧问道：难道我们不救辩机于人间地狱吗？

法师说道：地狱在哪里？地狱在我们的身心里。我们由于欲望难以满足而产生贪欲之渴与憎恨不满之火，焚烧了我们的身心。期求解脱之道的人，亦必须远离欲望之火，就像背负号草的人见到野火须走避一样。

得道之人与未得道之人本质区别在于：得道之人有情而不羁于情，有欲而不役于欲，一切自由自在。

"那辩机的命咋办？"沙僧的话题总离不开辩机。

"辩机的命如同那只老鼠！"法师的话有禅机。

"老鼠，天还没黑呢，哪里有老鼠？"沙僧左顾右盼，目光在搜寻老鼠。

"一个青黄不接的季节，一只饥肠辘辘的老鼠幸运地掉进了有大半满的米缸里。这飞来的口福使老鼠喜出望外，它先是警惕的环顾了一下四周。在确定没有危险之后，接下来便是一通猛吃，吃完倒头便睡。老鼠就这样在米缸中吃了睡，睡了吃，日子就这样在不知不觉的丰衣足食中变成了月子。期间，老鼠也曾为是否要跳出米缸而作过艰苦的思想斗争和痛苦的抉择，但终究未能逃脱白花花大米的诱惑。当有一天老鼠突然发现米缸见了底，才下定决心要转身要回头要逃离。然而，以它自己的能力，已经无法逾越米缸现在的高度了。

开始的时候，那半缸米就是一块欲望的试金石，它完全可以从半缸米的高度跳出去。结果是它总想将米全部据为己有，它多留恋一天，多贪吃一寸，就离死亡更近一步，直至付出了生命的代价。因此，人们把老鼠能跳出缸外的高度称之为生命的高度。"

沙僧嘴里不停地重复着"生命的高度"这句话，若有所思地想到了师父曾给他们说过的"皆因绳未断"的故事：一个后生从家里到禅院去，路上他看到一只牛围着树在团团转圈，他想以此去考考禅院里的老禅师。来到禅院，他与老禅师一边品茗，一边闲谈，冷不防他问了一句："什么是团团转？""皆因绳未断！"老禅师随口答道。老禅师说："许多人就像那头牛一样，被一根系着许多烦恼痛苦的绳子缠缚着挣扎着。失去了自由，失去了生命，生生死死不得解脱。"

风不执著，所以风来去自由；云不执著，所以云卷云舒。世间最自在、最无碍的是风和云，所以，才有风云际会，才有风云变幻！

人的三条命：性命、生命、使命

腰斩是当时圣朝十大酷刑之一，最初腰斩行刑时用斧或钺，因为青铜毕竟要软些，不够锋利，必须做成斧钺，砍下去才有力度。待铁器普及后，刀渐渐在斩刑中唱起了主角。不过刀虽然锋利，却容易磨损，用起来更要求技巧，得像庖丁解牛一样，谙熟腰椎骨空隙，否则，一刀下去不能砍断，场面自然尴尬，会遭围观的人群嘲笑其手艺不精，有损刽子手的"职业操守"。不过随着"技术的进步"，腰斩开始启用更顺手的铡刀，不仅刃利背厚，而且不易磨损。

腰斩在行刑时，犯人必须脱光身上的衣服，使腰部裸露出来，伏在铡床或木、铁的砧板上，正是刀俎之间"我为鱼肉"的架势。因为人的主要器官都在上半身，所以犯人被从腰部砍作两截后，还会神志清醒，过好长一段时间才断气。犯人的家属往往会打点一下刽子手，让他行刑时从上面一点的部位动刀，可以使犯人死快点；如果有人想要犯人多受点罪，就贿赂刽子手从下面一点的部位动刀，甚至将被腰斩之人上半截移到一块桐油板上，使血不得出，可使犯人多延续两三个时辰不死，真是残忍至极。曾经因为妻妾泄漏科考题目被牵连进舞弊案的学政高官俞鸿图被腰斩之后，他在地上还能用自己的血连写七个"惨"字方才气绝而亡。

历史是一支有趣的五色笔，那画笔却竟然把两位鼎鼎大名、而且还曾经是律法的制定者涂成了黑色，这恐怕也是一种请君入瓮式的嘲弄吧！

一位是大名鼎鼎的李斯。他，秦相，厥功甚巨。灭诸侯，成霸业，一统天下，始皇帝的千古功绩，有一半得算到他的头上。可是，始皇病死沙丘后，与自己打球的选手换了，他却还不想结束半决赛，选择继续与魔鬼跳脱衣舞。一个堂堂的大秦丞相却要向宦官赵高摧眉折腰、小心赔笑，最终也逃不开被指鹿为马的诬陷，结果身被五刑：黥、劓、斩左右趾、断舌、腰斩于市，夷灭三族。这位《大秦律》的制订者和执行者，掌管刑狱多年。如今，轮到他领教自己厘定的酷刑，在自己培养出来的刽子手的刀下，俯首就刑。

在腰斩前，李斯对着一起奔赴黄泉的儿子，才追忆起自己当年在老家领着孩子们，牵着咻咻嘶叫的猎狗，出上蔡东门，在秋日衰草丛中，追逐成群狡兔的无忧岁月。"吾欲与若复牵黄犬俱出上蔡东门逐狡兔，岂可得乎！"这一句痛彻心扉的呼喊，仿佛是对其追逐权力一生的彻底否定和决绝。

再美好也经不住遗忘，再悲伤也抵不过时光。临死时才想起还未曾抽时间和孩子在老家门口的草地上晒一晒太阳、放一放风筝，临死时才想起还没有带孩子玩够狗撵兔子的游戏！时间都去哪儿了，还没有好好感受年轻就要被斩了，只剩下满脸的抽搐了！有些事，现在不做，以后再也没有机会做了；有些梦，现在不追，以后再也追不上了。人生就是这样，过错只后悔一阵子，错过却要后悔一辈子！

另一位也是大名鼎鼎的路易十六。他，法兰西波旁王朝复辟前最后一任国王，也是法国历史中唯一一个被处死的国王。路易十六性格优柔寡断，即位后多次更换首相和部长，任由内阁内讧，政策变化无常。路易十六无心朝政，一门心思向明朝擅长做木工活的第十五位熹宗皇帝朱由校学习，经常一个人来到自己的五金艺术工作室，与各式各样的锁为伍。他制锁的技术很高，且极富创意，在他死后的若干年，他制作的锁倒都成了价值不菲的艺术珍品。

他因为喜爱机械，也总有追求技术进步的创意。有一次他发现断头台的铡刀是长方形的，认为效率较低，便改为三角形。这样杀人更快更不容易磨损，既让犯人减少痛苦加速往生，又能为国家节约原材料，属于利国利民的节能型环保产品。这种产品应该申请发明专利，让它走出国门、冲出欧洲、畅销全世界。正当他为自己的技术创新自鸣得意时，由法国民众组成的义勇军推翻了他的波旁王朝。最终，由他亲自改进的铡刀终于用到了他和王后身上，经自己亲身实践后，想必他能真正地体验到了这项新技术的好处了。可惜，他再也喊不出"更快，更爽！"之类的广告词了。

辩机被执行的是腰斩极刑，但在当时不是随时随地就执行死刑犯的。按照圣朝大律规定：从立春至秋分，不得奏决死刑。即使在冬季，凡遇有大的祭祀活动、朔望日、上下弦日、二十四节气、雨未晴、夜未明、断屠日，以及皇帝生日、元夕等法定假日，都不得处决死刑。也就是说杀人也得等到秋天或冬天再选良辰吉日，以免晦气。

然而，辩机一案是皇帝亲自处理的大案要案，所以，腰斩辩机的时间自然没有等到"大约在冬季"。大唐皇帝这次是真的怒了，他要从快地办结这起让皇家蒙羞不堪的公案！

公之于众的罪名是：盗御宝。

办结地点：按照没有官阶的犯人待遇，在长安城西南门的西市大柳树底下。

办结时间：明天的申时，即第二天下午的三至五时。

平常的时候，岁月流走的声音，仿佛鸟儿展开的羽翼般寂然无声。也宛如赤足走在沙滩上，时光如潮水漫过了双足，退去之后了无痕迹。

然而，法师今夜却无眠。他整夜分明都听到了死神对辩机发出狰狞的怪叫声，也真真切切地听到了辩机凄惨的痛哭声。他是在悔叹那场旷世绝伦的恋情，还是在抱憾未完待译的那批经书？

法师无法接受再过八九个小时后，一个鲜活的辩机就要乘着敞篷囚车，戴着项械、手械、足械，背后插着写有他名字的"亡命牌"被带到刑场去拥抱死亡。

死亡是生命的底色，每一场轰轰烈烈的生命无不要倒在死亡终点的路口。无论是高贵、平凡、卑贱都将在死神高昂的头颅前屈膝低眉。于是，生命有了敬畏的质感，生命有了悚惶的恐惧。

而时间是用来丈量死亡距离的尺子，时间也被用来作为衡量和惩罚罪恶轻重的法度。罪行越重，被剥夺自由的时间就越长。

法师觉得终止一个人继续拥有自由时间的死亡判决，是一种最不人道最不仁慈的暴力手段。即使是恶魔，只要他愿意放下屠刀，他就有可能成为佛的呀！

时间的脚步，既坚定从容，又冷酷无情。时间的坚定从容里，彰显了生命的自由和欢乐；时间的冷酷无情里，局促了生命的短暂和悲凉。

时间到了尽头，生命就到了终点。善与恶在生命的十字路口分手，一个在天堂流连，一个在地狱绑缚。

为见辩机最后一面，天光还没有放亮，法师独自一人便来到监舍。

谁说落魄的凤凰不如鸡？即使不能飞翔，凤凰的眼睛总是仰望天空的。辩机依然是那副风姿清秀的样子，法师仿佛看到了二十年前的自己。只是，他的眼里布满了血丝，脸也憔悴瘦削了许多。

"人之将死其言也真、其思也惑，我想最后一次向师父请教，问明白后我虽死无憾也！"辩机略带沙哑地请求道。

法师怜惜地说道："好，我会满足你所有的要求。"

辩机问法师：释迦牟尼佛有一世曾转生为婆罗门子星宿，他于四万两千年中一直行持梵净行。其后在一王宫中偶遇一位商主之女，那女人一见相貌庄严之星宿，心性立刻就动摇起来。她未有丝毫怀疑、犹豫，当下即在其脚下顶礼。星宿颇感震惊，就问她何以如此，女人此时就大胆表白说要做星宿妻子。星宿当然要予以回绝，他诚恳地说道："我乃持梵净行者，岂可随贪欲而转，故实无法与你共同生活。"但女人心意已决，她当下表示若星宿不能同她共结连理，她马上就会因悲伤过度而自杀身亡。

当这个严肃的问题摆在星宿面前时，他不觉陷入两难的处境之中：若与女人结为夫妻，四万两千年行持梵净行之功德努力，顷刻间就会灰飞烟灭；但若抛下女人自顾自修行，她又可能因我而死。星宿原本已扔下女人径直走开，但在走过七步之后，对这个女人的悲悯之心终于让他停住了自己的脚步。他下定决心，只要能令这个女人不再感受痛苦不再因情丧命，自己即便舍弃戒行，并因此而身堕地狱也在所不惜。

打定主意，星宿便于随后之十二年中与那女人生活在一起。最后他则再次出家并修持四梵住，且于死后转生梵天。以他当时凭大悲心摄持所行之故，星宿反因此而迅速圆满了四万大劫资粮。

星宿遇商主之女，能得以功德资粮。我为何两情相悦，却横遭劫难？

法师道：雪落山之阳则融，雪落山之阴则冰，你遇高阳公主则化。她不是你的佛果，你却要摘来玩赏。苦之因已种，苦之果自尝。今生的种种皆是前生因果使然，所以，今生最好不相见，如此便可不相恋；今生最好不相许，如此便可不相负。

辩机问：我又为何难以逃脱"色由心生"的困惑呢？

法师说：境由心造，相由心生。见到美色，唯恐心受到诱惑、连忙把眼睛挖出来是愚蠢的。因为心才是受诱惑的主角，邪恶之心如能斩断，作为配角的眼睛就不会输入邪恶了。

棉枕虽滑柔，难成鸳鸯眠。迷劣欲者言，于彼反生嗔。

从前，有个人对莲池大师说："弟子看了您的《戒杀文》后，就一直守持长斋，唯有色心炽盛，不能灭除，乞请法师方便教诲，使我对色欲的厌弃心，犹如对杀生一样。"莲池大师答云："杀生是苦事，生厌较易；色欲是乐事，生厌较难。今有一喻，杀生犹如当面将毒药置于劣食中，而色欲则是暗地将毒药放在美味里。"

欲乐如美食中的毒药，初尝使人愉悦欢喜、趋之若鹜，然即此情欲将人死结系于六道之中，只因缠绵则如春蚕吐丝一般，一丝丝、一层层，自身作茧还将自缚。正因为欢愉，所以异常难以醒觉，于此中沉迷最深。古往今来圣者们千呼万唤亦莫肯清醒，世间无有第二者比此沉迷更深，也难有第二者比此更难看破。

"情乱性从因爱欲，神昏心动遇魔头。"佛是修行，魔是心魔。心生，种种魔生；心灭，种种魔灭。

人就是苦今生修来生，修来生就要先修心。五祖弘忍在半夜三更，用袈裟罩住窗前明月，小声地告诉求法的慧能说：应云无住生其心！

辩机问：我怎样才能忘记这一切？

法师说：忘记并不等于从未存在，一切自在来源于选择，而不是刻意忘记。不如放手，放下的越多，越觉得拥有的更多。握紧拳头，你的手里是空的；伸开手掌，你拥有全世界。

辩机问：我今之将死，我为何感觉人生虚无，人生如梦？

法师说：如来佛祖，慈悲为怀。也曾割肉喂婴，舍身伺虎。所以，才能"缥缈同归兜率院，逍遥直上大罗天。"地狱不在人间，只在我们的身心里。失去的东西，其实从来未曾真正地属于你，你不必惋惜。因此，你也不必恐惧，不必怨怼。说人生如梦，是因为人生存在不可知的未来；说梦如人生，是因为有梦才有生活的欲望。

辩机问：为什么我在译经中有时会打瞌睡呢？

法师说：因为你在读佛经。

辩机问：那我要怎样才不瞌睡呢？

法师说：你自己要试着写佛经。

辩机问：为什么我译经时不能做到心神合一呢？

法师说：人有三条命，是性命、生命、使命。"心猿正处诸缘伏，劈破旁门见月明。"你有太多的私心杂念，你的意念只在性命和生命之间徘徊和纠结，你的心志从来没有为使命而专注过停留过。你对生活没有详细规划、没有具体目标。你总是任由时光过尽，最后却一无所成。你生命的蜡烛虽然也有光亮，但没有光的内核火焰。

佛说过：一滴水，风一吹便干。每一滴水只有投入大海才能永不干涸。人因有自我，便产生了痛苦。由自我的观点产生了过去、未来，产生了好、坏、顺、逆。因此，人一直活在自我的欲望和痛苦中。当小我消失变成大我无我时，那滴海水即真正融入了海洋而得到了永恒。

性命只让你吃饱，生命只让你自保，惟有使命让你快跑。只有使命能让你回归大海、能让你自由自在、能让你心神合一。

辩机问：谁来照亮我使命的路？

法师说：千灯万盏，不如心灯一盏。心灯在你心中照亮你使命的路！

辩机问：生命行将结束的人，还有没有使命？

法师说：蜡烛从成为蜡烛的那一刻开始，就在等待以燃烧的方式结束生命。燃烧自己，照亮别人是它一生不懈的使命。它在照亮别人的时候感知到自己价值的存在，它在燃烧自己的时候感知了生命的欢喜和永恒。

辩机感叹道：经师父一番点化，我已经悟道，自此心如秋月湛然澄空，光明无尘，心、法都已成空，连自己都忘掉了。今日虽死犹生，死得其所。面对死亡我已经不再感到恐惧了，我会非常从容地去与死神赴约，就像是与老朋友约好的一次见面！

法师双手合十、双眉舒展地对辩机说：悟道有两种，顿悟和渐悟。

顿悟是在醍醐灌顶和豁然开朗的状态下，那灵性闪烁的一刹那，犹如一道霹雳惊醒了沉睡的大力神，劈开了他的懵懂和混沌。在抓住火花的瞬间，能看见自己内心的那一汪清泉。

渐悟则不同，需要静坐参禅，反复修炼。需经过内心空灵状态下长时间的思考而领悟，佛祖释迦牟尼是在菩提树下参禅而渐悟到佛理真谛的。今天下午的申时，在西市的大柳树下你也参禅你也悟道你也飞升。

"百态之世是苦海，参禅悟道为上岸。"苦海无边，你已到达了彼岸。恭喜你！你好自为之，一路走好。

听从使命的召唤

辩机的佛经、书稿遗物等两天后被送到了慈恩寺。曾经得到过唐太宗的御准，以渊博的学识、优雅流畅的文采而知名，被选为唯一撰写《大唐西域记》的高僧，最终却因为一个可以为爱而生、为爱而死、傲视众生、千娇百媚的公主获罪而死。否则，以他的优秀和才能，在这个盛行佛教的时代，他应该取得更加骄人的业绩和更加丰硕的佛果。

如今，按法师"我即公司"的理论，以"辩机"命名的"公司"在经营过程中，是因为总裁辩机的情感走私事件的曝光，导致了公司最终的破产。这种教训是血淋淋的，是触目惊心的。

与此同时，法师也深深地自责和反省，是自己平时只抓译经业务，放松了政治思想教育工作。由此看来道和术"两手都要抓，两手都要硬"的方针是无比正确的，而且已经成了当务之急。

六天以后，法师在结束了管理学院课程后的下午，回到慈恩寺紧急召开了由译经学院五十二位全体员工参加的、议题为"听从使命的召唤"的临时会议。证义、缀文、笔受、书写等人员到齐，其中谙解大小乘经论，为时人所推的证义十二人，即西京弘福寺沙门灵润、沙门文备，罗汉寺沙门慧贵，宝昌寺沙门法祥等列席会议前两排就座。

此外，朝廷官吏儒士如充任笔受、监阅、润色的直中书杜行顗、尚书左仆射于志宁、吏部尚书来济、礼部尚书许敬宗、中书侍郎杜正伦、守黄门侍郎薛元超、守中书侍郎李义府等也参加了会议。

会议由罗汉寺沙门慧贵主持，玄奘法师作了重要讲话。

自我们奉大唐皇帝之命开展译经工作近半年以来，在认真总结前人和自己翻译经验的基础上，我们也积极探索并成功推行了"五种不翻"的翻译理论，即有五种情况不作意译，而作音译："一秘密故，如陀罗尼。二含多义故，如薄伽梵具六义。三此无故，如阎浮树，中夏实无此木。四顺古故，如阿耨菩提，非不可翻，而摩腾以来常存梵音。五生善故，如般若尊重，智慧轻浅。而七迷之作乃谓释迦牟尼，此名能仁，位卑周孔，阿耨菩提，名正遍知。此土老子之教，先有无上正真之道，无以为异。菩提萨埵，名大道心众生，其名下劣，皆掩而不翻。"

这"五种不翻"理论体系的确立和推行，确保了我们译经的准确性和时效性。经过我们团队的共同拼搏和辛勤努力，我们较好地完成了前期译经任务。目前除撰写完成了凡十二卷的《大唐西域记》外，还翻译了《大般若波罗蜜多心经》三百卷、《能断金刚般若波罗蜜经》一卷、《般若波罗蜜多心经》一卷、《寂照神变三摩地经》一卷、《显无边佛土功德经》一卷、《受持七佛名号所生功德经》一卷、《称赞净土佛摄受经》一卷、《大菩萨藏经》二十卷、《瑜伽师地论》四十卷。

对于这些成绩的取得，我是非常满意的。对你们辛勤的工作态度，我也是心存感激的。

但是，我今天重点强调的不是我们译经在现阶段取得的成绩，而是要共同回顾、总结和展望我们译经团队和"我即公司"未来的发展目标，即要解决"我从哪里来、要到哪里去"的问题。

我们很多修士同仁每天都加班加点、废寝忘食地翻译从西天取回来的经书，但如果我要问他我们为什么要翻译经书，他就不一定能回答出来，就不一定能将我们译经的目的、本质、意义和使命讲清楚。

取得真经后翻译经典本身并不是我们的目的，真正的目的是译出的经典能够在中土弘扬，导利中土群生，使众生离苦得乐。而为了取得真经，我们不仅仅是要有出力、吃苦、流汗的思想，还要有流泪、流血甚至是付出生命代价的准备。

我们人活在世上有三条命：一是性命，二是生命，三是使命。性命，对应的是原始人性，即动物本性；生命，对应的是成熟人性，生命代表了性命的长度；使命，对应的是高级人性，即精神信仰。使命代表了生命的宽度和高度。

第一条命是性命，是实态的命、看得见的命，就是人身这条命。为了这条命，一味地只讲吃喝玩乐、衣食住行。为了让这条命过得更好，而进行的人与人之间的竞争和搏斗，人为这条命而过得很苦很累。这条命人生的目的：活着就是为了吃饭。最后成了行尸走肉，成了徒俱人形的皮囊。

第二条命是生命，虚态的命、看不见的命，就是人神这条命。有了这条命，就可以神游天地，跳出五行外，不在此山中。人就有了灵性，有了身外之物，有了除满足基本生理需求以外的追求，有了社会属性和尊严的实现意识，它代表的是成熟人性。

第三条命是使命，合道的命、高级的命，也就是人道这条命。有了这条命，就可以天人合一，与道合一。人就是道，道即是人。他的形体即使消亡，而他的思想、他的传承却变成了道，却可以永恒。道生万物，就是人生万物，人就是一切。它代表的是高级人性，有这种命的人吃饭是为了活着，活着是为了自我价值的实现。这种人有远大的理想和抱负，有知行合一的探索精神，有不畏艰险的坚强意志，有以天下为己任的崇高信仰。这种责任与追求的力量就是使命感。

平庸的人，只是来世上走了一遭，徒有性命而已。他们只追求一日三餐的温饱，没有高远的目标，亦没有伟大的理想，饱食终日，每一天都重复着昨天的故事。这样的人，毕生都没能走出人生的第一境界。

优秀的人会有两条命，即性命和生命。优秀的人认为，既然来世上走一遭，就绝不能白活一回。一定要活得有滋有味、有声有色，活出一份不同于芸芸众生的自我来。因此，他们在珍惜性命的同时，更注意提高内在修养和生活质量。内修心灵，外修仪容，每一寸光阴都活得充实有尊严。正所谓"我们不能决定性命的长度，但能拓宽性命的广度。"生活有了更广阔的空间，性命自然更有意义，就可以当之无愧地称之为"生命"。显然，在做人的格调上，生命比性命更胜一筹，此乃人生的第二境界。

卓越的人则有三条命，性命、生命和使命，它们分别代表着生存、生活、责任。卓越的人，把自己的生命同国家、民族甚至整个人类的命运紧紧联系起来，赋予生命至高无上的责任，他们的肩上便有了沉甸甸的担当，这就是神圣的使命。

毋庸置疑，使命是远远高于性命和生命之上的第三种境界。胸怀使命的人，有高远的目标、崇高的理想、矢志不渝的人生信念，以国家的兴旺、民族的复兴为己任，粉身碎骨浑不怕，把使命看得大过天，超过命，在历史的长河中，谱写了一曲又一曲壮丽诗篇。

初级的快乐是肉体的快乐，那是饱、暖、物、欲。中级的快乐是精神的快乐，那是诗词歌赋、琴棋书画、游走天下。高级的快乐是灵魂的快乐，那是付出、奉献，让他人因为你的存在而快乐。

因此，平庸的人，浑浑噩噩，虚度一生；优秀的人，挑战自我，超出常人；卓越的人，铁肩担道义，不同凡响。

西天取经的故事不仅仅是讲取经团队如何千难万险地取回了经书，完成了大唐皇帝交给的任务。它真正讲的，则是一个追求觉悟的修行人，降伏自身心魔，自我完善，获得智慧和勇气，完成从平凡到伟大的修炼历程。

取经途中，克服九九八十一难的力量从哪里来？使命感！

女妖们用盘丝把住处裹成鸟巢，意味着"家"的束缚，家庭对我们常人来说不是束缚。大多数人当然希望财富越多，子女越多，甚至太太越多越好，但对于出家人来说，家庭的观念和负担，就是一种束缚和捆绑。

盘丝洞的故事，其实是暗喻修行过程中遇到的问题：团队一行四个和尚，都是强壮的男生，都有七情六欲，所以难免会有对女色的幻想。因为幻想，心魔就出现了。盘丝女妖就意味着人的七情六欲。盘丝女妖放出丝网缠住取经的人，表示欲望的情网会绑住修行人，阻碍修行的进步。

面对盘丝女妖编织的丝网，悟空的铁棒也不好使，就是在讲：这次的妖是从内心生出来的，而不是来自外界，靠外在的力量并不能解决问题。悟空精心设计的除妖方式，则代表着智慧，意味着打破情网，要解脱情色的束缚，只有靠自身的智慧之剑，外界的帮助是无效的。

不能依靠外界的帮助，那内心的力量从哪里来？使命感！

悟空同志首先是个老资格的修行者，为求长生不老，他从出生地东胜神洲漂洋过海先后到了南瞻部洲、西牛贺洲，累世修行。观音禅院的老祖师年龄二百七十岁，悟空把他当成万代孙儿，见到南极寿星，也叫一声老弟。悟空又是个追求卓越的猴子，当猴子要做猴王，当神仙也要做最好的神仙。悟空在天庭的级别是上方太乙金仙，职位是齐天大圣，当神仙也算是混到了头了，用他自己的话讲："在天上地下都混得开：玉帝认得我，天王随着我，二十八宿惧我，九曜星官怕我，府县城隍跪我，东岳天齐怖我，十代阎君曾为我为仆，五路猖神与我当后辈。"悟空做神仙的本领那就更无可挑剔了，上天入地，翻江倒海，满天庭的天兵天将都敌不过悟空一个，玉帝也拿他没办法。可是为什么这样一个心高气傲、又如此杰出的悟空，会心甘情愿地加入取经团队呢？

大家知道悟空具备了许多奇异的超自然的能力。他能超越时间、空间，能上天入地、移山蹈海、呼风唤雨、降龙伏虎。但是提醒大家注意的是，悟空的这些修行，只是对能力的修炼，是对神通的追求。博士生导师菩提老祖传授悟空的都是术，没有传授给悟空道，即做人的道理。导致悟空逞强好胜，喜欢争斗，做事的方式总是用外在的力量，用神通和暴力来消灭对手。悟空为了达到自己的目的，固然可以轻易地利用自己的力量强取对手的生命，但他对生命消亡的毫不痛惜，对于逝去生命鲜活情感的毫无感知，对于生命理解的贫乏，反倒是他个人能力上的一大缺失，也可以叫做"爱的感知能力缺失"。试想，如果悟空能够感同身受地体会到棍下生命强烈的恐惧、痛苦的情绪，悟空的棍子还会落下去吗？

他是典型的阿修罗，他的修行法门，我们也可以定义为阿修罗道。悟空的阿修罗道，不仅给自己惹下许多麻烦，也为社会制造了无穷的麻烦。

取经初期悟空还是停留在妖精思维上，停留在以德报德、以冤报冤的因果报应里，停留在以武力解决问题的思想层面上。他不懂佛陀的真义：为了他人的生命，可以牺牲自己的生命，为了他人的利益，可以牺牲自己的利益。利于他人和社会，这正是我们团队要放弃在小乘佛法中已有的成就，放弃已有的地位，去西天求取大乘佛教经典的根本原因。

所以，我们也可以看出取经前的悟空是走在修行歧路上的悟空，只是寻求自我救赎的传奇，他经营的公司是"小我"的公司。他自恃神通，却到处碰壁，走到了穷途末路，被压到了五行山下动弹不得。要不是取经事业的使命挽救了他，他的公司差一点就经营不下去了，差一点就倒闭了。

自从加入取经团队并有了使命感后，悟空反过来就学习做人的道理，学习仁爱，学习慈悲，学习菩萨道，来实现个人修行的圆满。他从此也就放弃了自己阿修罗道的大圣身份，从菩萨道的小行者做起，他的内心决心是多么的坚定！从此他走上了正确的修行道路，最终历尽千辛万苦，到达了修行成佛的终极目标。

我们佛家通常说的五戒，是佛教众多戒律中最基本的五条，就是做人的基本准则，五戒是：一不杀生，二不偷盗，三不邪淫，四不妄语，五不饮酒。这五戒，是佛门四众弟子的基本戒，不论出家在家皆应遵守的。我们如果做到了这五戒，那就能证明我们是好的或者是合格的佛门弟子了吗？回答是当然是否定的。我们还要从两个方面来考量：

一方面，保健因素。持好五戒，只是佛门弟子的基础，这才是尽了本分，这才是万丈高楼平地起的地基部分。我们有些修士不明白这个道理，以为自己做到了不杀生、不偷盗、不邪淫、不妄语、不饮酒就可以得道、就可以成佛。这就好比一个负责粮油库的管理员，自己不偷油回家、老鼠也不来偷油吃，油库的卫生也打扫得比较干净。于是就跟领导打报告说，我的成绩很大，你要提拔我，你要给我发奖金，你要评我先进工作者。

另一方面，激励因素。这是讲贡献讲责任讲格局的部分，我们不能以为除了做到了五戒外还认真做好了译经工作，就沾沾自喜、就放松了对自己心魔的管控和修炼。还是拿粮油库的事例来打比方，管理员应从贡献方面去提升自己的价值，使粮油的品质稳定、粮油的等级提高、油库的周转加快、油库的资产升值、油库管理水平成为行业标兵、油库的管理经验成为楷模，而且还训练了一支高标准高素质的管理队伍，这才是做出了贡献，这才能得到提拔和奖励。

取经路上，我作为团队负责人，我始终如一地遵守了佛陀慈悲为怀的教导，对于途中所看到、听到的痛苦都深切关注。当然其中也包括黄风怪装扮的受伤的道人、红孩儿假扮的被缚的小孩子、僵尸假装的失去女儿的老人、老鼠精化成的遇难的女子，我都无一例外地施予关爱和救援。对于一切生命，包括抢夺我的强盗，毫无分别地予以充分的尊重和珍惜，我是想以佛陀的人文关怀和宽广的慈悲情怀感化对方。我认真地践行菩萨道的平等关爱众生、利益他人的使命。

我对佛家戒律也严格奉持。不近女色，面对菩萨扮演的富婆用财富和女色考验时，我采用大智若愚的方式："好似雷惊的孩子，雨淋的蛤蟆；呆呆挣挣，翻白眼打仰。"通过了上级领导的联合验收；不贪财，一路斩妖除魔，造福当地。每做完好事，我挥一挥衣袖，不收取一文钱，不带走一丝云彩。连乌鸡国王和女儿国王送上来的王位都毫不动心；不偷盗，王位都不要，当然更不会偷盗。在八戒、沙僧要偷拿妖魔变化的棉背心，我正色严厉地予以制止，教导他们说："公取窃取皆为盗。"；不饮酒，一路上只有在离开长安，唐王亲自送上一杯送别酒时，不敢不接，才象征性地喝了一口素酒。杀生和诳语就更没有了。

做到了以上几点，大家千万不要认为我就是合格的大唐高僧，刚才我跟大家讲过，还要从激励因素来评判和量化。此时的我还是肉眼凡胎，还缺乏一双"慧眼"。

开始取经时，就曾发誓要见寺拜寺、见佛拜佛。我把佛像也当作了佛。

看到"观音禅院"就像见到了菩萨本人，欢天喜地地磕头上香，哪知道是遇到了穿袈裟的强盗，没有悟空的警觉，我险些被烧死。见到黄眉怪假变的小雷音寺，又以为到了西天，看到魔王装扮的佛祖，忙纳头下拜，吓得八戒、沙僧也一起跪倒，结果着了魔道，引来了一场劫难。最后到了灵山，我才算是登上了智慧彼岸。

那我修炼慧眼、登上智慧彼岸并希望能够成为超凡脱俗的佛，这些不竭的力量从哪里来？使命感！

所以我们一定要听从使命感的召唤，让它带着我们从黑暗走向光明的世界，从小我走向大我的境界。

法师还在会议结束时，号召译经学院近期开展一场题为"我和使命感"的大讨论和演讲比赛，旨在掀起以使命感来提振和打造团队凝聚力、战斗力的新高潮。

会议结束后，法师还专门询问了弘福寺灵润、文备两位沙门前几天为辩机做的超度法事的相关情况。一提起辩机，两位沙门都是唏嘘哀叹不已，说他们有时在深更半夜还依稀能听到辩机的哭声。有时在白天翻看以前辩机译过的经文，发现那行行文字竟然是红色的！

灵润还说高阳公主曾派人来向他请要一些辩机随身用过的物件等，很可惜公主一无所获。因为上次御史台的办案人员搜寻和清缴得实在太仔细了，连辩机穿过的袜子都找不到一只，公主派来的人只能怏怏而归。

法师想，《金刚经》"一切有为法，有如梦幻泡影，如梦亦如幻，如露亦如电，当作如是观。"就是辩机和高阳公主法外之情的写照，是虚而不实之相。因缘和合，缘起缘灭，瞬息即逝，以之喻娑婆世间一切因缘而生、因缘而作之有为法，甚为贴切。所谓性空缘起，缘起性空，如是如是。

然而，对于用情过甚的高阳公主而言，这是她人生的一场罹难。以她那种宁折不屈的性格，其内心将永远蒙上挥之不去的阴影。一个情爱里温润艳丽如花的公主死了，一个冷若冰霜郁结着旷怨、吐着蛇信般怒火的公主来了。

法师摇头思忖道，万物往复，自有其定数。"故而识者，不可耽于声色幻影，而造作无数业因。因因循环，轮转三界，不得出离。"

正当玄奘法师还在感慨万分之时，忽见悟空大步流星、挥汗如雨地从寺院门口朝他走来。

不知悟空急匆匆赶来有何见教，且听下回分解！

"我即公司"的三个层级

　　我即公司初级阶段杠杆撬动的对象，是人力资本里的知识和技能；中级阶段杠杆撬动的对象，是货币资本和人力资本以及其他社会性资源；高级阶段撬动的是，高端人脉资本、货币资本、人力资本和社会资源。

悟空是来向法师报告好消息的，说"向北走"公司营业执照已办下来了。

法师一脸的惊讶，以为自己听错了。悟空又重复了一遍，才喜形于色。但还是疑惑道："才一个月不到，哪有这么快的？最起码不得四五个月？"

圣朝现在实行的是营业执照、组织机构代码证和税务登记证"三证合一"的登记制度，确实快得令人难以想象。开始，我也以为要好几个月呢！

不对，是人家照顾你吧，给你开的绿灯。谁不知道你，猴急猴急的！

师父徒弟一起哈哈大笑起来！尤其是玄奘法师笑得很开心，一扫前一段时间那些郁结心头的阴霾。

悟空也是难得一见平时只会忙碌只会工作、总是不苟言笑的师父这样开怀大笑过，就趁着他高兴，建议一起出去散散步。法师爽快地允诺了。

"贞观之治"是唐太宗在位期间的清明政治。由于他知人善用，广开言路，虚心纳谏，重用诤臣能臣。经过反复实践、反复探索、不断总结，靠"摸着石头过河"方法，推行了经济体制的重大改革，将封闭和墨守成规的社会迅速开创成为开放、融和、繁荣、稳定的良好政治局面。

首先，在军事上也起到了重大的成就。太宗时期通过讨伐高昌、龟兹两大战役，彻底平服西突厥，完全消灭了他们的军事力量，从此改变了北亚的整个均势达半个世纪之久。太宗成功地将大唐向西突厥称臣的关系彻底翻了过来，成了所有西突厥人的可汗和君主。

辉煌的大唐帝国是圣朝历史的骄傲，这个空间开放的大帝国，傲视寰宇，同欧洲的东罗马、西亚的大食并肩屹立于欧亚大地，其盛世版图曾经包容了大漠南北、葱岭东西。中华文化圈的光焰开始普照西域及至中西亚。

其次，圣朝的经济也取得了突飞猛进的发展。圣朝的经济总量在短短的30年内，迅速增长了近60倍。圣朝的经济成就不仅写在了圣朝的历史之上，也在世界历史上刻下了辉煌的一页。过去30年全球脱贫所得成就中，近70%的成就归功于圣朝。其经济发展速度之快，被国际舆论视为奇迹！

经济和生产力不断的发展和提升，就体现在了人民生活水平的提高和城市建设的面貌上。"东南形胜，三吴都会，钱塘自古繁华，烟柳画桥，风帘翠幕，参差十万人家。"描绘的不仅仅是城市的繁华，更多的是赞颂了城市经济的发达。

青春是美丽的底色，经济是繁华的背书。自古皆然，概莫能外。

夏天夜色下的长安城就呈现和绽放出了它独有的，既古朴庄重又绚丽多姿的魅力：

街灯明亮、彩灯闪烁、射灯堂皇、宫灯华贵，溢彩流光、辉映妖娆；

高楼林立、宝塔高耸、城池雄浑、宫墙逶迤，登临远眺，意纵天高。

师徒两人边走边聊边赏夜景，"负手信步意流连，偷得浮生夜来闲。"是一种久违了的感觉。

不知不觉来到了"五月天气日长新，长安水边多丽人"的曲江边，更是一番绝佳的"东风夜放花千树"、"蛾儿雪柳黄金缕，笑语盈盈暗香。"夜游去处，精彩纷呈、游人如织。

法师放慢脚步，对平行的悟空说道，你是怎么理解这"大唐盛世"的?

嘿嘿，大唐盛世当然好啦，路不拾遗，夜不闭户。有一首歌不是唱到"今儿个老百姓呀，真呀么真高兴啊。"可以称得上政通人和、百业兴旺!

但是，也有人认为贞观三十年，总体上很成功的。只是，在某些方面也存在一些失误和失衡：现实社会中的各种关系最基本的是经济与政治、经济体制与政治体制的关系，而经济体制改革与政治体制改革不够协调。经济体制改革迈出了几大步，取得了突破性进展。而政治体制改革却是碎步缓行，进展缓慢。"学而优则仕"和"官本位"思想依然存在。另外还存在着贫富差距、拜金主义、腐败等问题，这都同政治体制改革不到位有关。所以，坊间的舆情和不同的声音还是有的。悟空语气和缓地说道。

有不同的声音那是再正常不过啦，民间就是最大的在野党么! 同样一件事情，站的角度和立场不一样，得出的结论就不一样。给咱们《瑜伽师地论》写后序的中书侍郎许敬宗就说得好："春雨如膏，滋长万物。农夫喜其润泽，行人恶其泥泞；秋月如镜，普照万方。佳人喜其玩赏，盗贼恶其光辉。"

当年，圣朝百姓对到底姓资还是姓社的问题纠缠了很长时间。后来，太宗皇帝一句话就让大家释然了：姓"资"还是姓"社"的判断标准，应该主要看是否有利于发展社会的生产力，是否有利于增强国家的综合国力，是否有利于提高人民的生活水平。

目前圣朝贞观第一轮的改革已经完成，第二轮的改革也处在关键阶段。问题很多，难度很大。但太宗皇帝还是下了最大决心，拿出了将革命进行到底的决心、气概和魄力，坚定不移地推进改革开放。

今年我看太宗皇帝就两方面的改革还是下了很大决心的：

一是，农村工作方面。

为逐步改变城乡二元经济结构，逐步缩小城乡发展差距，实现农村经济社会全面发展，提出工业反哺农业、城市支持农村的方针，坚持以城带乡、以工促农、城乡互动、协调发展，使社会事业建设取得明显进步。

二是，简政放权方面。

就是精简政府机构，精简束缚着市场主体的"无形枷锁"和错装在政府身上的"有形之手"。放权就是放活，放的是企业的活力、发展的动力和全社会的创造力，把经营管理权下放给市场。政府就可以腾出手来抓大事，稳增长、控通胀、防风险，保持经济持续健康发展等。就是转变政府职能方面从政治体制改革方面着手，理顺权力运行关系，减少甚至剔除影响经济发展的各种原生阻力。"把该放的权力放掉"，减少行政审批，激发制度和体制潜力，让改革释放出更多更大的活力，让民众享受到改革红利。太宗皇帝就是要用简政放权来引导整个民众把心思和精力统一到圣朝梦上来，为实现"圣朝梦"积聚强大的力量。

师父，经您这么一提醒，我们这次办执照就是享受到了简政放权的红利了喽！悟空一说完，自己便先哈哈大笑起来。

夏天的夜里，空气里依然氤氲着阵阵炙热。两人都感觉需要找个地方喝杯茶，以解渴解乏。

"一人来茶居"？谁取的怪名，老板也太没水准了吧，只允许一个人来喝茶？悟空在茶馆门口对玄奘法师嘟囔道。

不见得没水准！你不能被那个一字束缚了思维。你想呀，你出来溜达，走累了来到这里，一个人可以独自慢慢品茗和享受这里的幽静和茶的清香；有时候，两个人来这里，就比如你和我今天这样，可以说一个人带着另一人来呀！那三人也可以同样的说法。还有，此茶馆的名字并不仅仅这么简单！法师意味深长地微笑道。

哈哈，这我知道。不就是那三个秀才进京赶考的故事了么！说，三人途中遇到一位算卦的先生，就问先生我们三人中有几人能考中？先生一副天机不可泄漏的神情，只伸出一个指头。无论考中多少，都能自圆其说，还肯定要说他算得准。我看呀，说不定这"一人来茶居"就是算卦先生开的呢！

悟空，你还没说对！其实呀，这老板本来就不介意你是一人来还是几人来。韩信将兵，多多益善。难道他还嫌喝茶的人多吗？他取这个名字可大有玄机嘞！

首先，这字号看似普通，却不寻常。看似没有取新奇特或者说高大上的茶馆名字，其中却有真味。"一"这个自然数里最小的数字，蕴含了老子哲学的精髓。"道生一，一生二，二生三，三生万物。"万物就是无穷大，就是代表着财富的增长空间。

其次，"一人来"这个字号有争议更有想象的空间。就是让消费者去讨论去关注去猜谜语。"香风掠过，美人甜笑。"店主只在那静静旁观。

实际上，兴之所至，你可以一人独往；你可以一人带着另一人，翩然而至；可以是一个男人和一个女人，可以是一个老人和一个青年，可以任意组合，只要你高兴，店家决不阻拦。甚至，老板还可以讲他"身在异乡一人来此创业打拼的故事"等等。这些，都是为了吸引眼球，让消费者去口口相传地帮他传播、帮他做免费的广告。所以，一个字号只要有了关注度就有了消费的欲望和尝试，一个字号只要有了关注度，再加上美誉度就有了消费的重复和持续。

师父呀，你讲得太有道理太有深意了。其实，老板原来的本意是不管你来多少人消费，走的时候，你们只要有一人来买单就OK！

唉，说得好！说不定，这也是这字号蕴含的内容之一哟。

两人又说又笑地被引进了茶馆。

茶馆果然座无虚席，但并不嘈杂。在柔和的灯光和舒缓的钢琴背景音乐里，让你远离了城市和俗尘，仿佛回到了空旷的原野和青山绿水之间。

卖产品，就是卖感觉。消费者都是情感和感觉的奴隶！悟空暗自庆幸来对了地方。

两人等了一会，才有了位置。

悟空知道师父西天取经时路走得太多了，喜欢用茯苓茶来健脾胃、强筋骨、去风湿、利关节，就要了一壶茯苓。并一再叮嘱服务员要煮够十五分钟。自己则要了一壶白茶，因为喜欢它的外形挺直，白毫显露，芽壮叶嫩，汤色清亮和那清淡、鲜爽、香气幽雅的味道。

要茶时，悟空还不忘问服务员，这"一人来"到底是啥意思？服务员笑而不答。

法师说，道有时是不能说破的。他们肯定在上岗培训前，被要求只用一个标准的微笑表情来回答所有的疑问。让想象继续留给茶客，让商机继续酝酿和发酵。谜底一旦被揭，只是换来短暂恍然的兴奋，最后就成了那道吃剩下的菜，冷寂、无味和索然。

悟空发现师父今天谈兴甚浓，总是语露机锋，妙思不断。自己好像也被他感染了什么，觉得今天的话就特别多。原来情绪就像一盏灯是很容易被点燃的！

于是他又兴高采烈地问道："师父，您刚才说了一个好的名字、字号或商号是要引起别人关注的。那我们'向北走'的公司名称，您没有说任何意见就同意了呢？"

我没有说什么，这就表明至少我是没有异议呀，并且我就非常认同这个字号。因为，很多人一听到或者一看到"向北走"这三个字，眼睛和意念就被牵引，会猜想：为什么不向南走、向东走、向西走？而要向北走？所以，视觉受众就在好奇心的驱使下，产生了一探究竟的欲望和冲动，品牌的第一步即广告植入就宣告成功了。另外，"向北走"这个公司字号有以下寓意：

一、代表着方向。北是北辰，北辰是指北极星。北极星既有北辰的方位，又有其文化的内涵。北极星位置稳定，不易变化，有其固定的立场，代表着忠诚和守护，"为政以德，譬如北辰，居其所，而众星拱之。"从人生的角度来说，北极星有着引领我们到达目标的意义，正如它可以让我们分辨方向一样。人生因有方向而前行，因找不到北而迷茫。

二、古代传统文化中以南为下，以北为上，代表尊崇和高贵。现在则代表正精进，正知觉，正能量，是一种向上向善的力量。

三、它代表的根本意义是与"一路向西"一样，表达一种坚定、坚守、坚韧的信念。是方向，是目标，是战略，是成功，更是一种决心。

所以，当你们确定这个"向北走"公司名称时我就投了赞同票。想不到，预名和审批都通过了。值得庆贺呀！

我和八戒当时想名称时，只记得西天取经路上您的那一句"一路向西"。至于，这里面的学问就不知道竟如此深奥哟。

两人说话间，透着热气和清香的两壶茶水端上了茶桌。

师父，圆悟克勤禅师"禅茶一味"和赵州和尚"吃茶去"，我却不懂！

法师慢慢地呷了一口茶，两眼注视着桌上云雾飘缈的杯子，并没有抬起头看他，就随口说道：

"禅与茶从来便形影相随，禅赋予了茶一种崇高的使命，就是由一片小小的茶叶，承载起了人的一种文明并指导人们思考着生和死、动于静、思维与存在等根本问题。由此，茶水就不再是一种生理需要的饮料了。

清风拂过松枝，泉溪水流乱石。茶炉烟腾舞蹈，茶香思绪空灵。这便是禅意了。如果是在茶亭中行茶，那么竹杓的舀水声，瓦釜中水的鸣唱，花瓶中寓意诚挚的插花和洁净优美的茶具，空气中弥漫着的茶香或檀香的气息，把眼、耳、口、鼻的观感集中在一起，这就是在浮躁俗世的一方净土，一片禅境悠远的空间。

所以，赵州明海大和尚说"吃茶去"就是对茶与禅的感觉已经到了神妙和极致：遇水舍己，而成茶饮，是为布施；叶蕴茶香，犹如戒香，是为持戒；忍蒸炒酵，受挤压揉，是为忍辱；除懒去惰，醒神益思，是为精进；和敬清寂，茶味一如，是为禅定；行方便法，济人无数，是为智慧。

所以，以后在公司的经营闲暇之余，你还是要多多学会与茶共处与茶相守。这对你大有裨益！"

谨记教诲，谨记教诲！谈到公司，师父，我还有一点不明白。您常说"我即公司"，每一个人自己本身就是一个公司，自己是自己公司的总裁。这个道理我是弄懂了，而且也非常认同您"我即公司"理论的新颖性、前瞻性。那我是不是可以认为您这个理论，只适合于对个人潜能的激发和内心的唤醒、消除其固有的打工心态呢？

比如说，我现在是向北走的总经理，我给员工宣贯"我即公司"的理念时，困惑就产生了，我现在的身份的确是整个公司的总经理了。我跟员工说"我即公司"时，员工也并无歧义。是呀，您孙总就是代表着公司，您孙总说"我即公司"的理由成立。那么，反过来站在员工的角度，怎么来界定员工与向北走公司的关系？员工或许会从心里发出呐喊：既然我是"我即公司"的总裁，那我为何还要为您孙总打工？被您调遣使唤？我是"我即公司"的总裁就是孙总给我们过了嘴瘾，是孙总给我们发的精神福利，是孙总激发我们好好为他干活的鸦片工具！师父，这让我如何面对？

法师一听这话，好像更有了兴致，眼神里放出了更加明亮的光芒。

你这问题，问得好呀！说明你已经在模拟"我即公司"理论，并在工作中加以实践和运用了。实践是检验真理的唯一标准么！法师说着还打了一个向前推进的手势。

实际上，"我即公司"的理论，不仅适合用来解释个人、个人与组织，还可以用来解释个人与国家与社会的生产关系。

"我即公司"有三个发展阶段，也就是说"我即公司"有三种层级的表现形式。

第一种、人力资本型（初级型）

这种形式的"我即公司"就是大家耳熟能详的以"打工者"的身份而存在的一人公司，属于初级公司。公司的员工、股东、法人、董事长由自己兼任，公司的注册资金主要由自己的人力资本和灵性资本两部分组成，这两部分资产目前尚未有专业的会计事务所能做出恰如其分的评估报告。

人力资本的评估目前只能有与自己合作的公司或单位的人力资源部门，根据市场价值、岗位特点、供需矛盾、教育程度、从业经验等给出暂定的估值。因这种估值不具备法定效力，人力资本的持有人往往对该估值的准确性心存疑虑，所以，一有机会便通过"跳槽"的方式来进行反复验证，以追求自己的理想估值和满意度。

灵性资本的评估目前也因缺乏统一的标准和尺度来量化而无法做出具体估值。灵性资本也跟爱情与婚姻一样，是属于用户体验式的商品。恋爱时寻寻觅觅，寻到另一半后问对方，"你问我，爱你有多深，爱你有几分。你去想一想，你去问一问，月亮代表我的心。"月有阴晴圆缺，也无法对爱情的多与少、深与浅进行评判，最后就只能让双方走向红地毯，让婚姻去感受去体验去评判。灵性资本的评判也是通过合作双方在日常的工作和具体的事务中去感知和判断，参考的标准有意识形态的世界观、人生观、价值观，有代表国家机器的法律法规，有地方的公序良俗和村规民约等等。

在市场经济的条件下，"我即公司"是价值的提供者，公司经营的产品是时间、体力、知识、经验、技能等。有些行业还有青春、美貌、英俊、气质等条件的附加，其中也包括"我不是长得丑，而是美得太具体"的颜值。有时候刻在脸上的"沧桑"就是一种靠时间和经历积累而成的稀缺资源，能满足特定市场的特定需求。"小鲜肉"们只能望洋兴叹。

这种人力资本参与的市场交易中，产品能不能销售得出去，产品能不能兑换成价值，一方面靠有形的硬实力作为前提条件的支撑，另一方面主要靠无形的灵性资本即软实力的作用。

灵性资本的软实力主要指心态和性格即情商方面，包括：和蔼、温柔、善良、体贴、吃苦、细致、耐劳、勤奋、积极、激情、礼貌、诚信、守约、忠诚、仁义、勇敢、包容、忍耐、宽厚、沉稳等，并且包括由良好的性格和习惯修炼成的各种能力，如演讲能力、沟通能力、组织能力、协调能力、应变能力、自我控制能力等。

"我即公司"经营业绩完全取决于人力和灵性两项资本的增值或衰减程度，因此，要根据公司的战略定位，采用聚焦法则，主抓以上两大核心业务，争取在最短的时间内实现价值最大化。对于初级公司，时间是最大的节点和经营成本。初级公司很少有百年公司，人类寿命的时间极限制约了公司的可持续发展。所以，无论是在创业还是在守业，"与时间赛跑"、"我用青春赌明天"便成了"我即公司"生存与发展的常态。

关于人力资本方面

"我即公司"初级阶段的盈利模式，主要是通过自己人力资本进入市场交易和流通来获取溢价和利润。人力资本的出让价格，完全取决于人力资本的价值。人力资本的价值虽然受市场供求关系的调节会出现一定范围的波动，但其核心价值则是具备中长期稳定性特征的。

核心价值实际上就是"我即公司"人力资本的核心竞争力，技能、技术、知识、水平等硬实力就组成和代表了核心竞争力。行业专家就是一种核心竞争力，因而就有了话语权和评判权。专家也是稀缺人力资本型公司，他在资本市场的流通和挂牌交易时，因可信度高、公信力强而获得普通型公司数倍、数十倍的溢价。所以，"我即公司"的战略定位和发展方向，就是向专家型公司进行转型升级。

打造专家型公司不是一蹴而就的，冰冻三尺非一日之寒，这要付出长期的耐得住寂寞的修炼。"一万小时定律"告诉我们从平凡到卓越，必须要付出持续不断的努力，一万小时的锤炼是必要条件。也就是说要想成为某个领域的专家，需要投入至少一万个小时的时间成本。如果投入该项技能或业务每天按四个小时计算，一周工作五天，那么成为一个领域的专家需要十年左右的时间。

想当年，悟空你去那灵山斜月三星洞，投到菩提祖师门下，也是经历了十年制义务教育课程的严格修炼才学习和掌握了腾云驾雾等核心技术。使你从一只顽劣野蛮的山猴超凡脱俗成得道的神猴。所以，从"十年磨一剑"到"十年寒窗苦"再到"十年变神猴"的说法，自然是有它的道理的！

有些人在一个行业也许干了十年、二十年、甚至三十年，为什么没有成为专家呢？答案其实很明确，虽然累积的时间够了，但连续性不够。烧一壶开水本来十分钟就够了，由于烧水器故障，每次烧几分钟就断电了，结果这壶水就永远烧不开。

人生有三大遗憾：不会选择；不坚持选择；不断地选择。没能成为专家，另一方面是因为想法总是太多，专注性总是不够。朝秦暮楚，朝三暮四，像小猫钓鱼似地不停选择，不停奔波，不停怀疑。结果是到处挖井，从不出水。有些人即使专注一个行业了，但缺乏韧性，得过且过，在行业和岗位的这口井里浅尝辄止，初一挖一锹，十五挖一锹，在人生有限的时间里却没有挖成一口井。这种心态下，即使凭运气挖成了一口井，井的地质结构随着时间的变化又发生了改变，水层很浅，给自己的人生提供不了甘甜的滋养。

关于灵性资本方面

灵性资本是作为人力资本交易的隐性必要条件存在的，这就好比市场上，你看到了一种外表光鲜亮丽、价格又非常适宜的水果，你就有了购买的愿望。为进一步对品质的确认，你就切开一个，发现里面已经坏了或者看不出是坏的，你品尝了一下感觉味道怪异，你就选择转身走开。市场交易的活动宣告失败，交易前所有的努力都归零！

灵性资本是人力资本的载体，是决定冰山一角高度的水下部分，厚德载物其实就是指冰山之下的能力决定了冰山之上的能力。

灵性资本和人力资本一样，都是要通过时间的积累和自我的修炼来获得市场的认知、认同、出让直至完成价值的实现。

悟空，你想过没有，当年你为什么被压在五行山下？是因为大闹天宫时候的那个你呀，总是以自我为中心，为所欲为，异想天开。满是人性普遍的弱点，满是灵性资本的负资产：狂妄、贪婪、高傲、永不满足、胆大妄为。有了这样的心，就缺少仁爱，就没有怜悯，就不知世界的真相，就会执迷不悟，就会我执。这正是佛教所提出的"三毒"：贪、嗔、痴。这是凡夫成佛的大敌。你被佛祖压在五行山下，被"压帖"镇住，就意味着定下了这颗狂躁的心。以去掉你贪婪的欲望、愤怒的心态和不明白世界真相的"三毒"。

其实，无论是大闹天宫，还是西天取经，降妖除魔，都是人自我意识的活动。人只要有心思，都会拥有七十二般变化，筋斗云则是心念的跳动。只要有心，就会翻腾出念头，而且刹那之间便十万八千里，甚或更远。一念善即在佛国西天，一念迷就在人间东土。人心容易翻腾和跳跃，所以用筋斗、跟头来比喻"念头"。人之所以会产生种种念头，就是心里有了想法，就会产生种种幻象，就会出现种种妖魔。

当然，要去除心头的妖魔，非一日之功。病来如山倒，病去如抽丝。熬成去病的良药，需要时间来泡制，需要时间来炖煮。

五百年的望眼欲穿，五百年的日月星辰，终于盼来了南海普陀落伽山救苦救难大慈大悲南无观世音菩萨，终于换回了你那句"我已知悔了，但愿大慈悲指条门路，情愿修行。"的誓言。从此这才开启了你新的人生方向，改变了你人生的命运，你的"我即公司"才重新走上了新的发展轨道。

有不计其数的"我即公司"由于灵性资本的浅薄稀微，或者灵性资本里夹杂着负能量的假币，而导致"我即公司"一直不能很好参与到人力资本市场挂牌交易。业绩平平、默默无闻、黯淡无光，是这种"我即公司"的经营常态；连年亏损、资不抵债，最后破产倒闭，是这种"我即公司"无言的结局。像这种因灵性资本不佳而破产倒闭的公司随处可见，不胜枚举。尤其可惜的是，有些公司在开始时人力资本还非常雄厚，整体实力也非常强大，具备了将"我即公司"做大做强，甚至具备上市的条件，但就是因为灵性资本的亏欠太多，而功亏一篑。

吕布是三国时期的一大英雄人物，人称"马中赤兔，人中吕布"，是"三国第一猛将"。《三国志·吕布传》评论他"有虓虎之勇"。在《三国演义》中，更有"三英战吕布"的描写。看来吕布勇冠当时，是毋庸置疑的。他的英武和他的赤兔马成了那个风云变幻的时代风向标。风头正劲的吕布公司那时如果上市成功的话，他的股票必须是连续三个涨停。

可惜的是，吕布公司不仅没能上市，而且还在经营了前后七八年就宣布破产倒闭了，成了三国历史的天空中一颗倏然而逝的流星。原因是，吕布公司在上市前路演时，因自己肌肉僵硬、表情紧张、心浮气躁和灵性资本的缺失而搞砸了！

三国最大的两家PE风投公司总裁曹操和刘备，本来都看好他拥有核远程的打击能力和核威慑能力，对吕布公司发展前景表示乐观，都有投资的意向。但是因为他在丁原、董卓、袁术三家集团公司当职业经理人时，有认贼作父、轻狡反复、见利背义等不良记录被举报而遭到媒体的连续曝光，公司出现灵性资产严重亏损的财务报表也被专业的审计部门披露。

屋漏偏逢连夜雨，证监会对外联络处负责人张飞这时也披露吕布公司的3A信用体系认证未获通过。同时，还因吕布的朝三暮四、反复无常被张飞贴上了"三姓家奴"的标签而被拉入了黑名单。这一连串的灵性资产假币事件被网上渲染后，舆论一片哗然。风投公司的曹总和刘总因此而失去了对吕布公司的投资信心。

Confidence is more important than gold 信心比黄金还重要，吕布公司在资本市场既失去了黄金又失去了股民的投资信心。最后，吕布的我即公司在徐州白门楼下遭到了彻底地封杀而倒闭。

可话又得说回来，吕布公司的倒闭跟当时汉末群雄并起、军阀割据、市场经济不完全的大环境有关。"学得文武艺，货与帝王家"曾经也是他这个热血青年的政治理想，但是，生不逢时。市场经济秩序极不规范，市场信息又不对称，各大上市公司的财报又不透明，搞得他举棋不定，手足无措。害得他几次被兼并重组的合作谈判均遭失败，最后就干脆破罐子破摔了。

所以，当一个社会经济依靠"资本运作"来运转时，就预示着"资本经济"时代的到来。但是"资本经济"时代到来的前提，就是要有完全的市场经济地位，就是去权力化、去行政化以减少对市场的干预，一切按市场经济规律办事。这样，人力资本型的"我即公司"才能真正进入市场的公平交易、自由流通、充分竞争，"我即公司"才能实现价值最大化，才能为社会提供更丰富的人力资本，为社会做出更大的贡献。

第二种、资源配置型（中级型）

"我即公司"通过多年创业的原始积累，获得了成熟的技能、经验和一定的货币资金。最关键是由于人力资本和灵性资本在多年的市场交易中，得到了大家的认可和赞同。"我即公司"对亲朋好友发起了项目扩大再生产的首轮募集资金的路演，亲朋好友由于在人情道义、信息对称方面比一般的人具有一定优势等原因，就进行了部分的借资或投融资。当然，这其中也有银行、风投、民间、第三方资本的进入，这要看项目具体的可行性、新颖性和代表科技发展方向的前瞻性等等。

货币资本就在初级的"我即公司"里粉墨登场，"我即公司"的发展阶段就进入了中级阶段即资本型的资源配置时代。

中级的"我即公司"的员工、股东、法人、董事长可以严格地区分和定岗定位了，公司的注册资金以实际的货币验资为准，公司经营的是能满足消费者物质和文化需求的产品或服务，公司实现了由资本整合而成的规模化流水线产品的生产。这时，资本就成了撬动社会资源、人力资本和灵性资本的杠杆，资本从此就有了绝对的话语权，它能将小股东变成大股东，甚至是控股方，资本施展它无边的魔力来调动所有的资源为它所用、为它俯首帖耳，并将这些资源成为它的雇佣。于是，整个中级公司在围绕它开展所有的经营活动，所有部门的绩效考核也制定了以它为中心的量化标准，公司上至董事长、下至普通员工从此变得更加忙碌了。

资本站在金字塔的顶端高瞻远瞩，资本成了资源配置的总调度。

在它无形的手推动下，一切变得井然有序，一切变得可以量化，一切变得较为合理，一切变得可以欣然接受，一切的生活和工作仿佛因为它的存在而有了目标、方向和动力了。

期间，根据发展规模的需要，有大量的初级型公司以员工的身份与以资源配置者身份的中级型公司开展合作，合作的基础是契约原则下的互惠互利、自由平等。初级型公司的总裁和中级型公司的总裁虽然行政级别同等，但中级型公司的总裁因为有资本的撑腰和壮胆而显得底气十足。两人即使平等地坐在一起、说同一个话题，但，资本总是急不可耐地从幕后抢先跑到两人中间，为本次会谈做出快速决断。

货币资本在刚进入的初期只是以生产资料的要素进入公司的运营，开始时还谨小慎微，如履薄冰地亦步亦趋。随着公司规模的发展壮大，资本也就变得狂妄和大胆起来。资本在股东大会和公司总结大会上慷慨激昂地发表振奋人心的演说，我能使财富发生裂变效应，我能让财富重新转移，我能创造出最惊人的神奇！只有想不到，没有做不到！everything is possible!

于是，资本再次爬上权力的顶端开始呼风唤雨，开始大刀阔斧地进行资本运营。"春风放胆去疏柳，夜雨瞒人在润花。"资本开始了蛇吞象的行动，先尝试吃几条"休克鱼"暖暖胃，再进行并购重组。资本以股权融资、债务筹资、银行贷款、发行债券、项目众筹、资产分割、资产剥离以及融资租赁与经营租赁等形式参与了整个商业计划的经营活动。资本最终完成了低成本的扩张，实现了它华丽的转身。

产业经营是加法，资本运作是乘法。资本一夜成功的神话般的传奇故事令人心驰神往、令人血脉贲张，激励着后面的资本如风卷黄沙般奔涌而至。

初级的"我即公司"对中级的"我即公司"只是负责人力资源的提供和保障，他不用为公司的经营结果负全责，他获得的是相对稳定的固定收益。中级公司的总裁是整个资本游戏的策划者、组织者，他为整个结果负全责。他就是那艘泰坦尼克号的船长，船员可以选择自救或离开，但他必须用整个生命来坚守来捍卫作为船长的尊严和责任。这就是指中级公司的资源配置者，在有限的资本权力里，必须要承担无限的经营责任。

第三种、资本整合型（高级型）

资本整合实际上就是资本运营，就是资本通过流动、裂变、组合、优化配置等各种方式进行有效运营，使一切有形与无形的存量资产实现最大限度增值。

资本整合型公司不是资源的直接拥有者，而是资源的放大者。当产业资本发展到一定阶段时，由于对资本需求的不断扩大，就会开始不断向金融资本渗透；而金融资本发展到一定阶段时，也必须要寻找产业资本支持，以此作为金融产业发展的物质基础。因此，金融资本向产业资本的融合过程就这是资本整合，这将是市场经济发展的必然趋势。

由于金融资本本身良好的资产流动性，它很容易通过其在金融领域已经涵盖的银行、保险、证券、信托、财务公司等业务对产业资本进行渗透，并为产业资本提供强劲的资金动力，为产业资本迅速做大做强提供必要的保障。

资本整合型是"我即公司"由初级发展到中级，再从中级发展到最高级。当然也有从初级直接发展到高级的公司，就好比一般的人都要走从初中到高中到上大学的三级台阶，也有超级学霸一步就跨两个甚至三个台阶的。但这些都是例外，不是常态。

资本整合型也是资源的配置者，但它更具有资源的放大效应。资源配置者还需要通过产业的实际经营来实现资本的集聚和积累，资本整合者就不需要参与产业过程的经营管理，而是直接通过资本的输出来实现对资源配置者所处行业或产业资本的宏观调控，从而获取高额的资本回报。十六年前，软银集团董事长孙正义接见了当时还名不见经传的马云，并投资阿里巴巴2000万美元成为阿里巴巴最大股东，拥有其34.4%的股份。阿里巴巴上市后，软银持有股票价值高达580亿美元，作为资本经营的投资人孙正义因此成为了新的世界首富，获得了投资额数千倍的高额回报。

初级公司的总裁、中级公司的总裁、高级公司的总裁，由于生物进化的原因三位身高、体重、长相等个体差异性并不大，有的初级公司总裁在外在、内在条件方面还可能大大优于上两级的总裁。但是，他们在资源的提供和配置以及财富的调控能力方面却有天壤之别。

他们三位总裁存在的差别，来自于他们各自手中握的资本杠杆不一样，主要表现在以下两方面：

杠杆的长度

杠杆的长度决定了力臂的大小。同样的一个支点，同样的物体，杠杆长的撬动物体时就省力，杠杆更长的，就能四两拨千斤。反过来，杠杆短的，费了九牛二虎之力也无济于事。所以，在条件允许的情况下尽可能地选择长一点的杠杆，对我们将来撬动生活和工作中的难题有利。

在莘莘学子时代，尽可能地要利用好教育资源，接受更高一级的高等教育，考上教育资源更充分、配置更齐全的重点大学，甚至海外留学等。这都是在增加我们杠杆的长度，为今后轻松地撬动就业、创业和遇到的诸多疑难问题做好准备。

在职场，尽可能地投入时间和精力对原来掌握的知识和技能进行系统升级。有研究资料显示：在知识更迭日益加快的今天，一个本科生走出校门两年内，一个硕士研究生毕业三年内，一个博士生毕业四年内，如果不及时补充新知识，其所学的专业知识将全部老化。按照知识折旧定律：如果一年不学习，你所拥有的知识就会折旧80%。其实，就一个人一生所学的知识来说，在校求学阶段所获得的知识充其量不过是他一生所需的10%，而另外90%以上的知识都必须在以后的自学中不断获取。这种自我学习和提升的过程，也是在增加杠杆的长度。

说到杠杆长度的时候，法师给悟空投过来一个意味深长的注视，让悟空有点丈二和尚摸不着头脑。

法师微微一笑，继续说道。

要说杠杆原理，谁都没有你悟空学得精深，你有这方面的天赋。你到东海龙王处索要兵器时，得到了太上老君冶炼的神铁、后曾被大禹借走治水、治水后遗下的被称作为定海神针的如意金箍棒。

这如意金箍棒其实就是一根可大可小、可长可短的杠杆，靠了这根杠杆，撬开了西天取经路上多少艰难险阻？靠了这根杠杆，撬开了西天取经路上多少资源的大门？

悟空听师父这么一说，才有点恍然大悟。但还是不忘提醒道："唉，师父，您继续说那三个总裁杠杆的故事，我才听得有点意思呢！"

法师的话题只好又切回到原处，对悟空分析道。

很显然，这三位总裁的差别就在杠杆的长度，这是事物在形式上的区别。事物一般都具有两重性，一是形式，二是内容。这内容就是指杠杆撬动什么样的物体、什么样的对象。

杠杆的对象

一个人价值的体现不是自己拍着胸脯来证明和标榜的，而往往是由竞争对手或合作伙伴的价值来决定的。将军的价值要靠战场来体现，雄鹰的价值要靠高山来证明。

与禽兽搏斗的三种结局：赢了，比禽兽还禽兽；输了，禽兽不如；平了，跟禽兽没两样。与冠军擂主决战江湖：赢了，众望所归，英雄威名；输了，勇气可嘉、虽败犹荣；平了，改写历史、意义重大。这说明选择正确的对手或合作对象的重要性，"你能走多远，看选择与谁同行"讲的就是这个道理。

初级公司的总裁杠杆撬动的对象，是人力资本里的知识和技能；中级公司的总裁杠杆撬动的对象，是货币资本、人力资本以及其他社会性资源；高级公司的总裁撬动的是，高端人脉资本、货币资本、人力资本和社会资源等。撬动的对象和层级越来越高，含金量也随之增高。这就是结构层本身决定的价值和收益，石墨和金刚石同样都是碳元素，但它们的结构决定了两者的硬度和价值的天壤之别。结构不一样，它们在自然界的分布和地理位置也不一样，这就是圈子。每个人都有朋友圈，但朋友圈与朋友圈背后的资源大相径庭。小学毕业的朋友圈和中学毕业的朋友圈的人脉资源相差可能不太大，那与大学毕业的朋友圈比较一下则如何？如果与硕士生、博士生的朋友圈比较一下则又如何？

所以，杠杆长度和杠杆的对象在这里得到了统一，高等教育不仅延长了杠杆的长度也提高了杠杆今后撬动的对象和层次。

看来"物以类聚，人以群分"就是师父指的圈子和层次啊！

悟空正在感叹的时候，服务员过来轻声地问他们，是否还需要点餐什么的，再过半小时就要打烊了。

法师感觉很惊讶，不知不觉竟然过去了两三个小时！言多必失呀！

悟空知道，师父又因没有将时间用在译经上而产生负罪感了，师父晚上又得加班喽！因为法师对自己要求很严，对自己每天的翻译经书的量上有严格的规定，如果白天耽误了，那晚上就必须补上。悟空这才明白什么叫做夜以继日。

当悟空买完单和法师一前一后地刚走出茶馆大门时，忽然听见走在后面的玄奘法师发出紧张的声音："哎呀，不好，有五个未接电话！"

悟空回头一看，见师父正对着手机屏幕发呆！

欲知法师为何如此慌张，到底又发生了什么事情，且听下回分解！

"我即公司"的运营

美国著名营销专家艾·里斯与杰克·特劳特认为，定位要从一个产品开始。那产品可能是一种商品、一项服务、一个机构甚至是一个人，也许就是你自己。

却说法师看到有五个未接电话，感到非常奇怪，是个陌生电话，而且是同一个电话！是刚才在茶馆时，手机调到了静音的状态，一直没接听上。

法师在思忖着谁会这么晚了还打电话给他呢？想了半会，没头绪。

悟空道："师父，你将手机给我，我拨回去，说不定有重要的事情呢！"说着，便从法师手里拿过手机，就将电话打过去。

电话接通后，是一个清晰悦耳又有些惊喜的声音："您好，玄奘法师吗？可找到您了！我是京科大张校长的司机小刘，张校长安排我明天一早来接您，您看我到哪来接您方便呀？"悟空一听这话，赶紧将手机递给法师。

法师跟对方作了具体的交代后，长吁了一口气，"我竟然将这事给忘了！我还以为他们学校是后天来接的呢。我这记性呀，越来越差喽！"

"怎么，师父您现在成了大学的专职教授了？到处讲课的！"悟空调侃道。

唉，每年的六月下旬，是各高校的毕业季呀！我最近被许多高校邀请参加他们的座谈会、交流会和毕业庆典活动，日程安排满满的！

"您又要译经，又要参加他们的各种会议。我担心您身体吃不消的，您还是能推辞就推辞吧！"他们上了出租车后，悟空对法师柔声说道。

让你明白我为什么要这么忙碌，我先给你讲个故事。

一个人跑到佛祖面前哭诉："我无论做什么事都不能成功，这是为什么？""这是因为你没有学会给予别人。""可我是一个一无所有的穷光蛋呀！""并不是这样的。一个人即使没有钱，也可以给予别人七样东西的布施。第一，和颜施，就是用微笑与别人相处；第二，言施，就是要对别人多说鼓励的话、安慰的话、称赞的话、谦让的话、温柔的话；第三，心施，就是要敞开心扉，对别人诚恳；第四，眼施，就是以善意的眼光去看别人；第五，身施，就是以行动去帮助别人；第六，座施，就是乘船坐车时，将自己座位让给老弱妇孺；第七，房施，就是将自己有空下来的房子提供出来，供别人来休息。如果你有了这七种习惯，好运会随之而来的。"

布施能得五种果报，即是色身、寿命、安乐、力气、辩才五种果报。这五种果报，无论施者、受者都可获得。所以，我是尽可能地跟他们去交流学习，可惜外地的学校去的不多，只能到近一点的高校。二十四日，也就是昨天，我就参加了西京学院应届本科毕业生两千多人《感恩母校，放飞梦想》的毕业典礼。会场气氛隆重、热烈、轻松、感人。我还应邀作了《我即公司，我将起航》的毕业致辞，大学生们反响很热烈。典礼结束后学生们围着我，问这问那，就是不让走。我都被这种高涨的情绪感染了，他们太需要了解校园外真正的世界、真正的人生，他们尤其想知道从佛学的视角、用佛学的理念怎样来看待现实、解读人生和未来。

作为社会中的每一个人，从来都不是孤立地存在。佛教所说的"同体大悲"，是从佛教人溺己溺的慈悲济世精神出发，面对需要帮助的人们，在力所能及的情况下，伸出自己的双手，或给予救济，或给予鼓励，或给予依止。跟他们在一起，我既感到高兴和快乐，又有了责任感和使命感双重的推动力。明天我得赶两场，到月底都是满满的。

法师的语气里，丝毫没有疲惫乏累的痕迹。反而，倒有点亢奋和欣欣然。

"最快的脚步不是跨越，而是连续；最慢的步伐不是小步，而是徘徊。"法师的这一句话，好像是自言自语，又好像是在说给悟空听的。

悟空附和地点了点头，算是对师父说话的应答和肯定。

夜半时分的长安城，画楼叠影，锦屏梦远；灯火阑珊，街道很宽。

六月，大学校园里，空气中弥漫着一种特殊的味道，是淡淡的幽香、淡淡的愁；是青春记忆的甜蜜，是离情别绪的伤透。

六月，与一个只属于纯真年代举行的告别，与一段学习生涯转身的挥手，与下一场某个约定喝回壮行的烈酒；那校园快乐的时光总是偷偷溜走，把一个人的善感多愁寄存房前屋后；说好了就分手，为何还频回首？泪在眼眶里，痛却在心口。

六月，不要再提起年少轻狂时许下的那段誓言，谁都年轻过；不要再触碰窗前明月下绽放的那段心思，现实无奈多。时间会证明，是对还是错。

六月，白日放歌须纵酒，青春作伴好还乡。将记忆打包，将忧伤托运走，将感恩存心，将激情挽留。不要将一幅明快靓丽的山水画涂抹成灰灰暗暗淡淡，不必将人生旅途中一次寻常的再见演绎成凄凄惨惨戚戚。天涯何处不相逢，相逢不总在梦中。相识一场，人来人往；即使不见，还可想念。

六月，大学校园里，空气中弥漫着一种特殊的味道，是老师的叮咛，是家长的期盼，是同学的珍重，是明天的向往，是雨后的彩虹。

京科大应届本科毕业生的毕业庆典仪式，在京科大如鹰体育馆举行。

馆外，拱桥高耸、气球腾空、彩旗飘扬，花团锦簇、人声喧昂；馆内，彩台高筑、金碧辉煌、灯耀炫光，气势贯虹、心潮涌动。

条幅横幅溢满殷殷祝福，学情友情难舍离离别情："今日桃李芬芳，明日社会栋梁。"、"母校恋学子一往情深，学子爱母校情真意切。"、"忆往昔学海泛舟乘风破浪，看今朝长空展翅高天翱翔"、"岁月有痕，忆昔流年似水；青春无悔，展望宏图征程。"

法师和沙僧在嘉宾席前排就座。

主席台上座已满，观众掌声激情喊，序曲音乐亦震撼。

按照会议议程，庆典仪式于上午九点正式开始。

男女生主持人登台亮相，宣布仪式开始。介绍领导和来宾，唱国歌，校长致辞，毕业生代表致辞，在校生代表致辞，教师代表致辞，校长颁发博士毕业证书和博士学位证书，校领导向硕士毕业生、本科毕业生代表颁发毕业证书和学位证书，主席台前排就座领导为毕业生颁发学位证书、扶正学士帽流苏，全体起立、奏唱校歌，在"友谊地久天长"的旋律中宣布毕业典礼结束。

典礼结束时，同学们放飞手中的气球代表放飞梦想，在许愿板上留下自己的祝福，学校领导，老师和学生互相道别，互送毕业寄语，合影留念。

一场毕业季的饕餮盛宴在音乐的旋律声中结束了，虽然喧闹远去、拥抱退去、泪水抹去，但寄语和留念的照片还在。愿岁月静好，永无烦恼。

　　十点四十分，京科大五百人的大礼堂座无虚席，《我即公司，我将起航》的交流会再次拉开序幕。

　　热烈的掌声中，张校长做开场白。他再次勉励学子们，在新的岗位上做只争朝夕、奋斗不息的行者，做忧国忧民、振兴民族的强者，做知恩图报、以德为先的仁者，做心系母校、沟通社会的使者。同时，希望他们继续关注和支持母校，架起母校与社会的桥梁，在未来的人生道路上尽展"科大"学子的别样风采；希望他们在千帆竞发、百舸争流的激烈竞争中，能够百折不挠、事业鹏程！

　　接着，他热情洋溢地道明了此次请法师来跟大家交流的目的和意义：

　　"玄奘法师受我们圣朝皇帝唐太宗的委托去西天取经，一路上，千辛万苦。用了整整十四年的时间才到达西天天竺国大雷音寺，为我们圣朝取回了能解百冤之结、能消无妄之灾、能弘扬佛法的三藏真经，为我们取回了经书《我即公司》，开启了我们人生新的思想、新的理念、新的航程。因此，对法师和他的取经团队在艰苦卓绝的条件下取得如此辉煌的业绩，我们应该用热烈的掌声向他们表示最诚挚的祝贺！

　　法师率领他的取经团队凯旋之日，受到了我们圣朝政府和百姓的一致拥戴。盛况空前，百姓闻声奔集，围观若堵，从者如云。尤其是法师将他的"我即公司"的真经公诸于世后，举世震惊，闻者欢欣。使我们每一个人从"小我"上升到"我即公司"的"大我"高度，使我们原来对工作和学习从被动、消极的心态转化为积极和主动，使我们自我人生的格局一下子飞跃到了公司化运营和管理的层面。"我即公司"给我们开启了一扇智慧的大门，它像一盏明灯照亮了我们的前程！因此，圣朝正在掀起"我即公司"理念的学习热潮，前几天我也很荣幸地听到了法师的讲座，茅塞顿开，相见恨晚！

　　我认为在"大众创业、万众创新"的新形势下，对我们行将走向新工作岗位的学生而言，如何迈入新生活、如何规划我们新的人生和事业、如何将"我即公司"可持续发展下去，真的需要法师来开悟和点化。所以，我经过好几次与法师预约，今天终于如愿以偿。

下面我提议，我们以最最热烈的掌声欢迎玄奘法师给我们分享和交流！"

仍然是一袭灰青色的法衣打扮的法师，在掌声和欢呼声中走上了讲台。他器宇轩昂、宝相庄严地开始了他的讲话。

自古以来，沿着陆海古丝绸之路而来的佛教文化与我们圣朝的发展一直相辅相成，交相辉映。佛教文化的包容、慈悲与超脱的精神，已经在深刻影响着我们圣朝人的生活品质和精神世界，并且正在成为我们圣朝人的一种崇尚和向上的精神信仰。

信仰是一个人最宝贵的精神力量，也是一个人长久的思想寄托和无限的精神慰藉。人有了信仰的支撑，就能真切感觉到自我存在的价值，生活就有希望、就有力量，人生就充满意义。而不至于在多元化的价值观和纷繁芜杂的世界中迷失自我、迷失方向。一个人只有生活在希望中，才有追求的不竭动力，才会对社会有所付出、有所贡献。缺乏信仰的人往往是空虚迷惘的，缺乏信仰的人不在自我中沉沦，就在自我中膨胀，最终走向灭亡。信仰除了让我们安全、真实、快乐以外，还能够使我们人性中恶的一面得到约束和管制，并且最终改造它。

所以，我认为学佛也是一种革命，能把你自己身上恶的方面都革除掉！如果人能约束和驱除掉自身人性中恶的一面，把它转化成善的一面，该有多幸福。达到了这种境界，内心将会没有矛盾冲突，没有痛苦寂寞，有的只是宁静与喜悦，那种幸福的感受和状态不是用语言可以表述的。

有信仰的人，每天都是快乐的，每天都是积极向上的。我们圣朝在物质文明建设取得丰硕成果的同时，也应取得与之相匹配的精神文明硕果，这样我们圣朝人才能真正的、完全的赢得世界的尊重与钦佩。由此可见，信仰对国家和民族的振兴有着重要的意义。

作为未来国家栋梁的你们，必须学习一些佛学，运用佛学里的正知、正觉、正见、正精进，来滋养我们的心灵、来提升我们人生的格局和境界。

这样吧，很多同学都对西天取经的故事很感兴趣，为了活跃一下气氛，同时也打开每个人的气场，请张校长允许我将议程做一小小的改动，咱们先现场提问题，半小时后我再来谈谈我的一些认知和心得。大家说好不好？

同学们以热烈的掌声做出了回应，话筒就在他们中间纷纷跳跃传递。

"大师您好，我是今年毕业的地理系硕士生柳冰，刚才在体育馆毕业典礼上，我看到了沙悟净先生。这会趁他不在，我想请问大师，取经团队里我个人觉得他的作用一直不很明显，我这样的想法是否怪异、是否准确？"同学们不约而同地发出一片笑声。

哈哈，这位同学问的非常有水平！悟净先生可能早就知道有人会提出这样的问题，所以，开完典礼仪式后就有先见之明地回去喽！

其实呀，根据西天取经项目总监观音菩萨的设计，我们取经团队人员的组成是严格按照金、木、水、火、土五行的标准配置的。我们组织里不存在人浮于事、因人设事的现象。每个人都发挥了他应尽的义务和责任。所以，在人员工资奖金、差旅费方面更不存在超出预算和多报销经费的行为，是经得起相关部门审计的。

至于，对悟净同志在取经长征过程中发挥作用的认知上，看来大家还真的有待提高。悟净同志在为人处世方面确实是少语、低调，不事张扬。但这更能证明他是一位吃苦在前、享受在后，默默无闻地甘当绿叶的好同志。

更难能可贵是，当我们的有些同志对取经事业失去了信心、对红旗到底能打多久产生了疑虑的时候，是悟净同志力挽狂澜、坚持真理，挽救了取经的伟大事业。

事实胜于雄辩，因为我是当事人，我不妨和大家一起来做个简单的回顾。

我们将镜头先回放到"婴儿戏化禅心乱，猿马刀归木母空"的片段，红孩儿智斗悟空，在悟空眼皮底下将我掳走，悟空看寻不到我了，不由得心灰意冷，道："兄弟们，我等自此就该散了！"八戒道："正是，趁早散了，各寻头路，多少是好。那西天路无穷无尽，几时能到得！"沙僧闻言，打了一个失惊，浑身麻木道："师兄，你都说的是哪里话。我等因为前生有罪，感蒙观世音菩萨劝化，与我们摩顶受戒，改换法名，皈依佛果，情愿保护师父上西方拜佛求经，将功折罪。今日到此，一旦俱休，说出这等各寻头路的话来，可不违了菩萨的善果，坏了自己的德行，惹人耻笑，说我们有始无终也！"说得八戒惭愧，悟空回心转意。悟空者道："兄弟，你说的也是，……故我意懒心灰，说各人散了。既是贤弟有此诚意，教老孙进退两难。八戒，你端的要怎的处？"八戒道："我才自失口乱说了几句，其实也不该散。哥哥，没及奈何，还信沙弟之言，去寻那妖怪救师父去。"悟空却回嗔作喜道："兄弟们，还要来结同心，收拾了行李马匹，上山找寻怪物，搭救师父去。"沙僧用自己的坚定信心，在这场风波中挽救了取经事业，也挽救了每个人的命运。

在"黑河妖孽擒僧去，西洋龙子捉鼍回"里，当我一想起家乡，就有了"一自当年别圣君，奔波昼夜甚殷勤。芒鞋踏破山头雾，竹笠冲开岭上云。夜静猿啼殊可叹，月明鸟噪不堪闻。何时满足三三行，得取如来妙法文？"的感慨。悟空听毕，忍不住鼓掌大笑道："师父原来只是思乡难息！若要那三三行满，有何难哉！常言道，功到自然成哩。"八戒回头道："哥啊，若照依这般魔障凶高，就走上一千年也不得成功！"沙僧道："二哥，你和我一般，拙口钝腮，不要惹大哥热擦。且只捱肩磨担，终须有日成功也。"好一个"终须有日成功也"！思念家乡，是人之常情，但要总是思念故土，当然会影响前行的信心。像沙僧那样一心只想取经，心无旁骛，才是最大的信心。秉持这份信心，才能支撑沙僧捱过冰冷旅程中无数个漫漫长夜。沙僧的能力虽不济，但信心是沙僧最好的武器。

当四个菩萨用美色和财富考验我们时，我坐在上面，"好便似雷惊的孩子，雨淋的蛤蟆，只是呆呆挣挣，翻白眼儿打仰。"悟空道："我从小儿不晓得干那般事，教八戒在这里罢。"。沙僧道："弟子蒙菩萨劝化，受了戒行，等候师父。自蒙师父收了我，又承教诲，跟着师父还不上两月，更不曾进得半点功果，怎敢图此富贵！宁死也要往西天去，决不干此欺心之事。"

那次假悟空将我打昏后，抢走了包裹。八戒和沙僧二人回来，只见我面磕地，倒在尘埃。白马撒缰，在路旁长嘶跑跳，行李担不见踪影。慌得八戒跌脚捶胸，大呼小叫道："不消讲，不消讲！这还是孙行者赶走的余党，来此打杀师父，抢了行李去了！"沙僧道："且去把马拴住！"只叫："怎么好，怎么好！这诚所谓半途而废，中道而止也！"叫一声："师父！"满眼抛珠，伤心痛哭。八戒道："兄弟且休哭，如今事已到此，取经之事，且莫说了。你看着师父的尸灵，等我把马骑到哪个府州县乡村店集卖几两银子，买口棺木，把师父埋了，我两个各寻道路散伙。"沙僧实不忍舍，将我扳转身体，以脸温脸，哭一声："苦命的师父！"只见我口鼻中吐出热气，胸前温暖，连叫："八戒，你来！师父未伤命哩！"沙僧的不忍，应该看成他不仅是对我横死的不忍，还是对取经半途而废的不忍。取经的主心骨一个死去，一个反水，沙僧还能坚持，取经的信念并没有垮掉，沙僧的品格还是蛮感动人的。

还有，六耳猕猴事件中沙僧身负重任，到花果山索要包裹文牒未果，到南海菩萨处求助：这沙僧倒身下拜，拜罢抬头正欲告诉前事，忽见悟空站在旁边。等不得说话，就掣降妖杖望行者劈脸便打。这悟空更不回手，侧身躲过。沙僧口里乱骂道："我把你个犯十恶造反的泼猴！你又来影瞒菩萨哩！"平日沙僧十分尊敬大师兄，事事维护悟空。我恼怒悟空，要念紧箍咒时，也是沙僧站出来劝阻。但是如果和取经发生冲突，沙僧的立场是非常鲜明的，坚决站在了悟空的对立面。沙僧的原则性还是很强的。

沙僧的能力没有悟空强，膂力没有八戒大，功劳没有悟空多，苦劳也没有八戒多，但是沙僧最终成就了金身正果，加封大职正果：金身大罗汉。沙僧的经历告诉我们，成功的未必是那些卓越的人，而是坚持到最后的人。

你或许会问：八戒不也是坚持到最后吗？八戒为什么只做了净坛使者，八戒为什么不成功呢？八戒其实是掉队了，就在到达西天灵山脚下的时候掉队了。面对通往灵山的独木桥，"悟空又从那边跑过来，拉着八戒道：'呆子，跟我走，跟我走！'那八戒卧倒在地道：'滑，滑，滑！走不得！你饶我罢！让我驾风雾过去！'悟空按住道：'这是什么去处，许你驾风雾？必须从此桥上走过，方可成佛。'八戒道：'哥啊，佛做不成也罢，实是走不得！'"八戒一路上苦没少受，累没少挨，关键时刻掉链子，失去了成功的信心，最终和到手的成功擦肩而过。

成功源自坚持，坚持源自信心。信心，就是沙僧的成功之道。信心比黄金还珍贵，请同学们记住。

有请，那位穿红T恤衫的女同学，我看你举好几次手了！

"大师，您好，您讲得非常生动，让我们了解了一个我们邻家大伯大叔式的平凡但又坚韧的悟净先生。现在，我想请教您，孙悟空是齐天大圣，他本事那么大，为什么甘愿跟您去西天取经，难道是您有紧箍咒而怕您的吗，难道他一个筋斗云翻到西天将经取回来不行吗？"这个清秀的女生向法师提问道。

　　法师听完女生的话，将脸面对着张校长说道："校长大人啊，我发现咱们京科大的学生太棒了！他们提出的问题都很有见地，很有真知灼见啊！做学问就应该这样善于独立思考，不人云亦云，不盲从随从，要有打破砂锅问到底的精神，这才是求真务实的学习态度啊！"张校长在一旁不住地点头示意。

　　悟空的本领确实是无可挑剔的，上天入地，翻江倒海，无所不能。可是为什么这样一个心高气傲、又如此杰出的悟空，会走上万里长征的取经道路呢？

　　我和悟空，各自有不同的修行宗旨和追求，代表着两种完全不同的修行理想和修行境界。悟空初期对我的皈依和产生的矛盾，代表着阿修罗道对菩萨道的依附因为本质不同所带来的不可避免的纷争。

　　我们知道，悟空同志是位super star，这位超级巨星具有了许多奇异的超自然的本领。但是，他所有的这些修行，只是针对能力方面的修行，只是对神通方面的无限追求。悟空的阿修罗道，在他大闹天宫后宣告终结和失败，也就是说他的我即公司那是快倒闭了。被关在五行山看守所羁押，刑期是五百年。因此，这就说明他这种通过武力来解决矛盾和争端的方法是行不通的，这是条死胡同。

　　一个人崇高的精神品质，就是体现在对生命的尊重和敬畏。只有当我们用平等的眼光去看待所有生命，对它们给予尊重和爱护，世界才会在我们面前呈现出它的无限生机。我们的生命才能绽放出美丽和高贵。

　　因为慈悲，所以善良。当悟空举起金箍棒利用自己的力量来强取别人生命的时候，我也就利用自己的法力念紧箍咒来限制和束缚他的暴力行为。所以，很多人看到我念紧箍咒时悟空头痛得上窜下跳，就指责我不明辨是非、不讲良心。其实，他的痛在头上，而我的痛在心上。他的痛能看得见，而我的痛却难以被感知和触摸。

如来就紧箍咒作用对观音说，"他若不听使唤，可将此箍儿与他戴上，自然见血生根。个依所用的咒语念一念，眼胀头痛，脑门皆裂，管教他入我门来"。后来观音又对悟空说，"若不如此拘系你，你又逛上欺天"所以，菩萨将紧箍咒又称作"定心真言"，这和五行山一样，象征外在力量对人心的制约和束缚。有了紧箍咒，才能管住人的心魔，才能规范人的行为。

在日常生活和工作中，接受紧箍、束缚的教化是必要而且必需的，是保障文明发展的前提。人类的一切活动都应当遵循一定的道德和法律关于人的行为规范，而不能只讲没有约束的绝对自由。实际上，每一个人都只是在道德和法律允许的框架内享有相对的自由。从这个意义上说，我们每个人头上都戴着有形或无形的紧箍咒。

后来，悟空在请观世音菩萨降伏红孩儿时，他对自己的行为有了一定的内省和觉悟。菩萨用净瓶装满了四海之水，行动前，先对当地的土地、山神等地方官吩咐："你给我把这周围打扫干净，要三百里内远近地方，不许一个生灵在地。将那窝中小兽、窟内雏虫，都送到巅峰上安生。"详细安排后，才放出净瓶中的水来。悟空见了，暗中赞叹：果然是个大慈大悲的菩萨！若是老孙有此法力，将瓶儿往山上一倒，管什么禽兽蛇虫哩！

同时菩萨对悟空的滥杀，也是婉转地提出了批评："草寇虽然不良，到底是人身，比起那妖禽怪兽、鬼魅精魔不同，那个打死，是你功劳；这人身打死，还是你的不仁。但祛褪散，自然救你师父，据我公论，还是你的不善。"

所以，悟空参加西天取经的修炼万里行活动，就是纠正他修行的方向，让他放下自己阿修罗道的大圣身份，从菩萨道的小行者做起。让他学会尊重和珍惜生命，体验菩萨道的人文关怀和宽广的慈悲情怀。以实现他自我救赎和个人修行的圆满，直至登上智慧彼岸，终成了正果。

至于你问的为何不让悟空一个人翻筋斗云将经取回来，这个问题说来话长。我就简单回答一下。

从节省人力、物力、精力的角度而言，这个建议是完全科学的、合理的。并且，悟空同志也是具备这个能力的。这么简单的问题，为什么却搞得这么复杂呢？难道是为了博取观众眼球的一场娱乐表演秀？难道取经项目的领导对项目的可行性报告不做科学的分析和论证？很显然，问题并不那么简单！其中，含有两层意思：

第一，佛法讲究的是因果。修炼是先修因，再得果。修因的时间很长，修成功后采果的时间却很短。因为要去除人性中恶的东西，人心会有一场搏斗，非常不容易，是一个漫长的过程。取经的过程，就是指战胜自我的过程。取这个真经不是悟空翻个筋斗云就能唾手可得的。

第二，凡是珍贵的东西，都需要经过艰苦的自我磨炼，耐得住长期的寂寞和苦其心志后得到的。所以，我们才会觉得来之不易，才会非常珍视和爱护。就好比，我们学习考试和体育比赛，获得考试第一名和比赛金牌的人都非常荣耀，别人也非常羡慕、嫉妒、恨。原因就是它代表了资源的稀缺性，非常难得。同样的道理，取经也不能轻而易举，不能随随便便就成全了欲望的阴谋。时间是最好的过滤器，将浮渣和浮躁滤去，将真诚和守望留住。所以，才有"试玉要烧三日满，辨材须待七年期"的箴言。因此，才有佛祖的"经不可轻传，亦不可以空取"的开示。结果是，悟空只能耐着性子从行者做起跟我们一起出发、一起修炼喽！

后面还有很多学生举手提问，但主持人提示法师已超时了。法师赶紧跟大家打招呼，希望以后有时间再交流。

法师随后就《我即公司》的来由和理论概要给同学们做了解读。对学生们走出大学校门后如何经营好"我即公司"，法师作了三个方面的重点提示。

"我即公司"的定位

所谓定位，就是令你的企业和产品与众不同，形成核心竞争力。对受众而言，即鲜明地建立品牌，就是让品牌在消费者的心智中占据最有利的位置，使品牌成为某个类别或某种特性的代表品牌。这样当消费者产生相关需求时，便会将定位品牌作为首选，也就是说这个品牌占据了这个定位。

定位，从产品开始，可以是一件商品，一项服务，一家公司，一个机构，甚至于是一个人，也可以是你自己。定位并不是要你对产品做什么事情，定位是你对产品在未来潜在顾客的脑海里确定一个合理的位置，也就是把产品定位在你未来潜在顾客的心目中。

关于定位方面的理论研究书籍太多太多，但按照我的理解，就是简单的一句话，定位就是你能做什么？

这个"能"字很关键！有的人，这个他能做，那个他也能做。上知天文，下知地理。无所不通，无所不能。但是，你这个无所不能，能不能做持久，能不能做到别人无法复制、无法替代？有没有可能将这个"能"变为可持续的生产力和竞争力？

下来就是"做什么"，这个"什么"内容丰富广阔，无所不包。可以是实的，也可以是虚的；可以是看得见摸得着，也可以是在云中飘；可以是产品、可以是技术、可以是服务、可以是思想、可以是心跳。只要在道德、信仰和法律的约束范围内，市场有什么需求，你就提供什么。即使没有什么需求，也要创造需求，并且使这种需求能长期、能稳定，能深入持久地植入消费者的心智，最终形成从信赖到依赖的关系。

什么叫依赖？依赖是营销的最高境界，一旦形成依赖的关系，消费者对产品和服务的某些瑕疵或不足就会包容就会产生持续消费的习惯和行为。依赖关系是消费者长期选择的结果，是一种无法替代和别无选择的关系。即使想替代、想另做选择，也要做一番激烈的思想斗争，甚至是一场艰难的考验。比如我们呼吸的空气和喝的水，即使它有雾霾、即使它不太纯净，我们依然会包容性地选择忍耐，而不是冲冠一怒地不呼吸不喝水，而是尽可能地通过环保措施和新技术的改进来使空气和水质得到改善。这是因为生命，因为必须，所以别无选择。

还有我们的感情和亲情也是这样，尽管有许许多多的不尽人意，尽管有不少的性格和习惯的差异，我们都不会轻易地去改变这种关系。因为日久生情就是情感的一种依赖性的长期体验，谁要想打破这种平衡，都会给自己和对方造成情感体验的缺失和失衡，都会造成整个家庭甚至家族加大情感关系的动荡和伤害。所以，两害相称取其轻，为维持双边依赖关系的长期稳定，双方在相互认同五项和平共处的基本原则上，一致采取互敬、互让、互爱的妥协性改善和适应策略。幸福的生活就是相互善意妥协的结果。

因为依赖，所以妥协。妥协不是退让，不是投降，更不是割地赔款。懂得妥协的人，是具有生存大智慧的人，是圆润通达能成就大事业的人。

所以，无论人生、事业还是产品、服务，能经营到依赖的境界，那就说明我们开始的定位是准确的、科学的。

定位的真谛就是"攻心为上"，消费者的心灵才是我们营销的终极战场。从产品营销的角度来看定位，它的重点不再是琢磨产品、改变产品，因为产品在上生产线以前，已经对它的功能、渠道、消费对象、定价等做好了目标定位和定型，不大容易改变产品的本身，而容易改变的是消费者的"心"。

那作为我们刚刚走出学校大门的学生，"我即公司"才刚刚开张营业，该如何站在消费者的角度，占领消费者的心智，给"我即公司"进行准确定位呢？我提供以下几点建议。

一、提供真实有效的产品。

刚刚步入社会大门的大学生，一般都是属于"我即公司"的初级公司，提供给你的客户和消费者也就是你给用人单位的产品，只能是人力资本和灵性资本类产品。因此，你投简历、你去应聘时，尽量将自己销售的产品在性能特点方面描述清晰和具体。不能误导你的客户产生误导消费。

实际生活中，我们的初级公司，为了求胜心切、为了尽快开张营业、为了报答父母养育之恩、为了减轻生活压力和自我心理压力，就病急乱投医，就夸大产品的使用范围和功能，让你的消费者误以为购买到了功能齐全、性价比合适的商品。结果，双方表面上达成了皆大欢喜的买卖交易。

但是，你提供的商品最终也是要通过用户体验而得出评价的。根据你原来的产品说明书，用户是打了九十分的。但在实际使用时，才发现你其实只会两件事：这也不会，那也不会。于是，用户对产品进行实际的性价比的认定时，每隔一个时间单元都会在预值上减分。结果，产品还没有过试用期，用户就要投诉，就要退货。这样，"我即公司"开业的第一笔生意就泡汤了。也许，你可以说无所谓呀，我可以再投简历、再去应聘呀！是呀，不是你的身体走在去应聘的路上，就是你的心走在寻找出口的路上。最可怕是，时间长了，你的心态会发生奇妙的变化。因为你总是遭受挫败，你就会颓废，你就会牢骚满腹，你就会喟叹"天下之大竟无我容身之处"，就会把自己当屈原"世人皆醉我独醒"，就会仰天长啸"千里马常有而伯乐不常有"。

一旦有了这种心态的时候，你的灵性资本在急剧贬值，你的公司就离破产不远了。

找不到对的人，其实很可能是，改不掉错的自己。人是社会关系的总和，人是靠群体组织而获取生存资源的。当感觉自己与周遭的环境格格不入，当总感觉看别人不顺眼的时候，是不是也应该考虑改变一下自己呢？是不是考虑当初给自己的公司定位时出现了偏差和失误呢？衣服脏了，自己洗洗再穿呗！

二、提供能解决用户痛点的产品。

悟空、八戒、沙僧都是犯了严重的错误而受到天庭严厉惩罚的，都是处于人生最低潮的阵痛期参加了取经团队。拿悟空为例，悟空一见观世音菩萨就哀求："把我压在此山，五百余年了，不能展挣。万望菩萨方便一二，救我老孙一救！"菩萨道："你这厮罪业弥深，救你出来，恐你又生祸害，反为不美。"悟空立马当场表态，一定改邪归正，死心塌地跟着取经团队走："我已知悔了，但愿大慈悲指条门路，情愿修行。"

人逃避痛苦的力量，永远大于追求快乐的力量。牙痛得要命的时候，你跟他说三缺一，他头摇得像拨浪鼓，我得赶紧去看医生！

行为经济学家通过一个赌局验证了"人永远在追求快乐，永远在逃避痛苦"的这一论断：假设有这样一个赌博游戏，投一枚均匀的硬币，正面为赢，反面为输。如果赢了可以获得50000元，输了失去50000元。让人们选择是否愿意赌一把？

从整体上来说，这个赌局输赢的可能性相同，就是说这个游戏的结果期望值为零，是绝对公平的赌局。大量类似实验的结果证明，基本上没人愿意玩这个游戏。虽然出现正反面的概率是相同的，但是人们永远对"失去"比对"得到"敏感。想到可能会输掉50000元，这种不舒服的程度远远超过了想到有同样可能赢来50000元的快乐。

得到的只会高兴一阵子，因为下一个想得到总来占领已得到的高兴；失去的会痛苦一辈子，因为失去的这辈子似乎总找不到代替。人逃避痛苦的力量据说是追求快乐的四倍。

"我即公司"在人力资本的营销定位时，一定要和客户交流和沟通，直至找到用户的痛点。而不是被动性地应聘、被动性地销售，即使成交了价格，价值却总没有得到体现。

将单独的"我"上升到"我即公司"高度的魅力就在于，公司化的经营导入了营销的概念。销售是消极的、被动的，营销是积极的、主动的。营销就是善于捕捉目标用户的痛点，并为用户的痛点提供切实可行的解决方案，营销的价值和魅力就在于此。

三、提供专业性强的产品。

有的"我即公司"在为用户提供产品或服务时，往往没有经过充分的准备和演练就仓促地想急于成交，结果是欲速则不达。消费者在安全感和信赖感没有建立之前，对产品是缺乏吸引力的，更不会轻易成交。

卖产品就是卖感觉。"我即公司"就是要给用户以专业化程度高的感觉，以使用户对你的产品产生安全感和信赖感。

一流的销售人员花80%的时间去建立信赖感，最后只需要20%的时间就能成交。三流的销售人员只花20%的时间建立信赖感，最后却用80%的力气去成交，结果肯定是很难成交。

客户为什么会买你的产品？是因为信赖你，所有竞争到最后都是人际关系中信赖感的竞争。所以，我们去拜访用户的时候，从衣着、举止、谈吐，到专业性知识的阐述等都要给建立安全和信赖提供支持，为最后合约的签订奠定基础。

四，提供客户产品以外的价值。

客户价值，也称客户让渡价值，即传递给客户的价值，它有三个重要特征：

（一）客户价值是可以交换的，提供了客户价值，就可以获得客户的支付和认同，就会使双方合作得到延续。

（二）客户价值一定是客户想要的，否则，我们的产品价值就会贬值，我们的岗位就会消失。所以，客户想要的才是创造客户价值的必要条件。

（三）客户价值是可以量化的，计算方法有两种，一种是减法，将客户所获得的价值，扣除客户为购买此产品或服务的成本，比如金钱、时间成本等，如果是正数，则表明此项产品或服务提供了客户价值，否则就是无价值。另一种方法是除法，分子为回报，分母为成本，如果大于1，则表明此项产品或服务提供了客户价值，否则就是无价值。

除了为用户创造既定的价值，还应该给用户创造意外的价值。因为意外，所以惊喜。那些"我即公司"能从初级的公司发展到中级，甚至是高级，都是给客户创造价值以外价值的高手。意外的价值，可能暂时没有得到用户的支付，但在人生的某个时期一定会得到一次性兑现。

"我即公司"的差异化竞争

差异化竞争是一种战略定位，是"我即公司"设置自己的产品、服务和品牌以区别于竞争者。为了提升市场竞争力，"我即公司"必须能够提供有别于其他竞争者的个性化产品、服务和品牌，真正为消费者带来好处。差异化竞争的目的也就是使消费者感受到产品或服务优于其他。

差异化竞争就是发挥差异化优势的过程，就是指能够为客户提供满足其特殊偏好的某种独特产品或服务，从而使"我即公司"具有区别于其竞争对手的差异化及差异化竞争优势。

所谓"差异化优势"有两个基本含义：

一是差异化，即与竞争者不同的，有差异的地方，这突出强调了产品的个性，这是寻求竞争优势，构造竞争堡垒的基础。

二是优势，即不仅要与竞争者形成差别，而且还需要使这种差别成为"我即公司"的竞争优势。这要求所选择的差别一定是有竞争价值、且有资源能力可以实现的。差别是体现集中的方法，而优势是集中的目的。

取经团队中我那三个徒弟在性格上各具明显的差异，在团队中各自发挥特长，相互补充，相互支持，形成合力。

悟空是力量型性格。他在工作生活中总是积极主动，显得很有活力，富于冒险精神，充满信心。他嫉恶如仇，面对困难总能找到解决问题的办法。他坚忍不拔，英勇无畏，坚决果断，一旦认准了目标就绝不会轻易放弃。他在团队中执行能力强，富于创新精神，是推进团队前进的发动机。

但是悟空也有人性的弱点，如控制欲强，固执己见，骄傲而自负，忍耐力差，情绪控制力不强。有能力也有脾气，爱赌气，易发火。

八戒是活泼型性格。他为人热情、奔放、豪迈、幽默、健谈、能言善辩。他富于浪漫主义情怀，善于与人交往和沟通，乐观积极向上。在团队中，是凝聚力的粘合剂，是团队中的开心果，是活跃气氛的制造者，具有很强的影响力和追随者。

他人性的弱点是，以自我为中心，情绪化严重，怕吃苦，毅力不强。又好吃懒做，爱占小便宜，贪图女色，经常被妖怪的美色所迷，容易因小失大。

沙僧是和平型性格。他善良、忠厚、随和、镇静，善于分析，富有韧性，坦然自若。对任何事情都有耐心和细心，做任何事情都面面俱到，不会让别人感到被冷落。他不喜欢张扬，不爱唠叨。他是团队中最忠诚的一个，能够协调团队中的冲突，维护团队的和睦与团结。

他的人性弱点是，容易墨守成规，不喜欢改变，没有主见，不会对身边的人说"不"。他不喜欢行动，不善于争取机会，自信心缺乏，创造力不强。

因此，"我即公司"应该根据自身的性格特点，制定好差异化竞争策略，并在组织中将自己的性格长板优势发挥到极致，弱化自己的性格缺点。在团队中找准自己所处的位置，明晰自己的角色和定位，更好地融入团队，做团队前进的强力推动者。

"我即公司"在初级公司阶段是被别人认为"一无所有"的创业阶段，但我却不这样认为。我觉得它刚好处于"道生一"的基础和关键阶段，它蕴藏着"天地合一"、"浑然一体"的无限能量。只要把这个"一"做好，后面的"一生二、二生三、三生万物"是很自然的事，向中级公司、高级公司发展也是必然的事。

因此，我在这里给今天来参加座谈和交流的学生，端出两道"唐氏秘制私房菜"，你们只要好好品尝出这两道菜的真味，真正在人力资本和灵性资本两个方面做出差异化来，你们一定会走向人生和事业的巅峰。

一、人力资本向第一或唯一的方向努力

平常一谈到某个行业某个领域，我们就能联想到这个行业和这个领域的第一人，谁攀登了世界第一高峰，谁横渡世界最长海峡，谁成功发明了世界第一台蒸汽机、谁成功发明了造纸术、谁成为了某项世界专利唯一的拥有者，甚至是谁成为第一个吃螃蟹的人等等。为什么这么多的第一或唯一会成为人们的话题和永久的记忆呢？这就是"宇宙第一法则"的神奇所在，它让我们永远只记得第一，而淡忘和忽略第二、第三。并且，第一和唯一本身就是最大的差异化，它代表着最大的稀缺资源。所以，它容易被引起重视和关注。

按照同样的道理，如果我们的人力资本也能修炼到这种行业的第一、唯一、龙头、专家、权威、领导者的程度，那么我们的人力资本的价值最大化将一定能够得到体现。

一提到第一的概念，我们很多人就胆怯就发怵就自卑。心想，我这点本事还能做第一？自己就缴械投降了，自己光将自己打败了！全世界数学竞赛得不了第一，全国第一行不行？全国第一难度系数太高！那全省的行不行？全市的行不行？全区的呢？全年级的呢？全班的呢？全组的呢？记住，咱们一定要导入第一的概念！第一，它本身不代表任何东西。但是，它代表了一样东西。它价值连城，珍贵无比，那就是两个字："自信！"自信是我们每个人都有，却常常被隐藏着的最大的资本！有了这个自信，你就浑身充满挑战的欲望和力量。这时候，神奇的事情就发生了：我是班组的第一！我要争取班里的第一！我要争取年级第一！我要争取……第一！

无论如何，也要成为"什么、什么的"第一，从小的第一做起，再做到大的第一。西天取经，十万八千里路程，是无数个一组成的，是从量变到质变的飞跃过程。因此，从现在做起，从一做起，走向第一。先将自己成为第一个到图书馆的人，第一个到教室的人，第一个坐前排的人！

说到坐前排，我刚进报告厅的时候，发现前排有很多空位，后排却早早挤满了。我想，这样的现象在我们每一个人的生活学习中都很常见。事实上，这些喜欢抢占后座的人都是希望自己不要"太显眼"，他们怕受人注目，究其原因就是缺乏自信。

上个世纪的30年代，在英国一个名不见经传的小镇里，有一个叫玛格丽特的小姑娘，从小受到严格的家庭教育。父亲经常向她灌输这样的观点：无论做什么事情都要力争一流，永远走在别人前头，而不能落后于人，"即使坐到教室，你也要永远坐在第一排。"父亲从来不允许她说"我不能"或者"太难了"之类的话。

对于孩子来说，这个要求可能太高了，但她所受到的教育在以后的年代里被证明是非常宝贵的。正是因为从小就受到父亲的"残酷教育"，才培养了玛格丽特积极向上的决心和信心。在以后的学习、生活和工作中，她时时牢记父亲的教导。总是抱着一往无前的精神和必胜的信念，尽自己最大努力克服一切困难，做好每一件事情。事事必争一流，以自己的行动实践着"永远坐在第一排"的誓言。

正因为如此，40多年后，英国乃至整个欧洲政坛上才出现了一颗耀眼的明星，她就是连续四届当选为英国保守党领袖，并于成为英国第一位女首相，雄踞政坛长达11年之久，被世界政坛誉为"铁娘子"的玛格丽特·撒切尔夫人。

"永远要坐在第一排"说的是一种积极向上的人生态度，是一种一往无前的勇气和争创一流的精神。如果你仅仅是将此作为一种形式，那么，就完全没有必要了。许多人之所以不能真正坐到前排，就是因为他们把"坐在第一排"仅仅当成人生的理想，而始终没有采取具体行动。

意识决定形态，思想决定行动。只要有了"永远要坐第一排"的企图心，"我即公司"在人力资本的知识、技能、业务方面就能做到专家、权威、唯一、第一的状态。

二、灵性资本向一心一意的方向努力

世界上实的事物往往被虚的相所控制，就是虚的决定实的。空气、意念、欲望、精、气、神、理想、价值观等看不见的东西在决定着我们的命运、行为、结果。当然，我们也不能像"人有多大胆，地有多大产"那样违背自然规律。

在"我即公司"的经营之初，我们的人力资本可能需要时间去沉淀和积累，但是我们的灵性资本却随时随地可以拿来支付和交易。而且，是取之不尽用之不竭的。所以，别人说你们一无所有，我坚决反对。实际上你们在灵性资本上都是百万富翁、千万富翁、亿万富翁。

可惜的是，你们也总是吝啬，甘愿当守财奴。

灵性资本的银行卡上，你们存有百万、千万、亿万元的资金，却总不取出来使用和交易，导致大量的资金闲置、呆滞，随着年龄的增大，灵性资产天天贬值，最终成了负资产，"资产不用千古恨，回首已成百年身！"

灵性资产的报表上，也分有科目：忠诚、敬业、勤奋、激情、专注、卓越等等。这些资产还往往被写入企业文化的企业精神篇里，时时在给以提示、提醒，叫你别忘了时时取出存款，用于工作和生活。但是，95%的人懒于跑到自己的心灵银行去取款，最后，只有那5%的人成功了，真正成就了卓越。

墨菲定律再次得到验证：成功和真理一样，永远掌握在少数人的手中！

在一个奋发图强的组织里，它拒绝三心二意，挽留忠心诚意；它厌恶懒散拖沓，珍惜激情高效；它鄙弃心不在焉，崇尚敬业勤勉；它抵制消极懈怠，倡导自动自发；它讨厌呆板平庸，追求优异卓越。

割去负资产的尾巴，留下正精进的苗子。一心一意地将自己融入组织，将组织事情当作自己的事情去看待去经营。"我即公司"才能身心合一地进入组织的核心圈，我曾经说过，圈子代表授权、代表信赖、代表资源、代表前途、代表可能、代表整个组织的能量。

为什么95%的"我即公司"经营业绩一般，勉强维持公司日常开支，资产得不到增值呢？原因在于不愿意付出，害怕吃亏。孰不知，得到源于交付，吃亏就是福啊！

所以，我今天再三提醒各位，决不能吝啬自己的灵性资本，唯有灵性资本才能拯救你自己，唯有灵性资本才能使你成为中级公司和高级公司的股东，唯有灵性资本才能成就你真正的财富梦想。

"我即公司"的战略

战略在中国古代被称为谋、猷、韬略、方略、兵略等。西晋曾出现司马彪以"战略"命名的历史著作。近代，战略在世界各国先后发展成为军事科学的重要研究领域。现在"战略"一词现已被各个领域所借用，诸如全球战略、国家战略、政治战略、经济战略、科技战略、外交战略、人口战略、资源战略等等。"我即公司"代表着一个经营型的经济组织，所以也应该有战略。在制定"我即公司"的战略时，一定要考虑两方面的因素。

一、全局性

凡属高层次谋划和决策，有要照顾各个方面和各个阶段性质的重大的、相对独立的领域，就是战略的全局性。"我即公司"的全局性表现在我们一生所经历的时间和空间上的两个维度，儿童、少年、青年、老年、小学、中学、大学、职业生涯、未来的定位和规划以及期间所经历的心路历程等等。全局性还贯穿于人生理想的准备与实施的各个阶段和全过程，所以，"我即公司"在战略的制定上要把注意力放在人生的全局层面，胸怀全局，通观全局，把握全局。处理好全局中的几个关键时期和各种关系，抓住主要矛盾，解决关键问题。同时注意了解局部，关心局部，特别是注意解决好对全局有决定意义的局部问题，比如情感的问题、专业对口的问题、兴趣和爱好与工作岗位冲突的问题等。

二、方向性

战略是政治的继续。"我即公司"的战略是反映公司未来发展的根本目标方向，体现公司经营的路线、方针和政策，是为其政治目的和方向而服务的。公司经营过程中，有许多风景、有许多吸引，更有许多的诱惑。这时候就要用战略全局的高度来进行抉择。

战略选择就是要确定"我即公司"坚持做什么，坚决不做什么，就是指有所为，有所不为。将擅长的坚持，将非主流的放弃。

"我即公司"经营中经常出现有战略制定不清晰、方向不明确、自我怀疑、急于求成、兴趣缺乏、经常跳槽等现象，并且总是迷信通过所谓的奇思妙想和高大上的战术和方法求得胜利。天、地、将、法道为先，失去了道的指引，公司的经营肯定是难尽人意。

悟空有七十二般变化，可以逢凶化吉，遇难成祥。一个筋斗就能翻出十万八千里远，那根金箍棒晃一晃碗口粗细，数丈长，可是一变又会变得小如绣花针，可以放在耳朵里。他抡起金箍棒，打上灵霄宝殿，闯入兜率天宫，把天宫闹得鸡犬不宁。

他不管生死定数和"六道轮回"的说教，偏偏打进冥司，强行勾掉生死簿上的名字，从此"躲过轮回，不生不灭"。他也不理"天子独尊、下不犯上"之类的教义，全不把天宫里面那些位尊势大的统治之神放在眼里，就连在天上至尊玉帝面前，他也口称自己"老孙"，或者只是"唱个喏"罢了。他在被天兵天将布下天罗地网重重包围之下从容对阵，坚持到底。即使被推入老君的八卦炉中炼了"七七四十九日"，他也决不悲观。一旦跳出八卦炉，他便立即从耳里掣出如意棒，又去投入大闹天宫的战斗了。生命不息，战斗不止，指的就是他这类的。他为了讨取芭蕉扇，不怕火焰山的大火烧焦屁股上的毫毛，设计钻进了铁扇公主的肚子里上下踢腾。狮驼山误入"阴阳二气瓶"，几乎"倾了性命"，但他还是"咬着牙，忍着疼"，想方设法，终于跑了出来。他乐观、机智、勇敢，无论困难再多再大，就是吓不倒、压不垮。

可是，武功再高，也怕菜刀。悟空与二郎真君斗法时，就出了洋相。二郎神见悟空变了麻雀，钉在树上，就收了法象，撒了神锋，卸下弹弓，摇身一变，变作个饿鹰儿，抖开翅，飞将去扑打。悟空见了，"嗖"的一翅飞起去，变作一只大鹚老，冲天而去。二郎神见了，急抖翎毛，摇身一变，变作一只大海鹤，钻上云霄来，悟空又将身子按下，入涧中，变作一个鱼儿，淬入水内。二郎赶至涧边，不见踪迹。心中暗想道："这猢狲必然下水去也，定变作鱼虾之类。等我再变变拿他"。果然一变变作个鱼鹰儿，飘荡在下溜头波面上。那悟空趁着机会，滚下山崖，伏在那里又变，变一座土地庙儿，大张着口，似个庙门。牙齿变做门扇，舌头变做菩萨，眼睛变做窗棂。只有尾巴不好收拾，竖在后面，变做一根旗竿。真君赶到崖下，不见打倒的鸨鸟，只有一间小庙。急睁凤眼，仔细看之，见旗竿立在后面，笑道："是这猢狲了！他今又在那里哄我。我也曾见庙宇，更不曾见一个旗竿竖在后面的。断是这畜生弄喧！他现哄我进去，他便一口咬住。我怎肯进去？等我掣拳先捣窗棂，后踢门扇！"悟空听得，心惊道："好狠！好狠！门扇是我牙齿，窗棂是我眼睛；若打了牙，捣了眼，却怎么是好？""扑"的一个虎跳，又冒在空中不见了。

悟空同志总是迷信自己的神通，想靠武力搞定对手，靠战术战胜敌人。却不知道，自己变来变去，"尾巴却总是不好收拾"，总是被二郎神识破，哪有旗帜立在庙门之后的道理呢？

这说明，有些东西是永远变化不了的，这叫"万变不离其宗"。眼花缭乱的方法和战术，都有用尽的时候，总离不开规律和战略这根主线。与其费尽心思地想破脑袋、三心二意地跳槽换岗，还不如"咬定青山不放松，立根原在破岩中。千磨万击还坚劲，任尔东西南北风。"若成大树，必庇余荫。

这正是：

愚公虽愚将山移，智叟常智事无成。

聪明的人想法多，成功只靠一根筋。

法师原计划一个小时的交流会，结果却用了两个多小时才结束。法师讲得投入，学生听得认真，只有时间成了着急的旁观者。

你有话说时没人听，有人听时，你却没话说。这叫寂寞；时间用鞭子在抽打你赶走你，你却还要一步三回头。这叫意犹未尽。法师的演讲太成功了！

法师结束演讲，刚离开京科大有几百米，忽见主持人从后面边喊着向法师追来。

法师猛回头，心中纳闷。不知又有何事？且听下回分解！

"我即公司"的品牌建设

美国管理学者彼得斯有一句被广为引用的话：21世纪的工作生存法则就是建立个人品牌。他认为，不只是企业、产品需要建立品牌，个人也需要建立个人品牌。

那主持人跑过来，递给他一张纸条，并请法师尽快给纸条上留的手机号码回电话。

法师一看号码，是悟空的。心想肯定有啥急事，连忙从手提包拿出手机，这才发现自己的手机处于关机状态。噢，怪不得，打电话找到了这儿来了！

"师父，有一急事要给你商量，今天刚收到牛魔王的请柬，邀请我们师徒四人参加下个月中旬牛魔王绿色奶业公司的一周年庆典活动。在请柬里还附有牛魔王亲笔写的信，再三叮咛我们无论如何要抽出时间去捧个场。我想征求一下您的意见，如果要去，我好安排行程；如果不去，我好给他回复。"电话那头，是悟空急促的声音。

悟空呀，一提起牛魔王，我心里就有点愧疚！我们西天取经，过火焰山为借他夫人的那把芭蕉扇，结果却将牛魔王一家搞得太难堪了。我们佛家可是讲究慈悲为怀的！

你看那牛魔王不同于其他妖怪：

一是没有为难我们，没有给我们的道路施工设置什么路障，没有在我们后面放什么黑枪。火焰山是自然环境因素造成的，芭蕉扇是人家的私有财产，人家不借也在情理之中。那里过不去，我们绕道一下不就行了吗？

二是牛魔王为人憨厚、乐善好施、广交朋友，他的口碑和信誉在当地还是蛮不错的，没听说有鱼肉百姓、祸害村民的事件发生。至于牛魔王酒后对西海龙王坦言，说他自己和玉面狐狸搞的这段婚外情是有苦衷的那番话，我们可以相信，也可以不信。我们甚至可以唾弃，可以谴责。但是，我们除了对摩云洞的整个洞府搞了一次违章建筑的强行拆除外，还将玉面狐狸和她洞里的百十余口来了个尽皆剿戮，杀伐太重啊！

现在，老牛不计前嫌地邀请我们前去剪彩，我看老牛这个人了不起！可是，我们真要见面，那多尴尬呀！我想听听你是怎么想的？

师父，您说得对。我也正为这事情纠结呢！

人生差不多就是这样一个饭局，你既要跟相悦的人推杯，也要和厌见的人换盏。一顿饭吃下去，你可以领受一颗心，也可以见识一副嘴脸。吃到最后，你还能在这个言不由衷的筵席上热闹和欢笑，这就是你承载世界的能力。

想当初，我承载世界的能力明显不够。我本来应该跟铁扇公主好好商量借芭蕉扇的事情。一是态度要诚恳。二是要注意沟通的方式方法。三是实在不行的话就做一点经济补偿。而不是，摆出一副我齐天大圣盛气凌人、非借不可的架势，最后将矛盾激化得不可收拾。所以，我觉得自己那时太幼稚、太冲动、太意气用事了。

另外，这也许和我那时心里有一段心事有关。因为每个人都会有一段不愿提及的往事，被掩藏在心底的最深处，然后疼得流泪。你却不能去触碰，哪怕是不经意的也不可以，因为那些伤口会疼，疼到窒息。

我当时是这样想的。在我做齐天大圣的时候，你牛魔王因是带头大哥在花果山我们可是一直奉若上宾的。大闹天宫事件发生后，李天王大兵压境之时你却脚底下抹油，溜了。喝酒带划拳，哥长又哥短；有事求帮忙，装睡鼾声响。我被压到五行山下的五百年期间，作为结拜兄弟当哥的你也没来看过我一次，只想着跟我划清政治界限。

最深的孤独不是长久的一个人，而是心里没有了任何期盼和希望。当我觉得孤独无助时，我只有想一想还有几十万亿的细胞在为我一个人而活着。五百年的风刀剑霜，五百年的冰冷铁窗，让我对兄弟情分彻底绝望：有福同享，理所应当；有难同当，痴心妄想。等我五百年的失望攒够了，对老牛的心自然就凉了。也就，再也不回头了。

可气的是，在翠云山那老牛见了我，在我面前，居然还摆老资格！西装革履，满身名牌，开的是水陆两用的越野车辟水金睛兽，够腕够派。俺老孙就看不惯他这副暴发户的嘴脸，而且还极其没文化，没素质。见了我仍然是带重口味的，猢狲长猢狲短的。我在他眼里，我还是个妖怪，还是个劳改犯！也不打听打听，我现在可是国家重点工程西天取经项目的负责人之一呢！最可恨的是，那次在火云洞，牛魔王的儿子红孩儿用三昧真火，差点要了我的命！

这时候我仿佛明白，誓言总在喝酒时，分手总在清醒后。不怕神一样的敌人，就怕狗一样的哥们！不是磕了头、拜了把子就是铁杆。有些看似兄弟的人根本不适合做你哥们。有的人，是拿来成长的；有的人，是拿来一起行走的；有的人，是拿来一辈子感恩的；有的人，是拿来做一辈子后悔药的。我在心里对老牛这样说道：牛哥啊，如果最后我放弃了你，请你一定要原谅我，因为我全部的热情已被你耗尽了。

所以，在火焰山，我的无名火、我的满腹怨气都撒在了牛魔王身上。你对我不仁，别怪我对你不义。人生如若初相见，世上应无切齿人。兄弟的情分大都是以一见如故、相见恨晚开始，最后却总是以形同路人、反目成仇结束！早知现在，何必当初？悲哀啊！

实际上，我开始时只是想杀一杀他重色轻友的傲气、不知天高地厚的霸气，让他在我面前服个软，完后让他老婆将扇子借来用用，这事情就到头了。记得那一回我正与牛魔王厮杀，八戒便掣钯上来帮忙。我对八戒说，是他变成你的模样从我手中又把扇子骗去了。八戒大怒："你怎敢变作你祖宗的模样，骗我师兄，使我兄弟不睦！"八戒的钉钯凶猛，牛魔王有些招架不住。这时，雷积山的玉面公主带着大小头目、点起众妖百十余口、各执枪刀赶来助战。众妖一齐上前猛砍，最后牛魔王得胜而归。

这时，八戒就打退堂鼓了，对我说：猴哥呀，算了，算了，这么难，且回去，转条路，走他娘罢！

听八戒这么一说，有道理呀，条条大路通罗马！换条路走行不行呢？应该是可以的，因为没有人给咱们规定具体路线、时间。又不是"秦二世时，发闾左谪戍渔阳九百人，屯大泽乡。陈胜、吴广皆次当行，为屯长。会天大雨，道不通，度已失期。失期，法皆斩。"最终，只要我们能到西天就行啊！我于是就心生了退意。

谁知道，天黑路滑，社会复杂。这时候，突然飞来一只蝴蝶，将整个事情给搅黄了！悟空，说到这里停顿了一下。

玄奘法师却被搞懵了！这跟蝴蝶扯什么风马牛的关系呀？

嘿嘿，我说的这只蝴蝶可不简单。它是生活在南美洲亚马孙河流域热带雨林中的那只蝴蝶，它偶尔扇动了几下翅膀，两周以后却引起美国德克萨斯州的一场龙卷风。整个事件中，土地公公成了急剧改变事情发展和结果的那只蝴蝶！

土地公公跑过来极力阻挡："天蓬莫懈怠！但说转路，就是入了旁门，不成个修行之类。你那师父，在正路上坐着，眼巴巴只望你们成功哩！"

一听这话，我觉得脸有些发烧，堂堂齐天大圣不能让老牛笑话，说我是落荒而逃呀！于是，我就发狠道：正是，正是，呆子莫要胡谈！土地说得有理，我们正要与他赌输赢，弄手段，自到西方无对头，行满超升极乐天，大家同赴龙华宴！

土地公公为什么要唆使我们去斗牛魔王？按他自己的说法是："一则扇息火焰，可保师父前进。二来永除火患，可保此地生灵。三者赦我归天，回缴老君法旨。"

他说了三个原因，前两个原因是利他的，最后一个原因是利己的，只有利己的原因才是最接近真相的原因。土地早就想回天庭去，他不想老待在基层受罪了！可是，只要这火焰山存在一天，土地就得在这儿多待一天。他本来是太上老君身边守炉的道人，因我大闹天宫时蹬倒了老君的八卦炉，落了几个砖下来，内有余火，到此处化为火焰山，老君便罚他下来做了火焰山的土地。当年没有把我炼为灰烬，这个责任究竟该谁负？很显然，不至于有这个看炉的道人负主要责任吧，可是，老君却把他罚下来，那么，他一定是有委屈的。

火焰山形成之后，直接导致了两个人的命运发生了根本性的改变：

一是看炉的道人被罚下来做了土地，天天在这个热死人的地方受闷罪。二是铁扇公主在此地的千里之外幽静处享福，凭一把芭蕉扇发家致富。铁扇公主的芭蕉扇可以灭火，只需连扇四十九扇，火便永远再不复发了。可是，她每次只扇三下，老百姓们种收后，火又复发。她永远不把火弄断根，就永远有钱赚，她的日子过的是非常舒服的。而那个看炉的道人呢？非常的倒霉，他就得永远待在这儿当土地，天天受闷罪。

所以，土地要想回到天上去，首先就必须得把火焰山的火灭了！要想灭火焰山的火，首先就必须得消灭牛魔王！牛魔王不除，火是永远不会断根的。他自己当然没有办法消灭牛魔王，现在他借助取经工程的机会，来个彻底扫荡，以绝后患。于是，他就不请自来了。

土地怕我和八戒拿老牛没法，他自己还又去叫了一队阴兵。最后又惊动了别的神仙也跑来凑热闹，参与了本次的联合执法大行动。

首先是过路的神仙，惊得留步观战，见是在打牛魔王，就都围了上来，把他困住。其次是金头揭谛、六甲六丁、一十八位护教伽蓝，这一班人的工作任务只在暗中保护师父您的，他们是从来不打妖怪的。但是，这一次不同，连土地公公都上了，他们也就蜂拥而上！好一顿的群殴狂揍！老牛终于抗不住了，只剩下哀叫的份："莫伤我命！情愿归顺佛家也！"

最后是，老牛除落得个雷积山和翠云山两处的所有个人财产，其中包括那把昆仑山混沌时期的宝扇芭蕉扇和老牛的豪华越野车辟水金睛兽，一律以无法证明财产来源罪认定，全部予以没收充公上交国库外，他还被哪吒牵着游街示众。要不是看在他儿子是观世音菩萨的贴身秘书的份上，老牛那次是死定了。拿您的话来说，那一次，老牛的"我即公司"又差点破产了。

什么叫门槛？过去了就叫门，过不去就叫槛。"芭蕉扇门"事件让老牛没有过那道槛，被押送佛国感受"苍茫的天涯我的爱"去了，估计跟我当年在五行山享受的待遇差不多。这叫风水轮流转，这回到他老牛家啊！

师父，不瞒您说，我当时还有点幸灾乐祸的，也感觉很有成就感——没有什么我孙悟空搞不掂的！现在想想，这件事情我是挺对不起老牛的。我们兄弟一场，实际上我们谁都没有成为赢家，而是两败俱伤。

墨菲定律上说，所有的斗争和对立中，有85%是由于误会造成的；所有的误会中，有85%是由于没有沟通到位造成的。"不闻不问不一定是忘记了，但一定是疏远了，彼此沉默太久就连主动都需要勇气。"这时候，产生误会和隔阂是必然的。相爱的时候需要真诚，争执的时候需要沟通，生气的时候需要冷静，愉快的时候需要分享，指责的时候需要谅解，做朋友的时候需要包容。

我和老牛其实没有什么过节，现在看来是因为没有好好沟通，而产生了太多误会造成的。但不管怎样懊悔，我都要为自己曾经的"贪、嗔、痴"买单。我决定今后好好帮一帮老牛，以补偿一下我对他的亏欠、误解和伤害。再说，老牛二次创业也不容易！

所以，师父呀，冤家宜解不宜结，咱们趁这次机会，去一趟翠云山，与老牛敞开心扉地谈一次。该给牛哥赔罪道歉的，我绝不含糊！您看行吗？

想不到，你竟然有了如此高度的感悟和认知呀！佛法里说，放下屠刀，立地成佛。那把屠刀不在我们的手上，而在我们的心中。只要内心平静了、释然了、放下了，我们就祥和、温润、幸福，我们就超脱、涅槃，我们就没有多与少的纠结，就没有生生死死的恐惧和痛苦。因此，我同意你的方案，咱们一起去老牛那儿一趟，顺便向他学习二次创业的经验。人的一生呀，永远有取不完的经嘞！

好的，那我就安排咱们去翠云山的行程计划了！悟空如释重负地说道。

七月中旬的长安城在进入了盛夏后，天气热得要命。下午的空气好像被碳烧过似的灼热发烫，太阳却还要故意考验人的耐受能力，就挂在城墙的西上方不肯挪动一下脚步。地面的温度烧得烫脚，鞋踩上去都快要化了。

人们在这么热的天气里，再没有心思做其他事情了，唯一能做的事情就是梗着脖子仰望天空，嘴里念念有词地祈求老天爷能洒下甘霖。快一个月都没下雨了啊！

天气这么热，路上的车却一点都不少，一路肠梗阻似的走走停停。八戒坐在装饰公司设计师的车里，在回公司的路上。八戒一边用毛巾擦着汗，一边叨念着车里的空调不行。"当年的火焰山也没有这么热哟！"

一提到火焰山，他忽然想到有什么事似的，对设计师说道：小梁呀，明天我们要出差好几天，装修竣工验收的事等我回来再说。你这几天就按合同要求预先比对检查一遍，中央空调也要调试到位。这么热的天气，没有空调是要命的呀！

"哥呀，您就放一百二十个心吧！我给咱收拾得妥妥帖帖的。"

第二天一大早，沙僧开车和悟空、八戒一起来慈恩寺接上师父，一路向西而去。

悟空与八戒一路上兴高采烈，说，我们这次又是走了一段西天取经路唉！等有空我们再走一趟全程，那真是别有一番情趣啊！

悟空说，沙师弟啊，路过两界山（五行山）时，咱们一定要停留几小时。我要回味一下自己五百年的上山下乡的心情。

八戒说，猴哥你要这么说，那我也得回高老庄一趟。我那老丈人总不相信我能干大事，你看我们现在也有自己的公司了，等明年蟠桃仙果一上市，我非让他求着我说好话不可！

沙僧说，你们都想得美，我们只有三天不到的时间，我们要走两千五百公里的路呢，这还是指在车况正常、路不走错的情况下！

"现在都是带有卫星导航的，错不了。沙师弟！"八戒嬉笑道。

"唉，说到走错路，师父，您说当年曾走错过一段路，到底指的哪条道呀？"悟空问法师道。

说来话长啊！那是贞观十三年的九月三日，我孤身一个人西出长安，从白马寺，到巩州陇西临洮，到了河州卫的福原寺，才有了两个仆人。

河州是丝绸之路的南线枢纽。商队从长安出发，一路向西过渭河至天水、临洮地区，抵达河州。河州境内大部横亘着一条巨大的积石山脉，难以继续西向，商队至此会折向北方，从永靖渡黄河，再西去西宁，越偏都口至张掖。这条路虽然历经皇朝变迁，却一直顽强地幸存了下来。隋大业五年，隋炀帝为了教训吐谷浑，从长安出发亲率大军，途径陇西来到河州，然后自永靖渡过黄河，抵达西宁，走的也是这条路。所以，那时这条渭州、河州、永靖、西平线依然发挥着作用。

但这并非是河州唯一一条大路。

隋炀帝在大业五年那次西征，击败了吐谷浑可汗伏允。为了确保胜利果实，隋炀帝在这里置了四郡，还让一名叫刘权的将军屯兵在河州河源郡积石镇。刘权屯兵的地方，位于今积石山县石塬乡与县城之间，在古河州城的西北方向，积石山脉侧麓。隋炀帝屯兵于此，是为了拱卫"河州至永靖"的大道，避免吐谷浑从西边发起偷袭。《资治通鉴》里对这个设置的目的说的很明白："捍御吐谷浑，以通西域之路"。

既然有了屯兵，那么道路自然也得延伸过去。于是隋炀帝以枹罕即河州为起点，向西南方向修了一条路至龙首山西麓。在龙首山分开两叉，一路南下连接甘南，一路去西北至积石镇。于是，在大业五年以后，河州境内出现了两条路：一条路向北通向永靖黄河渡口；一条路向西南方向，在距离治所数公里之外的龙首山，这条西南道分成两叉，一路转向西北积石镇，一路继续向南至甘南。

按道理，我离开河州以后，应该北上到永靖才是正途。可是那晚住福原寺时，"及鸡方鸣，随唤从者，却又惊动寺僧，整治茶汤斋供。斋罢，出离边界。"由于心忙，起得太早了！原来此时秋深时节，鸡鸣得早，那福原寺的鸡都是周扒皮养的,喜欢半夜打鸣。凌晨两三点钟,一行三人、连马四口就匆忙出来了。迎着清霜,看着明月。本要往北却直奔西南而来,沿着甘南道一路稀里糊涂地走到双叉岭。在这里,我的两个仆人被寅将军、牛处士、熊山君三只妖怪捉去做成了肉夹馍的早餐。幸蒙太白金星化成老叟相救,我才死里逃生。我舍身拚命,上了那峻岭之间。行经半日,更不见个人烟村舍。腹中饥了,路不平,只能牵了马匹,独自个孤孤凄凄,往前苦进。

在山中又遭遇猛虎,所幸被猎户刘伯钦所救。刘伯钦带着我返回山庄,这个山庄的位置,当在积石山县和临夏县之间,这一带有直岭、花岭、铜锣沟、雷机沟等等,沟壑纵横,是个"万壑风尘冷,千崖气象奇"的险地。那刘伯钦的山庄戒备很森严,"走出三四个家僮,都是怪形恶相之类"、"只见那四壁上挂几张强弓硬弩,插几壶箭。过梁上搭两块血腥的虎皮,墙根头插着许多枪刀叉棒。"从这些可见,这个山庄颇有军屯遗风,刘家极有可能是当年刘权的支脉后人,一身能斗虎的本事说不定就是隋军世代传下来的。

我在刘伯钦的山庄歇息一夜,次日上路。"行经半日,只见对面处,有一座大山,真个是高接青霄,崔巍险峻!"刘伯钦告诉我:"此山唤做两界山。东半边属我大唐所管,西半边乃是鞑靼的地界。那厢狼虎,不伏我降,我却也不能过界。"可知这两界山就是河州卫国境的地理分界线。

在这旧名叫五行山、大唐王征西定国改名两界山的地方,遇见了"王莽篡汉之时,天降此山,下压着一个神猴,不怕寒暑,不吃饮食,自有土神监押,教他饥餐铁丸,渴饮铜汁。自昔到今,冻饿不死。"的悟空你呀!

后来,我才读懂了太白金星在临走之前,留给我两句诗"前行自有神徒助,莫为艰难报怨经。"的含义。也就是说,这么走错道路好像都是天意!你被压在五行山下,如果我往北走,根本就碰不到你了。

所以,有时候,我们不要一遇到困难和挫折就怨天尤人,就牢骚满腹,就停止不前。祸兮福所倚，福兮祸所伏。天佑善人，绝无亏欠！

悟空啊，这两界山既是大唐和西域的分界线，这倒还是次要的，主要的在两界山由于你的加入成了西天取经革命事业的转折点。

悟空是我取经路上碰到的，八戒是我取经路上碰到的，沙僧是我取经路上碰到的，白龙马也是我取经路上碰到的。所以要想碰到与你一路同行的人，你须先上路！为目标而坚定前行时，帮手才会出现。决定上路时总是一个人，但走着走着就出现了团队。这叫："不忘初心，方得始终啊！"

原来的西天取经公司只有"我即公司"一个人在苦心经营，自从悟空公司在两界山加盟后，取经公司的经营能力和活力一下子就提高了。随着了八戒和沙僧两公司的加盟，取经公司得到了更加快速的发展，得到了上级领导的首肯和好评。

因此，我对两界山是有感情的。我和悟空有同感，也想下去看看。可惜，行程太紧张喽！

沙僧一路缄默不语，全神贯注地把握着方向盘。

傍晚时分，路牌显示前方五公里处有浮图寺的出口。大家决定今晚就入住浮图寺，明天再趁着清凉早早出发。

师徒们说话间，下了高速。不多时，到了山上。好山！但见那——

青松碧桧，苍翠欲滴；山色空濛，云蒸霞蔚。蝉噪林逾静，鸟鸣山更幽。涧下绿水，滔滔有声；崖前祥云，朵朵飘逸。人间酷暑难避，清风自在山中。真个是，景致幽雅，望峰息心之处；半山烟雨，窥谷忘返之地。

法师一见此山，连连口赞。对徒弟们说道：当年老禅师在此以树结巢，佛法精深。我殷勤致意，最后问他取经路途多远，他说："路途虽远，终须有到之日，却只是魔瘴难消。我有《心经》一卷，凡五十四句，共计二百七十字。

若遇魔瘴之处，但念此经，自无伤害。"我拜伏于地恳求，禅师遂口诵相传。

悟空说道："师父，自从您翻译了《心经》后，很多人都在研究和学习它。有人还问过我，对其中'空和色'的问题是如何解读和理解的。我总是说不清。师父您怎么认为的？"

呵呵，你的法号就叫悟空，怎么还能难倒你？菩萨就是用《心经》来教授我们要从心地远离"贪嗔痴"等烦恼，学习如来自觉、觉他、觉行圆满。做事要有头有尾，要用符合佛菩萨的道理自学或教人。要用智慧去利益人民，帮助苦难的人，度生死苦海，到涅槃彼岸。

有些人听到佛教讲"空"，就以为"空"就是没有了。不知"空"有空间、虚空、空相、空义种种的分别。这就像我们对"零"这个数字的错觉一样，表面看来它好像什么都没有，其实却是包罗万象，变化多端，任何数字与零结合起来，都可以产生无穷无尽的变化。要把一个数目乘上零，它便会消失得只剩下零；但若以"零"除一个数目，也可以将之变为无限大；"零"亦可以对其他数目保持中立而不作干预，因为任何数目加上或减去零也不会改变其本身数值。"空"就好像"零"一样富于包容和变化性。

佛说的"色"即"物质"。所谓宇宙间一切形形色色，山河大地，日月星辰，一切用物、植物、动物和我的身体，都是有相相；还有我的思想、道理、人事、人情、喜怒哀乐，都是无相相；一切包括在内，总名曰色，在因果上总是空的。因为以上一切色，寻不出一件是有独立自性的。物质不能离开空性而存在，空性不能离开物质而存在。"色不异空，空不异色。"就是物质与精神世界的互相作用与互相依赖的矛盾统一关系。矛盾分为辩证矛盾、客观矛盾，我们说到的矛盾常常指的是事物之间或事物内部诸要素之间对立统一的存在关系。矛盾的对立统一规律说明了普遍联系的根本内容，并特别说明了生命与事物变化发展的内在动因。"空即是色，色即是空。"一语道破极小的能量组成大能量。空虚作为存在，有其必要性，精神与物质的能量是相通的。

法师和悟空正在说话间，浮屠寺的慧圆长老引一行人等到寺院门口迎接，安排师徒茶水、斋食、住宿。

第二天清晨，法师一行告辞慧圆长老，继续向西而行。终于在出发后的第三天下午太阳落山前，师徒四人来到翠云山牛魔王温泉山庄。

只见那山庄：依山而建，风光旖旎，景色天成。既承借了原生态山势的自然轮廓，又赋予了园林亭阁的古韵雅意。木制建筑的风格里，绽放返璞归真与现代艺术结合之华美；古朴自然的装饰里，尽显瀑布飞泻的壮美和曲桥流水蜿蜒之风韵。好一幅山庄的盛景画卷！

走进那高耸的石坊山门：清凉的山风拂面而来，使人烦嚣尽落、神情怡然，仿佛置身于清逸悠远、古朴宁谧的脱俗之境；拾阶而上，浓绿滴翠、峰峦叠嶂、飞檐重池、曲径通幽，恍若置身于青山绿水之间。

来到宾客盈盈的接待大厅门前，牛总亲率公司高管迎接，好一番地笑语喧哗、宾主言欢。

悟空上前紧握牛总双手，这个说：牛哥，久违了！那个道：兄弟，辛苦了！两个人最后紧紧拥抱在一起。一笑泯恩仇，再抱情义多。

牛总还给法师他们介绍道，我们山庄的温泉水是来自地下410米的弱碱性复合型远古深层温泉水，富含人体所需的硒、铁、钙、镁、锶、锌、偏硅酸等多种微量元素，能够调节人体酸碱度，对人体健康十分有益。是独具特色的灵山神水，是休闲度假、养生怡情的绝佳之地。等晚宴之后，大家可以泡泡温泉，解解一路疲乏！

八戒一听这话，拉起沙僧的手做了夸张的抱拳手势，欢喜道：谢牛哥隆恩！

牛魔王绿色奶业公司的一周年庆典仪式，于第二天即七月十八日的上午九点正式举行。有当地政府的领导、三家国内企业投资人、一家新西兰外商投资机构、国内外核心经销商代表、特邀嘉宾以及新闻媒体共三百余人参加了庆典仪式。仪式结束后，宾主乘坐汽车到二十公里外的生产园区进行参观。

一到奶业生产基地，映入眼帘的是园区的绿树红花、整齐的厂房，洁净的环境、高高耸立的奶罐。

首先是参观挤奶车间。这是一个能够同时容纳几百头奶牛的大车间，奶牛按顺序地进入圆形的挤奶操作间，电脑控制的系统能够自动完成检测、识别、消毒、挤奶、计量等工作。讲解员介绍，这些从新西兰引进的奶牛属于高产型，每天约产奶四、五十斤。

其次，参观立体式全封闭的液态奶生产车间。宽敞明亮的厂房里，无菌密封的环境中，全自动生产线正高速运转，原奶从进入输送管道开始，到包装入袋、装箱、码垛、入库等实现了自动化的生产，整个生产过程全部由中央控制系统按程序设定，由机器人操作完成。"我们的生产线设备全部来自德国，生产技术和装备代表了国际一流的水平。"讲解员介绍道。

大家还依次参观了技术研究中心、企业文化展示区、牛乳制品文化展示区、牛奶博物馆。这让法师和悟空他们大开了眼界。

在从生产园区返回山庄的路上，法师问悟空的感想如何？

悟空赞道：牛哥真是今非昔比！从公司的文化建设到先进的生产技术的应用，无不令人耳目一新啊！尤其让我对牛哥肃然起敬和刮目相看的是他的企业精神，他生产园区随处可见的标语，都是正觉、正见、正能量，都是为捍卫产品品质、品牌、保证做一个有责任感企业的铮铮宣言。"曾经输掉的东西，只要你想，就一定可以再一点一点赢回来。"、"痛苦的秘密就在于总有闲工夫患得患失。"、"你可以成功，也可以失败，但永远不可以放弃。"、"把产品当药品生产，将人品和德品挂钩。"、"蓝天绿地，良心代替。"说得多好！

法师点头道，牛总能实现他的华丽转身，主要的原因是来自于他在灵山佛祖的修炼和顿悟。这对他而言，灵魂是种涅槃，思想是种再造，使命是种重塑。所以，牛总的"我即公司"二次创业就开始了。而且，起点还这么高。

下午的会议议程，先是新产品的发布会，然后是国内著名的某品牌策划专家两小时的报告会。可是，当发布会行将开始的时候，会务组接到专家的电话，说已经接到南部国际机场正式的广播通知，因天气原因不得不取消航班。会务组被这个意外情况搞蒙了。

牛总赶紧跟法师商量，恳求道："您在全国各地都给企业家、领导、学生上课，今天是机缘巧合，真正是天意让您给我们布施来了。下午议程的第二项内容的品牌演讲由您来友情赞助，就请您讲讲关于'我即公司'的品牌建设方面的内容。这样，您能讲得得心应手，会议代表们听得也具体明确。请大师千万不要推脱啊！"法师看着牛总一脸真诚的表情，只好欣然同意。

新产品的发布会结束后，当主持人宣布玄奘法师给大家演讲时，会场一片欢呼，掌声雷动。法师用PPT给会议代表们，主要讲了三方面的内容。

"我即公司"的品牌设计

什么是品牌？品牌是指消费者对产品或服务以及产品延伸部分的认知程

度。品牌，是人们对一个企业及其产品、售后服务、文化价值的一种评价和认知，是一种信任。品牌是一种商品综合品质的体现和代表，当人们想到某一品牌的同时总会和时尚、文化、价值联想到一起。企业在创品牌时不断地创造时尚，培育文化，随着企业的做大做强，不断从低附加值转向高附加值升级，向产品开发优势、产品质量优势、文化创新优势的高层次转变。当品牌文化被市场认可并接收后，品牌才产生其市场价值。

品牌的英文单词，源出古挪威文Brandr，意思是"烧灼"。开始时用这种方式来标记家畜等需要与其他人相区别的私有财产。到了中世纪的欧洲，手工艺匠人用这种打烙印的方法在自己的手工艺品上烙下标记，以便顾客识别产品的产地和生产者。品牌最终成为"用来证明所有权，作为质量的标志或其他用途"即用以区别和证明品质。

品牌具有的相关特征，具体表现在以下几个方面。

一、专有性

品牌是用以识别生产或销售者的产品或服务的。享有品牌的专有权，这一点也是指品牌的排他性。品牌都具有独特性，有鲜明的个性特征。品牌的图案，文字等都可与竞争对手的产生区别。同时，互不相同的品牌各自代表着不同的形式，不同质量，不同服务的产品，可为消费者或用户购买、使用提供借鉴。通过品牌人们可以认知产品，并依据品牌选择购买。

二、价值性

品牌因附有文化和情感内涵，消费者或用户通过使用对商品产生好感，从而重复购买，不断宣传，形成品牌忠诚，使消费者或用户重复购买。品牌给产品能增加附加值。同时，品牌有一定的信任度、追随度，品牌产品可获得较高的价格和利润。品牌拥有者可以凭借品牌的优势不断获取利益，这种价值并不能像物质资产那样用实物的形式表述，但它能使企业的无形资产迅速增大，并可以在市场上进行交易。

三、不确定性

品牌创立后，在其成长的过程中，由于市场的不断变化，需求的不断提高，企业的品牌资本可能壮大，也可能缩小，甚至某一品牌在竞争中退出市场。品牌的成长由此存在一定风险，对其评估也存在难度。对于品牌的风险，有时由于企业的产品质量出现意外，有时由于服务不过关，有时由于品牌资本盲目扩张，运作不佳，这些都给企业品牌的维护带来难度，对企业品牌效益的评估也出现不确定性。

四、表象性

品牌是无形资产，不具有独立的实体，不占有空间，但它最原始的目的就是让人们通过一个比较容易记忆的形式来记住某一产品或企业。因此，品牌必须有物质载体，需要通过一系列的物质载体来表现自己，使品牌有形式化。品牌的直接载体主要是文字、图案和符号，间接载体主要有产品的质量，产品服务、知名度、美誉度、市场占有率。没有物质载体，品牌就无法表现出来，更不可能达到品牌的整体传播效果。

五、扩张性

品牌具有识别功能，代表一种产品、一个企业。企业可以利用这一优点展示品牌对市场的开拓能力，帮助企业利用品牌资本进行扩张。树品牌、创名牌是企业在市场竞争的条件下逐渐形成的共识，人们希望通过品牌对产品、企业更加区别，通过品牌形成品牌追随，通过品牌扩展市场。品牌的创立，名牌的形成正好能帮助企业实现上述目的，使品牌成为企业有力的竞争武器。品牌，特别是名牌的出现，使用户形成了一定程度的忠诚度、信任度、追随度，由此使企业在市场竞争中形成优势。

因此,在这个信息和资讯高度覆盖、品牌意识已经入侵到消费者骨髓的多元化的时代,"我即公司"形式下个人品牌的建设和打造就迫在眉睫。"人无信不立,业无信不兴。"这个"信"字就代表"我即公司"的个人品牌,就说明个人品牌在我们人生事业中所产生的深远影响。

品牌的拥有是"我即公司"的骄傲与优势,也是独立人格和魅力的彰显,是"我即公司"在职场被用户区分、认知、购买、使用后产生增值和溢价的前提和保障。人生奋斗和追求成功的过程,实际上就是建立和打造"我即公司"自我品牌的过程。自我个人品牌打造成功了,人生的价值就实现了。有些个人品牌打造成功的人,即使身无分文,也有人愿意借钱给他,给他投资,因为他人本身就是一种资产。相反,那些个人品牌做得差的人,就根本不可能享受这样的"待遇"。这就是个人品牌价值的差距.

"我即公司"的个人品牌价值由个人的价值观念、个人的思维模式、个人的行为习惯、个人的使命宣言、个人的专业技能、个人的生活经历、个人的生活常识、个人的性格特征、个人的外在形象等等构成。个人品牌的价值受到很多因素影响,但是究其本质,个人品牌的价值是由个人品牌的"产品质量"来决定。产品质量包括人力资本质量和灵性资本质量两方面。

一、个人品牌的人力资本质量

"我即公司"的初级阶段销售的产品就是人力资本。人力资本的产品质量是决定个人品牌价值的基础要素。个人的专业知识和技能,即能够持续不断的为用户或社会解决具体问题的能力,个人的协调和沟通能力。在讲究团队合作的时代,一个人必须善于与他人沟通,善于协调和整合多方资源,才能为用户或社会创造出更大的价值,进而才能为个人品牌价值增值。

二、个人品牌的灵性资本质量

灵性资本的质量来自于个人品牌中对知名度和美誉度的估值。灵性资本里包含的个人品德、修养、积极向上等精神力量和道德美感等等往往对个人品牌的知名度和美誉度起决定因素。对真、善、美的不懈追求，永远是社会核心价值观的起点和倡导，是人性的基本守则和底线，也是理想人格的基础。

所以，"我即公司"的"品牌"内容不仅仅包括：名称、年龄、五官、身高、学历、专业、技能等系列的平面视觉符号体系，同时也涵盖志向、意愿、激情、素养、心态方面的立体视觉体系。它呈现的可能是个人单薄的"LOGO"外在符号象征，但其内核乃是"我即公司"灵性资本所体现出竞争力的总和。

因此，"我即公司"的品牌打造实际上就包含外在个人形象的设计、包装和内在对真善美追求两个方面的内容。个人品牌在个人形象和包装方面应导入一些品牌专业设计的理念：

（1）造型美观，构思新颖。这样的品牌不仅能够给人一种美的享受，而且能使顾客产生信任感。个人服装的包装方面力求悦目、舒服。

（2）能表现出个人的特色。除了脸型、名字、身高等标志具有了独特的区分符号外。还应该挖掘个人的其他表现特色，如发型、肢体动作、名片的风格、演讲的声音、语气、亲和力等，与他人尽可能地区分视觉、听觉等方面的表现，以充分展现差异化的竞争优势。

（3）简单明快。个人形象方面力求简洁、明快，给人以高效的节奏、敏捷的思路、阳光的品性等感觉，有利于品牌由外而内的提升、由近及远的传播。

（4）符合传统文化，为公众喜闻乐见。在职场或参加商务活动时，个人形象方面要特别注意各地区、各民族的风俗习惯、心理特征，尊重当地传统文化。

法师总结道，我们西天取经团队，在取经开始时就导入了"我即公司"品牌形象的策划和设计，在个人形象方面经过十几年的沉淀就形成了固定的品牌风格。我的形象是"身披锦襕袈裟，手持九环锡杖，头戴一顶毗卢帽"的设计；悟空的是"头戴凤翅紫金冠，身披锁子黄金甲，脚蹬藕丝步云履，手中如意金箍棒。"的打扮。嘴上念的是："俺老孙，来也！"的口头禅；八戒是"黑脸短毛，长喙大耳，穿一身青不青，蓝不蓝的梭布直裰，系一条花布手巾。肩上扛着九齿钉耙"的亮相，见了悟空总是喊："大师兄，师父被妖怪抓走喽！"；沙僧是"一头红焰发蓬松，两只圆睛亮似灯。不黑不青蓝靛脸，如雷如鼓老龙声。身披一领鹅黄氅，腰束双攒露白藤。项下骷髅悬九个，手持宝杖甚峥嵘。"的展示。

这些人物形象的设计，使人物的个性得到了展示，使个人品牌的区分得到了识别，使品牌的传播得到了实现。

"我即公司"的品牌传播

无论你身处于哪个行业，你都应该建立一个鲜明的个人品牌，在获得消费者信任的同时，自然也能让你在竞争中占到最有利的地形。"我即公司"要想做大做强，要想在这个行业获得知名度和美誉度，使自己成为一个独特而且优秀的品牌，就离不开品牌的传播。品牌的传播方式也有一些基本的方法：

一、确定所在的细分领域

在个人品牌传播的时候，应该聚焦具体的细分领域。在建立"我即公司"

的个人品牌之前，必须确定想给自己树立的形象。许多其他竞争者也都在建立自己的个人品牌，因此在确定传播领域的时候，应该根据"我即公司"人力资本产品的定位和功能特点，选择一个细分领域重点突破、重点传播。如果"我即公司"人力资本成为了这个细分领域的权威或者专家，那么，虽然细分领域的受众数量会相对少一些，但是这些受众的关注度和传播的准确度都会非常高。

二、撰写并发表文章

在确定的细分领域，个人品牌传播最好的做法就是向受众展示"我即公司"在人力资本的专业性和权威性。专业性方面的内容营销是一个非常好的方式。当人们在寻找信息的时候，他们非常倾向于去找曾经帮助过自己的信息源。因此，通过报纸、杂志、自媒体的平台经常发表和发布"我即公司"在细分领域独到的见解和观点，甚至是技术研发方面突破和进展等。随着时间的积淀和推移，"我即公司"在这个细分领域就会形成话语权，就会形成传播高屋建瓴的高势能。

三、完整填写社交媒体资料

如果将内容比喻成打造个人品牌的燃料，那么社交媒体就是引擎。一定要花时间考虑如何填写自己的社交媒体个人介绍，要通过细节让它变得有血有肉。同时还应该确保"我即公司"所填写的资料对传播个人品牌有所帮助。在所有这些社交媒体上，你都应该定期更新内容，对留言要尽快做出回复。

四、积极公众演讲

信息时代，信息之所以能最快的速度、最短的流程传播，就在于主要采用了口头语言的方式，因为语言传递大大快于文章写作。说话和演讲不受时间、职业、条件、地点的限制。事实证明：演讲比写作更加具有传播的随时性、及时性，更利于个人品牌的打造和传播。

公众演讲的方式，具有思想观点上的理性启迪和教育作用；演讲对理性的阐述总是伴随着情感激发进行的，以情感人是演讲不可缺少的情感作用；演讲向听众传播它所包含的大量知识和最新的信息，更具有传播作用；演讲有声语言和态势语言表达艺术的综合直观作用，不仅能有效地表达内容，也能给听众以美感愉悦。演讲艺术的表演性，有"以美娱人"的美感作用；人类社会的文明史，就是真、善、美与假、丑、恶的斗争史。而这种斗争不管多么曲折和复杂，最后总是以真、善、美的胜利而告终的，演讲具有扬善祛邪的作用；演讲的最高宗旨在于最终能导发听众符合演讲目的而行动。听众的行动是演讲一切理想感性作用的最集中最实际的体现。

五、建立人脉圈

无论是在社交媒体上还是在真实世界中，传播个人品牌的关键都要靠人脉圈的力量。要与所处行业中的其他人进行互动，多参加所处行业的专业人士聚会，多建立一些行业内有影响力的高端人脉。人脉圈就是人力圈，富含丰富的人力资源和口碑效应资源。用时间、精力和情感的投入来建立人脉圈，更有利于"我即公司"品牌的宣传和传播。

当然品牌的传播，还不仅仅就局限这些，凡是有利于打造和提升"我即公司"品牌的方法或者场合，都可以作为品牌的传播方法和媒介，都可以积极地去挖掘和尝试。

悟空同志就会积极地发挥主观能动性，通过"事件品牌传播"，取得了较好的效果。

悟空在太白金星的保荐下，成了齐天大圣，由一只普通的业余猴提升到天庭有仙箓身份的职业猴。但是，他还有更高的人生理想和价值追求，他立志要将"我即公司"的个人品牌打造成为业界的神猴、佛猴，并成为地球人都知道的品牌猴。于是，他通过三个方面来进行个人品牌的传播：

一、积极参与社交活动，建立人脉圈。

弼马温事件后，悟空回到花果山，吩咐办公室主任"替我快置个旌旗，旗上写'齐天大圣'四大字，立竿张挂。自此以后，只称我为齐天大圣，不许再称大王。亦可传与各洞妖王，一体知悉。"工作之余，加大力度进行品牌的宣传、传播："腾云驾雾，遨游四海，行乐千山"、"施武艺，遍访英豪；弄神通，广交贤友"。没事就刷"朋友圈"："讲文论武，走搋传觞，弦歌吹舞，朝去暮回，无般儿不乐。把那万里之遥，只当庭闱之路。"给朋友圈发送在天宫与玉帝巡视遛马、与神仙下棋喝酒、与员工唱歌娱乐的照片，借势提升品牌传播的影响力。

在战胜天庭第一次的派兵镇压后，"那猴王得胜归山，那七十二洞妖王与那六弟兄，俱来贺喜"。趁着旗开得胜的大好形势，与牛魔王牛总、蛟魔王、鹏魔王、狮驼王、猕猴王、禺狨王六个兄弟风险投资公司组成"七圣"联盟，建立属于花果山的统一战线。

玉帝一看，悟空的影响力如此地非同凡响，考虑到"劳师动众缉拿下界妖猴，恐损兵折将。"于是，就接受太白金星给出的合理化建议："不妨招安先"。悟空自行设计的"齐天大圣"的商标，自此得到了天庭的行政许可和正式注册登记。这为悟空"我即公司"的品牌打造和传播，奠定了坚实的基础。

二、借蟠桃事件，加大个人品牌传播力度。

那齐天大圣在天庭的日子过得是极好的："只知日食三餐，夜眠一榻，无事牵萦，自由自在。闲时节会友游宫，交朋结义。见三清称个'老'字，逢四帝道个'陛下'"。至于其他神仙，"俱只以弟兄相待，彼此称呼。今日东游，明日西荡，云去云来，行踪不定"、"今有齐天大圣日日无事闲游，结交天上众星宿，不论高低，俱称朋友。"悟空跟神仙兄弟勾肩搭背，混了个脸熟，他的"朋友圈"里，大家陆续开始点赞。

当他从七仙女的口中得知参加蟠桃会的人员名单里："上会自有旧规，请的是五方五老。还有五斗星君，上八洞三清、四帝，太乙天仙等众，中八洞玉皇、九垒，海岳神仙；下八洞幽冥教主、注世地仙。各宫各殿大小尊神，俱一齐赴蟠桃嘉会。"竟然没有自己的名字！猴王当即不爽："我乃齐天大圣，就请我老孙做个席尊，有何不可？"想想，无非大家吃饭时，添张凳子，多双筷子，这么难？显然，猴王觉得自己"马斯诺尊重的需求层次"遭到冒犯，顿时醒悟到玉帝先前的安排均是作秀。至于什么神仙"朋友圈"，完全是自己一厢情愿的事。

于是，就借蟠桃会的事件，自编自导地搞了一场"大闹天宫"的品牌传播大会。与星光四溢、全明星阵容的玉帝方队：四大天王，李天王并哪吒太子，十八宿、九曜星官、十二元辰、五方揭谛、四值功曹、六丁六甲、东西星斗、南北二神、五岳四渎、普天星相，共十万天兵，举行了一次观摩大阅兵。取得了良好的实况转播的收视率，品牌的知名度得到了空前爆棚式的提升。兜率宫的太上老君为表彰他的英雄事迹，特奖励他免费到炼丹炉修炼七七四十九天，造就了悟空一双任你千般变化、明辨人妖毫釐不爽的火眼金睛和一副铜头铁臂的好身骨。为克服取经路上的千种艰辛万般险阻，提供了技术性硬实力的保障。

三、西天取经，十万八千里的品牌传播路。

悟空通过"我即公司"品牌的传播，不仅在天上地下都混得开："玉帝认得我，天王随着我，二十八宿惧我，九曜星官怕我，府县城隍跪我，东岳天齐怖我，十代阎君曾为我为仆，五路猖神与我当后辈。"而且，在佛界也有了知名度。如来佛祖在选拔西天取经的高级人才时，就跟观世音菩萨点名要起用在两界山被压了五百年的悟空。当然，如来佛祖吸取了玉帝在用人方面的教训，加强了刚性制度的制定和贯彻落实，以免"大闹天宫"的类似政治事件再度重演。

九九八十一难的故事演绎，漫漫十万八千里路的品牌传承，成就了一个团队励志的传说，成就了悟空"我即公司"品牌的辉煌。

"我即公司"的品牌修炼

修炼一般指修心炼身。观修道的历史，上千年前自然衍生，修炼源于对生命真理的渴望，是一种通过修正自己行为的方式，来达到提升精神或神智力量的目的。修炼通过修心悟道方式，实现超脱生死，斩断痛苦不以物累，最终实现长生不老与天地同在、返璞归真的境界。

"我即公司"在品牌的修炼方面最终也是归于对灵性资本的修炼。

一、人品的修炼

人品价值百万，"我即公司"的第一品牌是人品。人品是三个口，三口是三人成众，三个口就是众口。你的品行、品性最终被众口的综合反馈和评判结果就叫人品，人品是长期"动心忍性"的积累和沉淀的过程，不是心血来潮的冲动，也不是一朝一夕的表现。

没有好的人品，再强的人力资本都进不了市场，都形成不了销售，都兑现不了价值。所以，品牌的力量就是坚持的力量，一定要静下心来修炼和磨砺，积良善、去劣躁，全力以赴经营"我即公司"的灵性资本，成就和塑造人品良好的信誉度、美誉度。

二、产品的修炼

"我即公司"的产品就是提供人力资本和服务，产品的品类是否有市场、是否适销对路，这牵扯到"我即公司"的战略定位、细分、聚焦等一系列问题。怎样发挥个人品牌的长板优势，怎样使自己在这个领域成为卓越和领导品牌，怎样使自己提供的知识和技能真正成为用户的依赖，并且使用户的价值获得意外的增值。这些都是"我即公司"在产品投放市场前必做的修炼课程。

三、品质的修炼

品质是以最经济的手段，制造出市场上最有用的产品。

随着社会的进步，商品的愈来愈丰富，买方市场的日渐形成和逐渐完善，品质，如果只达到产品要求的标准，用户是不可能满意的，产品就是不可能被接受的。所以，在现阶段，品质的定义应由过去的"绝对"，演变到现在的"相对"或"比较"，必须真正融入"以顾客为关注焦点"、"顾客为尊"、"以人为本"的思想。

因此，品质是产品所具有的使各方愿意接受的，满足多方面要求，并争取超越用户期望的特性，是产品形成过程和服务所达到的品位等级及产品质量等级的综合反映。

产品品质，即产品所具有的特性，一般来讲，可分为两层意思。第一层是产品必须满足用户的多方面要求，第二层是产品应该争取超越用户的意外期望。

一般来说，法律法规的、用户明示的和相关方的要求是产品必须满足的基本条件，是最低要求。而各方期望，则更多地由"我即公司"通过分析和预测，转化为用户要求而赋加于产品的，是产品品位等级的体现。

"我即公司"所提供的产品要想有市场，让用户愿意接受和乐于购买，必要条件是产品必须满足多方面的基本要求，充分条件则是在多大程度上超越用户的期望，而这些则具体体现在了产品的形成过程和服务上。

四、品位的修炼

品位是一个人的价值观、审美观、人生观的综合体现。当一个人的价值观、审美观、人生观都正面而且高尚的时候，我们通常会说这个人很有品位。品位是一种境界，一种生活质量，品位是一个人的情趣；品位是思维，是涵养；品位是人生的态度；是对自然、对美、对和谐的亲近和本能的认同；是对艺术的感知力、鉴赏力，是生活的细节。

品位不能破坏自然，品位不能影响人的健康。其实品位离我们不远，每个人都可以有品位，品位是在丰富内涵和培养情趣中得来的，健康、干净、勤快、读书、丰富自己，就一定会有品位。

"我即公司"在经营方面也要讲究经营的品位，这代表着品牌形象和格局，这关乎"我即公司"在社会的诚信度、信誉度、美誉度的评价。所以，"我即公司"在世界观、价值观、人生观方面要有高度，要有使命感。

修炼的过程是一个与自己心里的"恶"即"贪嗔痴"战斗的过程，是无形的灵性资本增值的过程。佛学的基本要理在于："戒，定，慧。"戒，借助对世俗物的外在放弃，最终内在放弃对它的欲望；定，心念绝对止息；慧，完全证悟真理，达到"应无所住而生其心，应生无所住心。"的境界。

悟空从无名、无姓、无靠山、无背景石破而生的猴子，最终修炼成佛果，期间经历了常人无法遭受的痛苦和磨难。他总是充满着不屈的斗志，追求自由、正义、幸福，总想通过自己的努力改变命运、改变生活、改变世界。

悟空说：要哭就哭出激动的泪水，要笑就笑出成长的性格。天再高又怎样，我踮起脚尖就能更接近阳光！他为了提升自己的人力资本，提高自己的业务技能水平，就孤身一人来到灵山斜月洞拜师学艺。学艺前就让菩提祖师给自己取一个响亮的名字，然后对自己的名字进行解读，给"我即公司"做战略规划和定位，确定好人生的方向和目标。

一、请祖师取一个"我即公司"的品牌字号。

梦里能到达的地方，总有一天，脚步也能到达。悟空从花果山出发，历尽千辛万苦，终于到达了"西牛贺洲"。他对须菩提祖师说："弟子飘洋过海，登界游方，有十数个年头，方才访到此处。"祖师道："既是逐渐行来的也罢。你姓甚么？"猴王又道："我无性。人若骂我，我也不恼；若打我，我也不嗔，只是陪个礼儿就罢了。一生无性。"祖师道："不是这个性。你父母原来姓甚么？"猴王道："我也无父母。"祖师道："既无父母，想是树上生的？"猴王道："我虽不是树生，却是石里长的。我只记得花果山上有一块仙石，其年石破，我便生也。"祖师闻言，暗喜道："这等说，却是天地生成的。你起来走走我看。"猴王纵身跳起，拐呀拐的走了两遍。

祖师笑道："你身躯虽是鄙陋，却像个食松果的猢狲。我与你就身上取个姓氏，意思教你姓'猢'。猢字去了个兽傍，乃是古月。古者，老也；月者，阴也。老阴不能化育，教你姓'狲'倒好。狲字去了兽傍，乃是个子系。子者，儿男也；系者，婴细也。正合婴儿之本论。教你姓'孙'罢。"猴王听说，满心欢喜，朝上叩头道："好！好！好！今日方知姓也。万望师父慈悲！既然有姓，再乞赐个名字，却好呼唤。"祖师道："我门中有十二个字，分派起名到你乃第十辈之小徒矣。"猴王道："那十二个字？"

祖师道："乃广、大、智、慧、真、如、性、海、颖、悟、圆、觉十二字。排到你，正当'悟'字。与你起个法名叫做'孙悟空'好么？"猴王笑道："好！好！好！自今就叫做孙悟空也！"

二、通过名字的解读，确定修炼的战略方向。

孙悟空，孙，乃子系，子，男子也；系，婴系也，符合婴儿之本论，所以为孙。"悟空"就是"悟道"，"悟道"就是"悟空"，"空"就是"道"，"道"即是"空"。"悟"有着感悟、领悟、觉悟的含义，其中本身就代表着修炼、修心的意义。"悟"是一个过程，而"空"则指的是一种修炼的方向和结果。

通过多年的修炼，悟空最终达到了一种"无我"的境界。当达到"无我"的状态之时，他做任何的事情就不会再被自己的性格所左右，不会被自己的情绪所左右，不会被自己的个性和脾气所左右，不会为自己的得失所左右，不会被别人的言语而左右，不会被别人的看法所左右，不会被周围的环境所左右。这时也就是他真正修成正果之时，此时的他真正有了"道"，而这种道是一种无我之道。当然，开始的悟空是不具备这样的"道"的，脾气暴躁、经不得别人言语的挑逗和奚落等。

直到最后"功成名就"的时刻，他将这一切就看淡了、就无我了。如来佛祖封他为"斗战胜佛"，他只是拱手说了句"谢谢"。经过十四年岁月的风雨侵蚀，历经千难万险的磨砺锤炼，他感"悟"到了"空"的真谛，他身心合一地进入了无挂无碍的境界！

法师在演讲的最后总结道，品牌的形象靠设计，品牌的传播靠方法，品牌的打造靠修炼。

牛总抑制不住自己激动的心情走上讲台，带头为法师鼓掌喝彩。少不得师徒四人与代表们集体亮相、合影签名留念，少不得欢天喜地地畅意叙谈！

晚宴上，法师仍然是餐厅的中心和焦点，被各种热情的语言和气氛所包围。徒弟们这会却不管师父了，自顾着与牛总开怀畅饮。尤其是悟空与牛总猜拳行令，十分尽兴。

平民百姓不喝酒，一点快乐也没有。兄弟之间不喝酒，一点感情也没有。酒在这里成了气氛和情感的调节剂！

酒文化是圣朝的传统文化，丰富多彩的人生不能没有酒的参与，否则人生便少了几分空灵，几分惬意，几分诗情。

在酒与人生的关系问题上，有位诗人对《酒》的描述是精准而生动的：她是可爱的，具有火的性格，水的外形；她是欢乐的精灵，哪儿有喜庆，就有她光临。她真是会逗，能让你说真话，掏出你的心；她会使你忘掉痛苦，喜气盈盈。喝吧，为了胜利！喝吧，为了友谊！

从翠云山回到长安，悟空和法师商量准备下个月初召开一场"向北走战略研讨头脑风暴"会议，结合此次学习牛魔王二次创业的成功经验，就"向北走"公司的文化建设和战略定位以及具体工作的布置再一次进行统一思想、明确任务。

在关于向北走八月份开业仪式如何定调的问题上，悟空和八戒两人的意见极不统一，双方都认为自己是正确的。

悟空坚持低调做人，高调做事，我们要将有限的资金和资源用在刀刃上，不要搞奢华无用的面子和形象工程，仪式越简单越好。

八戒认为做事先要做势，公司开业是师父所倡导的事件营销的一种，是提高公司知名度和公司品牌势能的最好机会，这是真正的在做事。这场仪式不能力求简单，应该大张旗鼓地策划一场隆重的开业典礼。

两人争得面红耳赤，谁也说服不了谁。沙僧听他们俩说的都有道理，不知该如何决断，将一张黑脸憋成了红脸。

最后，三人只好将疑惑和征求的目光再次汇聚到师父的脸上，好像那上面就写满了揭开谜底的答案。

三人行必有我师，三人意必决于法师。欲知法师如何表决，且听下回分解！

第 十 回

"我即公司" 呼唤的三种精神

工匠精神不仅仅是企业需要，它同样适合各行各业的从业者、管理者、员工、专家、学者、教授、职业经理人等。当工匠精神成为我们的人生态度和习惯的时候，当工匠精神真正成为整个国家和民族的精神和灵魂的时候，我们国家和民族的意志将变得更加坚韧和顽强，我们国家整体的竞争力和实力就变得强大无比。

　　沙僧听悟空和八戒他俩说的都有道理，不知该如何决断谁对谁错，只得向师父求援道："孔圣人说得好，三人行必有我师。在我们兄弟三人的心目中，师父您就是圣人，就是君主，就是父尊，一日为师，终身为父！""我听他们说的话，都似乎有道理，您看这仪式咋办呀！"

　　法师道，《论语·述而》子曰：三人行，必有我师焉，择其善者而从之，其不善者而改之。朱熹又进一步说明：三人同行，其一我也，彼二人者，一善一恶，则我从其善，则我从其善而改其恶焉。是二人者，皆我师也。

　　悟空和八戒他俩说的话，让你很为难，原因是"彼二人者"，你找不出"一善一恶"，让你无所适从，让你无所师从。很简单么，这说明他们说的话都有道理呀！

　　既然他们说的都有道理，为什么都说服不了对方呢，这都是"我执"造成的。为什么不采取孔圣人的中庸之道呢？中庸，是圣人孔子所极力推崇的"至德"，孔子心目中的理想道德叫做中庸。中庸之道，实在是中华民族累积凝成的民族智慧。中庸的精义，似乎不出《论语》的一句话，那就是"过犹不及"。就是说，万事都不要过分；如果做得过头了，那还不如不做。然而时下许多人所理解的中庸，却成了做事无原则、无标准、和稀泥、不偏不倚、模棱两可、首鼠两端的代名词，似乎奉行中庸之道的人都是庸庸碌碌、明哲保身的好好先生。这实在是对中庸真义的误解。为人如果做到了"中庸"，那才是真正的大智慧呢！

要身体力行"中庸之道"，最要紧的是要有一个"度"的把握。任何事情都有一个限度，如果超越了限度就不好了，哪怕是好事也会因此而变成坏事。事情做得过了头还不如做不到，这就是"过犹不及"。

悟空和八戒恰恰是在开业仪式的认知上出现了"过犹不及"。争议的焦点实际上就是针对开业仪式能不能作为特殊的事件来进行营销，两人产生了分歧。那我们就来分析一下公司开业是否具备事件营销的条件？

事件营销是指企业通过策划、组织和利用具有新闻价值、社会影响以及名人效应的人物或事件，吸引媒体、社会团体和消费者的兴趣与关注，以求提高企业或产品的知名度、美誉度，树立良好品牌形象，并最终促成产品或服务销售的手段和方式。由于这种营销方式具有受众面广、突发性强，在短时间内能使信息达到最大、最优传播的效果，为企业节约大量的宣传费用等特点，近年来越来越成为国内外流行的一种公关传播与市场推广手段。

简单地说，事件营销就是通过把握新闻的规律，制造具有价值的事件，并通过具体的操作，让这一新闻事件得以传播，从而达到广告的效果。事件营销的本质就是让你的事件策划成为新闻。

新闻的传播是有着非常严格的规律的。当一件事件发生之后，它本身是否具备新闻价值就决定了它能否以口头形式，在一定的人群中进行传播。只要它具备的新闻价值足够大，那么就一定可以通过适当的途径被新闻媒体发现，然后以成型的新闻形式来向公众发布。公司利用社会上有价值、影响面广的新闻，不失时宜地将其与自己的品牌联系在一起，来达到借力发力的传播效果。在这一点上，国内有家著名的公司做法堪称典范。在圣朝申奥成功的第一时间，该公司在央视投入数千万元的祝贺广告随后播出。当夜，该公司的热线电话被消费者打爆，相信国人在多年后再回味这一历史喜悦时，肯定会同时想起曾经与他们一同分享成功的民族品牌。

那么，向北走公司开业这件事是否构成新闻价值传播的要素？

就向北走公司开业这个稀松平常的事而言，其新闻的传播价值几乎为零。估计，悟空也是这么认为的，感觉这没有任何意义，完全没有必要大张旗鼓、劳民伤财地为这事瞎操心！有这吃力不讨好的务虚劲儿，还不如去干点实际的工作有用呢，空谈误国，实干兴邦呀！

但是，一段传奇故事的缘起，只是因为在人群之中多看了你一眼！公司开业这件事，我们能否也多看一眼，多想一想？要不，为何每天也有那么多公司的开业作为新闻事件在媒体上报道和传播呢？领导讲话、剪彩、奠基等等无非是公司的项目重大，有影响力。或符合国家产业政策，或转型升级技术领先的楷模，或引领未来的发展方向和趋势，或带动和振兴一方经济，或项目投资人本身就是聚焦点。因此，媒体表示了高度关注和重视。于是，新闻的价值就产生了。通过以上分析，向北走的新闻价值具备以下三个方面的条件：

一、项目投资人的价值

作为项目投资人的西天取经团队，本身就是眼球经济的聚合点，有取经归来"万民空巷"的热点基础，有圣朝皇帝恭迎三藏真经的盛举，有水陆法会超度苦海的推广案例，有诸如"吃了唐僧肉长生不老"、"孙悟空大闹天宫"、"孙悟空三打白骨精"、"猪八戒吃西瓜"等经典故事的口口相传。名人、明星和明星团队本身就是镜头追踪的焦点，不再需要通过创新性地设置和策划亮点话题来获得公众的关注。比如，狗咬人，不是新闻；人咬狗及人狗互咬就成了新闻。

二、项目内容的价值

向北走生态果业将蟠桃作为项目的实施内容，也极具较高的关注度和吸引力。由天庭顶层设计、王母娘娘亲自编导、一年一度的"蟠桃大会"，其关注度和收视率将是空前。

三、风口和趋势的价值

圣朝三十多年的贞观之治，创造了共襄盛举的繁荣，创造了经济高速增长的世界传奇，这是圣朝紧紧抓住了"改革、开放、搞活"的机遇风口。

圣朝的下一个风口就是以结构性调整为核心的转型升级，所以圣朝政府在积极推动以"去产能、去库存、去杠杆、降成本、补短板"为重点的供给侧结构性改革。圣朝宰相魏征明确表示，要"抡起金箍棒"应对挑战，全力以赴地调整供需关系面临的不可忽视的结构性失衡。因为"供需错位"已成为阻挡圣朝经济持续增长的最大路障：一方面，过剩产能已成为制约经济转型的一大包袱。另一方面，圣朝的供给体系，总体上是中低端产品过剩，高端产品供给不足。因此，强调供给侧改革，就是要从生产、供给端入手，调整供给结构，为真正启动内需，打造经济发展新动力寻求路径，依靠"大众创业、万众创新"刺激新供给、创造新需求、提高社会生产力水平。所以，创业和创新也是下一阶段的风口和趋势，取经团队的二次创业和向北走项目的创新性风口正当时，因而极具新闻传播的价值。

八戒听了师父的分析，哈哈大笑，洋洋得意地对悟空说道："怎么样，大师兄，哦不，孙总！我虽然说不出师父这么多的曲曲道道，但我凭感觉咱们开业这气球能吹大，能当个事件来营销一把。你看我，这次说对了吧！""苍茫的天涯是我的爱/绵绵的青山脚下花正开/什么样的节奏是最呀最摇摆/什么样的歌声才是最开怀！"

"八戒你先别唱，我还没有说完呢！"法师笑道。

我们搞事件营销应该有明确的目的，这一点与广告的目的性是完全一致的。很显然，我们搞开业典礼仪式的目的不是片面追求高大上、不是为了所谓的轰动效应。我们除了考虑事件内容的重要程度、看其对社会产生影响的程度外，我们还更应该着眼于我们产品的受众和消费群体。

现阶段乃至今后相当长的时期内，"蟠桃"仍将以仙果贡品的高附加价值身份出现。所以，它的受众和消费群体只能是定位于高端。随着嫁接、种植技术不断改进提高和种植面积的扩大，蟠桃仙果未来最终的消费端必将是寻常百姓。这时候的产品才能真正获得巨大的消费空间和强大的生命力，圣朝当年"大哥大"手机的定位到现在作为一般通讯工具的普及，就是这样的一个发展历程。

同时，我们做任何事情都应该与当时代的精神理念合拍。圣朝人民在伟大的社会实践中，不断积累和形成了以改革创新为核心的时代精神，它包括与时俱进的意识和精神，开拓进取的意识和精神，求真务实的意识和精神，力求节约实效的意识和精神。圣朝人民就是依靠这些精神，战胜了各种艰难险阻，经受了各种严峻考验，取得了改革开放和现代化建设的辉煌成就，开辟了中华民族近代以来发展最好最快的历史新时代。求真务实、去奢靡、去浮躁的时代精神反映了当今时代基本特征的思想观念和价值追求，同时也是社会成员普遍认同的思想观念和精神状态，代表着时代进步的方向和潮流。

而且，事件营销本身是一把"双刃剑"：事件营销虽然可以以短、平、快的方式为公司带来巨大的关注度，但也可能起到相反的作用。就是公司或产品的知名度扩大了，但公司或产品的美誉度有待验证、公司有关的负面评价也可能随之放大和扩散。所以，事件营销在展开前后还要依据实际情况，不断调整和修正风险评估，补充风险检测内容，并采取措施化解风险，直到整个事件结束。

因此，我们公司开业典礼仪式就是采用我开头所说的"中庸之道"，事件营销的内容、形式、格调、受众群体、新闻媒介等力求简明、扼要、精准，我们定位和邀约的消费群体和朋友圈要有一定的关注度和影响力，为今后产品的上市打造势能。你们看牛魔王牛总这次搞得一周年庆典仪式就是这么个基调，不繁不简，效果明显。

悟空、八戒和沙僧，这才恍然大悟！

悟空说，我开始也是凭刚才八戒所谓的直觉来判断，认为仪式不宜搞得隆重和复杂。现在才明白了其中的道理，下来我和八戒、沙僧按您提出的格调来具体落实公司的开业仪式，力求简单、大方、上档次！

时间是人生中最无法挽留和储存的哀伤，它侵蚀了红颜、苍白了誓言、颓废了实现。不仅如此，它还迷乱了追逐的视线、忙断了前行的脚尖。

法师好像永远有做不完的事情，他变得更加忙碌了。整个八月份的活动日程表安排得是满满当当：圣朝佛协启动的宗教慈善周，"知恩报恩、回报社会"的善财助学活动，第三阶段译经勘误总结大会，大势至菩萨圣诞，圣朝残联、残疾人福利基金会的"西部圆梦助残慈善之夜"，佛欢喜日，向北走公司开业庆典，大慈恩寺举行的三皈依仪式，"海利尔"杯"信仰与人生"的论坛高峰等等。

"向北走战略研讨头脑风暴"会议于二日下午，在长安禹龙国际酒店的三楼圆桌会议室举行。参加的人员除了原取经团队外还有公司市场部、营销部、技术部、种苗部、工程部共十八人，被八戒戏称为十八罗汉。

会议有悟空主持，他在阐述会议的目的和主题后对大家说道，所谓的头脑风暴又称智力激励法、BS法。它是由美国创造学家A.F.奥斯本提出的一种激发创造性思维的方法。它是一种通过小型会议的组织形式，让所有参加者在自由愉快、畅所欲言的气氛中，自由交换想法或点子，并以此激发与会者创意及灵感，使各种设想在相互碰撞中激起脑海的创造性"风暴"。所以，我们今天所有的参会者不要受任何条条框框限制，放松思想，让思维自由驰骋。从不同角度，不同层次，不同方位，大胆地展开想象，尽可能地标新立异，与众不同，提出独创性的想法。

并且，在会议正式开始之前他还明确了"君子协定"即"臭皮匠协定"：

一、延迟评价

会议过程中对任何人提出的设想、创意不作任何评价，不对他人的设想评头论足，不发表"这主意好极了！""这种想法太离谱了！"之类的"捧杀句"或"扼杀句"。今天的会议只提出、只记录，至于对设想的评价，留待会后一两天再筛选。

二、异想天开

尽可能解放思想，无拘无束地思考问题并畅所欲言，不必顾虑自己的想法或说法是否"离经叛道"或"荒唐可笑"。观点越"疯狂"就越有价值，大声说出你脑子里闪过的任何奇异的、不可行的观点，看看它们能引出什么超赞的点子。没有任何观点是荒谬的，也没有什么观点是夸张的，在头脑风暴中说出口的点子就是好点子。

三、越多越好

重数量而非质量。讨论的核心目的就是一网打尽所有可能的观点和不可能的观点，寻求观点的量，浓缩观点是会后的事情。如果头脑风暴时有大量的观点涌现，那么发现和筛选出好观点的概率就会大大增加。

四、结合改善

积极进行智力互补，在增加自己提出设想的同时，注意思考如何把两个或更多的设想结合成另一个更完善的设想。因为，每个人的独特视角在相互的碰撞中很可能会产生新的火花。

会议在十分宽松、愉悦的气氛中进行。

八戒一开始就发挥出了他一贯人缘好、幽默诙谐的优势，妙语连珠，奇思妙想。

八戒良好的状态像酵母，使大家的思想发酵、语言活跃。连内敛少言的沙僧也是连连发声，频出高招。

专项议题的头脑风暴会议，进行了一个多小时结束，共记录了七十三条建言良策。主持人对大家的表现非常满意，体现了团队成员对公司"做生态果业的领跑者"战略的认同和对公司"创造美好幸福生活"愿景的向往。

悟空还结合上次参观翠云山、向牛魔王学习二次创业的成功经验，谈了自己的感想和体会，号召大家牢固树立"二次创业"的思想和信念，怀抱"破釜沉舟"之决心，与向北走团队同心协力，为实现"我即公司"的价值和理想，永不止步，勇往直前。向北走，不回头！

玄奘法师作为公司的董事长，在对会议作了简短地总结后，也接过孙总的"二次创业"的话题对大家说道，孙总提出的"二次创业"的理念，我非常认可和赞同。我们在座的每一个人都是在二次创业，即使是新加入向北走公司的成员也是在二次创业，因为你前面的那段路程那段人生就是你的第一次创业，你自从加入了向北走公司后，你的"我即公司"也就走上了二次创业的风雨历程。

人的一生有两段路要走，一段是你自己必须走的，一段是你自己想走的。这就如同飞机起飞前那段加速助跑，你必须走得规矩、跑得稳健、飞得昂扬，最终你才可以自由翱翔。二次创业的这段路程我们一旦逾越，我们就可以渡到幸福的彼岸，人生就可以涅槃。

我们如何才能走好这段二次创业的路程？那我们就需要倾听和践行"我即公司"所呼唤、时代所赋予的这三种精神。

契约精神

契约精神源自西方宗教中的立约，是西方文明社会的主流精神，其产生与宗教密不可分。这种精神首先表述在"神人立约"的意义上。"约"是基督教《圣经》的一个主题。"约"即神与人所立之约的意思。在圣经中这样的约定有七个。从这几个"约"里面我们可以看到：神为人所立之约有对人之行为的约束，即人所当遵守的约定，更有对人的祝福与应许，当然应许与祝福的前提是人的守约。"约"的思想与基督教所主张的"人的有限性"观念紧密相连。

从西方文化的传承看，基督教"人的有限性与约的观念"在冲突与碰撞中，还整合了法制思想。使契约和法制意识成为信仰观照下世俗生活的重要部分，形成了西方文化中契约观念和法制精神的传统。

资本主义在西方兴起是与契约精神是分不开的。契约精神本质上就是利用客观的合同关系来束缚人性，将人的贪婪、懒惰加以控制。而同时，这保证了交易得以顺畅、安全、健康地进行，避开了很多"人性"上的干扰，减少了很多的交易中因信任造成的交易成本。契约面前人人平等，没有陌生人和熟人之分，不需要各种关系上的打理和维系。商业就是交易的一个过程，交换的效益和代价要达到大家可以计算、判断和衡量的标准，契约精神就是维持这种理性交易的基础。它保证自由经济得以充分发展，这就组成了西方社会的商业文明。契约精神保证了商业文明的发展，商业文明又反过来强化和巩固了契约精神。

我们有很多人从契约精神的起源来推导，就认为我们圣朝的文化土壤里没有契约精神的基因，就对我们自己的商业文明现状和未来的发展前景丧失信心。而我却不这样认为。

首先，从契约精神的内容分析，我们的文化里并不缺乏契约精神。

契约精神的全部内容其实就是我们圣朝所倡导的诚信。从汉字"诚信"来看，《说文》："诚，信也。"《礼记·中庸》："诚者天之道也，诚之者人之道也。"认为"诚"是天的根本属性，努力求诚以达到合乎诚的境界则是为人之道。又说"诚者，物之终始，不诚无物。"认为一切事物的存在皆依赖于"诚"。亚圣孟子也说过"是故诚者天之道也，思诚者人之道也"，又说"反身而诚，乐莫大焉"。"信"，即人言也，《说文》曰："信，诚也。"即人言必诚也，就是说人的言论应当是诚实的，可信的，可靠的。

我们从"诚信"两汉字的文化里，就可体悟到儒家历来倡导诚实有信的正面价值："人言为信"、"人而无信，不知其可也。"、"有诸已之谓信"、"一言九鼎"、"君子一言驷马难追"、"得千金，不如得季布一诺"等等。

"信如尾生，与女子期于梁下，女子不来，水至不去，抱柱而死。"（《史记·苏秦列传》）坚守信约的尾生一生特别信守诺言，只要说过的话就一定要做到。一天他与一个心爱的女子相约在梁下相见，但该女子没有按期来。不巧的是，这时突然天降暴雨，水漫到他的腰间。他还是痴心等待，信守他的诺言，结果水把他淹死了。伟大的诗人李白也为之感叹：常存抱柱信，岂上望夫台？

宋公及楚人战于泓。宋人既成列，楚人未既济。司马曰："彼众我寡，及其未既济也，请击之。"公曰："不可。"既济而未成列，又以告。公曰："未可。"既陈而后击之，宋师败绩。公伤股，门官歼焉。国人皆咎公。公曰："君子不重伤，不禽二毛。古之为军也，不以阻隘也。寡人虽亡国之余，不鼓不成列。"（《左传·僖公二十二年》）

宋襄公与楚军在泓水作战。宋军已摆好了阵势，楚军还没有全部渡过泓水。担任司马的子鱼对宋襄公说："对方人多而我们人少，趁着他们还没有全部渡过泓水，请您下令进攻他们。"宋襄公说："不行。"楚国的军队已经全部渡过泓水还没有摆好阵势，子鱼又建议宋襄公下令进攻。宋襄公还是回答说："不行。"等楚军摆好了阵势以后，宋军才去进攻楚军，结果宋军大败。宋襄公大腿受了伤，他的护卫官也被杀死了。宋国人都责备宋襄公。宋襄公说："有道德的人在战斗中，只要敌人已经负伤就不再去杀伤他，也不俘虏头发斑白的敌人。古时候指挥战斗，是不凭借地势险要的。我虽然是已经亡了国的商朝的后代，却不去进攻没有摆好阵势的敌人。"

这说明我们古文化的土壤里本来就有契约精神的树木在默默生长，而不能被西方的所谓文明蒙蔽我们自己的慧眼，导致一叶障目不见泰山。

其次，从契约精神的本质来看，我们圣朝也不缺乏契约精神。

契约精神的本质是宗教对人的"约束"，"神人立约"就是神为人所立之约。即对人的内心和行为恶的部分戒示的规矩、底线，要求人所当遵守的"人的有限性与约的观念"。

佛教的伦理教说和道德思想中，就有与契约词义本质完全相同的规约与戒条，如《四分律》和《梵网经菩萨戒本》中的妄语戒，以及八正道中的正语等，都是在强修学佛法中的自我约束。佛教戒律，它自一开始就从人性根本上确立了戒律的决定性意义。

从佛教的角度上讲，所有负面问题的产生，都要归结到人性的倾覆上——无明，如果有情众生都能自始至终，保持人性的本来清净与湛然，那么不管是哪个领域均能充满人性的光辉与真挚；反之，若然不能维持人性上的本然状态，而任由无明展转不息、繁衍生息的话，那么政治、经济抑或是文化等领域出现一些腐化、欺诈、失信乃至伪善的问题，那是再自然不过的事了。由此可知，佛教戒律与契约精神的功能性意义是别无二致、异曲同工的。

另外，佛教的伦理与戒条规约明确人的思想，要求从根本上去建立契约精神的家园。同时，圣朝古代的律法对违反"契约精神"的行为也有罪与罚的规定。

在古代，不仅契约文书自身包含了诸多实际履行的保障因素，事实上国家法制及司法亦对诚信履约极端重视，提供了诸多契约权利的救济之道。《周礼》即有"讼则案券以正之"的记载。《唐律疏议》之"杂律"明确规定："诸负债违契不偿，一匹以上，违二十日笞二十，二十日加一等，罪止杖六十；三十匹，加二等；百匹，又加三等。各令备偿。"唐律对"违契"的解释是"违约乖期不偿"。也就是说，负债签订有借贷契约，不依照约定如期履行偿还义务，就要担负刑事责任。按照违约的天数，分别处以笞、杖刑，最高可以"徒一年"。这一规定，虽然主要是针对借贷契约的，但窥诸立法本意，亦包含有对契约履行中诚实信用的积极导向。

既然契约精神由来已久，那为什么我们总感觉契约精神离我们的现实生活很遥远呢？我认为有以下一些原因：

一、生产关系的原因

按照马克思主义者的一般理解，人类社会的发展有规律可循，其发展的阶段，可依次分为原始社会、奴隶社会、封建社会、资本主义社会、社会主义及共产主义社会。

从欧洲的经济发展史来看，至中世纪的晚期，城市、商业就发展起来，出现了重商主义。他们所理解的"资本"开始逐渐活跃起来，新的生产组织方式，如包买商制度、手工工场，逐渐得到了发展，商业资本也因此得到了迅猛发展。这在西方史学家眼中，被称为"前工业革命"的资本主义，即工业革命以前的资本主义。18世纪是世界历史的一个分水岭。欧洲经过18世纪的巨变，进入了资本主义，圣朝在同期没有这样的变化，因此未能进入资本主义；19世纪末以英美两国为代表的资本主义已经完成了第一次工业革命向第二次工业革命的过渡；20世纪中叶，西方主要发达国家已经完成了城市化进程，百分之八十左右的人口工作、居住、生活在城市当中。

马克思主义者认为，生产力决定生关系。资本主义生产关系的确立，其前提是资本主义生产力的确立。只有当资本主义的生产力成为社会的主导生产力，资本主义生产关系才会成为占社会主导地位的生产关系。在相同的生产力阶段，与之相匹配的生产关系也可以有多种形式，而不是简单的一一对应关系。工业社会的到来，使社会的经济关系变得异常复杂；为了保证社会经济的正常、有序的发展，它要求对社会制度进行全方位的调整。不仅要求生产组织的变化，同时也要求国家与经济之间关系的合理化，这具体表现为政治的高效、透明性，法制的公正、权威性，伦理的契约、规范性等等，以实现对经济自由的维护和生产力发展的推动。

所以，契约精神作为工业革命发展的必要生产关系而存在，这是一个漫长的、渐进的过程，不是一蹴而就或与生俱来的。从生产力的角度来看，从农业社会向工业社会的过渡，是人类单线性的发展，而非多线性的发展。是世界上最主要的经济区域发展的必然结果。在不同的生产力阶段，会有不同的生产关系与之相匹配和适应。

契约精神为资本主义工业革命的发展提供了必要的生产关系的保障和支持，使自住、自由、平等、竞争、信用、法制经济的快速发展成为可能。从这一点而言，契约精神也是市场经济所选择的结果，是经济进化的产物。

圣朝在半封建半殖民地的历史时期，没有完成由农业文明向工业文明的过渡而错失了一个大好的发展机遇。农业文明的自给自足和商品交易贫乏，生产力水平较低，生产关系的匹配性较弱。直到圣朝改革开放、生产力得到快速发展后，才忽然发现与之相匹配生产关系的羸弱，才发现代表了西方文明契约精神的缺失和圣朝原来道德伦理的滞后、无力。于是，就沮丧、惊慌、抱怨，甚至丧失信心。大可不必呀！

二、主流文化的原因

在圣朝传统文化的土壤和记忆里，我们并不缺少诚信意识的唤醒和契约精神的成长。但由于没有形成社会的主流意识，导致我们感觉契约精神的苍白和无力。这是因为传统的儒家文化倡导的是"仁、义、礼、智、信"、"夫仁者正其谊不谋其利，明其道不计其功"。孔子主张"君子义以为上"（《论语·阳货》），自述其志为"饭疏食饮水，曲肱而枕之，乐亦在其中矣"、"不义而富且贵，于我如浮云。"（《论语·述而》）。孔子还以重义还是重利作为区别君子与小人的标准："君子喻于义，小人喻于利"（《论语·里仁》）。他把对义利关系的判断作为是否成人的标准："今之成人者何必然？见利思义，见危授命，久要不忘乎平生之言，亦可以为成人矣"（《论语·宪问》）。他面对君主则劝诫"义然后取，人不怨其取"。

《孟子》开篇即讲"王亦曰仁义而已矣，何必曰利"。他认为，自然生命是人的"小体"，精神生命是人的"大体"，物质利益只能满足人的"小体"需要，道德仁义才能满足人的"大体"需要。因此，前面说的尾生和宋襄公就认为自己的自然生命，在"信"和"义"面前是渺小的，是轻于鸿毛的。为信义而死，却反而重于泰山。

孟子更认为，如果人与人之间处处以私利来计算，惟利是图："为人臣者，怀利以事其君；为人子者，怀利以事其父；为人弟者，怀利以事其兄；是君臣、父子、兄弟怀利以相接"，结果会是："终去仁义，然而不亡者，未之有也。"（《孟子·告子下》）"唯利是求"的行为方式、价值选择，不仅会加剧人际关系的紧张，而且还会造成"上下交征利"并导致"国危"。

传统文化就教导我们如何做人，如何成全封建礼教的规矩，而不是提倡通过发展和提高生产力，来发展经济，来满足人们物质和文化的需要。亚当·斯密在《国富论》中提出，人的利己心虽然是人性的丑陋和弱点，但如果对这种利己心稍加利用，也会发挥出提升生产力的巨大作用。市场是一只无形的手，利己的同时必先利他。所以，儒家传统模具生产出来的是言义不言利的谦谦君子式的士大夫文化,这与经济利益流通中普世的契约文化相去甚远,再加上当时农业社会自给自足、重农轻商、贬商抑商,商品交易匮乏的原因,交易所需要的契约精神自然很难产生,更形成不了主流。这就如同涓涓细流难以汇成江海,而常常出现断流的情况一样。还是魏丞相说到了点子上:"求木之长者,必固其根本;欲流之远者,必浚其泉源。"、"源不深而望流之远,根不固而求木之长,臣虽下愚,知其不可,而况于明哲乎?"

三、政教机制的原因

中世纪欧洲的政治制度实行是"政教合一"制度。所谓"政教合一"制度,是指其实行政权和神权合而为一的政治制度,其基本特点在于政府元首和宗教领袖同为一人,由一人执掌政权和教权。当时封建统治阶级为了维护和加强自己的政治统治,需要利用宗教;而宗教首领为了扩大影响、争夺势力,也需要与封建统治者的联合。掌握神权与掌握政权的两大集团既彼此争夺权势,又相互依赖和利用。政教合一制度是宗教和政治结合最密切的形式,而这种形式最终致使宗教教会完全深入到世俗社会中间,主要体现在对人性的束缚方面和教会伦理对人们思想行为的影响。

因此,宗教对西方资本主义的产生起着重要和决定性的作用,马克斯韦伯的著作《新教伦理与资本主义精神》从宗教的角度,为资本主义在西方兴起找到了一个合理的解释,并强调基督教新教伦理在构建资本主义价值体系过程中的决定性作用。在传统的商业文明下,契约代表着商业关系双方的承诺,信用与契约紧密的联系在一起,甚至信用要靠契约来维系。正因为如此,不断发展的商业文明反过来催生了西方文明社会的主流精神——契约精神。

随着圣朝市场经济的发展和商品流通的加快,时代对诚信和契约的呼唤和需求在不断加强。作为"我即公司"的经营者,一定要看到这样的形势和趋势，主动去营造具有契约精神的生活氛围，从信仰的高度去建立自己的契约底线，使人人共守的信仰如一个高悬头顶的神明，成为一个无所不在的监督者、一个保证契约正常履行的中间人。通过诚信意识的形成和积淀，建立一套政治、法律、信仰的完善体系，使契约精神真正成为现代文明社会的主流精神。

佛陀曰："若能随顺众生，则为随顺供养诸佛。若于众生尊重承事，则为尊重承事如来。若令众生生欢喜者，则令一切如来欢喜"。契约精神就是上天赐给我们每人一柄的长勺，我们只有相互的喂养，彼此才能吃到食物，才能得到生存和发展。

有契约精神的人性，能焕发出阳光照耀过的温暖；有契约精神的灵魂，能由内而外彰显诚信品质的高贵。

选择为契约守望，文明发出光芒。背弃契约的妄想，最终被世界消亡。

工匠精神

说到工匠精神，我觉得太上老君就是一位具有工匠精神的兵器冶炼制造专家。他的尊号是道德天尊，他的表现完全符合《道德经》里的"三宝"——慈、俭、不敢为天下先。他谦虚、幽默、仁慈、不贪财，与人相处时非常有亲和力，符合道法自然的本性。他以三界最高的科技水平用八卦炉，不仅炼制了各种仙丹，而且还精心打造了各种厉害的法宝兵器，如金箍棒、九齿耙、七星剑、紫金红葫芦、羊脂玉净瓶、幌金绳、金刚琢等。现以金箍棒为例，说明太上老君工匠精神下产品的高科技含量。

产品名称：如意金箍棒，原名定海神针。

产品终端用户：齐天大圣孙悟空。

产品制造商：太上老君，"棒是九转镔铁炼，老君亲手炉中煅。"

产品外观特征："中间星斗暗铺陈，两头箍裹黄金片。花纹密布鬼神惊，上造龙纹与凤篆。"两头有两个黄色金箍，中间是一段红色乌铁，紧挨箍有镌成的一行字，标明产品名称和重量，"如意金箍棒，重一万三千五百斤。"

产品功能：可大可小，可凭无线电意念控制，"若要小时，盈盈不足一握；要大时，顷满天地之间。"平时孙悟空将金箍棒变成绣花针大小，藏在耳内；带有北斗卫星潜海导航定位的自动识别系统，悟空去东海淘宝的前几日，金箍棒就能提前定位、感应和识别主人的到来，"霞光艳艳，瑞气腾腾。敢莫是该出现遇此圣也？"

产品使用效果：金箍棒的威力很大，连神仙都敌不过它。由于非常重"莫说拿！那块铁，挽着些儿就死，磕着些儿就亡，挨挨皮儿破，擦擦筋儿伤！"而且金箍棒还能被孙悟空随意变化，变成其他的物体，或者很多的数量，而它本身的性质仍然保留，"攸攸冷气逼人寒，条条杀雾空中现。"、"曾将此棍闹天宫，威风打散蟠桃宴。天王赌斗未曾赢，哪吒对敌难交战。棍打诸神没躲藏，天兵十万都逃窜。"

太上老君能研发、生产出这么厉害的兵器，确非常人可比，令人叹为观止！这就是工匠们从产品本身给消费者带来切身体验后，所获取的商誉和价值。

工匠们喜欢精益求精，不惜花费时间精力，孜孜不倦，不断雕琢自己的产品，不断改善自己的工艺，享受着产品在双手中升华的过程。工匠们对细节有很高要求，追求完美和极致，对精品有着执着的坚持和追求，把品质从99%提高到99.99%，其利虽微，却长久造福于世。具备这种严谨、耐心、专注、敬业、精益求精的精神就叫工匠精神。

工匠精神就个人而言，就是一种认真精神、敬业精神。其核心是：不仅仅把工作当作赚钱养家糊口的工具，而是树立起对职业敬畏、对工作执着、对产品负责的态度，极度注重细节，不断追求完美和极致，给客户无可挑剔的体验。将一丝不苟、精益求精的工匠精神融入每一个环节，做出打动人心的一流产品。与工匠精神相对的，则是"差不多精神"——满足于90%，差不多就行了，而不追求100%。我国制造业存在大而不强、产品档次整体不高、自主创新能力较弱等现象，多少与工匠精神稀缺、"差不多精神"显现有关。

工匠精神就企业家而言，就是企业家修炼的高度。具体表现在：

第一、创新是企业家的内核。企业家通过从产品创新到技术创新、市场创新、组织形式创新等全面创新，从创新中寻找新的商业机会，在获得创新红利之后，继续投入、促进创新，形成良性循环。

第二、敬业是企业家的动力。有了敬业精神，企业家才会有将全身心投入到企业中的不竭动力，才能够把创新当作自己的使命，才能使产品、企业拥有竞争力。

第三，执着是企业家的底色。在经济处于低谷时，其他人也许选择退出，唯有企业家不会退出。改革开放30多年来，我国涌现出大批有胆有识、有工匠精神的企业家，企业家的修炼，才是经济发展的动力。

圣朝今年的政府工作报告中指出，改善产品和服务供给要突出抓好提升消费品品质、促进制造业升级、加快现代服务业发展三个方面。鼓励企业开展个性化定制、柔性化生产，培育精益求精的工匠精神，增品种、提品质、创品牌。"工匠精神"出现在政府工作报告中，让人耳目一新，有媒体将其列入"十大新词"予以解读。

那为什么要提出工匠精神？我认为有以下几个方面。

一、时代发展的需要

圣朝过去三十多年的高速增长，社会心浮气躁。企业大都靠的是套利型的经营行为，追求"短、平、快"（投资少、周期短、见效快）带来的即时利益。当企业发现市场当中有供需不平衡的机会，就马上组织采购，快速生产出市场需要的产品。企业和个人效益是得到了，社会资源配置的效率是提高了，整个国民经济是发展了，但忽略了产品的品质和灵魂。因为这三十多年的急速奔跑，圣朝出现了一个非常独特的现象，就是新旧两个时代的并存。我们这一代人是注定要被历史铭记的，因为我们每个人的一生都处在新旧时代交换的地平线上，既能看到新时代的朝阳，也能感受旧时代的黄昏。

随着经济结构的调整、企业转型升级步伐的加快、经济增长速度的减缓、市场竞争加剧和不断恶化，整个宏观的经济形势从黄金时代进入了白银时代。企业比拼的不再是快餐式和机会型的套利性经营，而是要靠耐下性子练基本功和真功夫，将产品更加地精益化，来获得消费者对产品品质的体验，以换取企业的生存空间。

因此，在这种形势的倒逼下，企业需要工匠精神，才能在长期的竞争中获得成功。当其他企业热衷于"圈钱、做死某款产品、再出新品、再圈钱"的循环时，坚持"工匠精神"的企业，依靠信念、信仰，凭着产品的不断改进、不断完善，最终赢得市场的认可。

当然，工匠精神不仅仅是企业需要，它同样适合各行各业的从业者、管理者、员工、专家、学者、教授、工程师、职业经理人等等。当工匠精神成为人们的人生态度和习惯的时候，当工匠精神真正成为整个国家和民族的精神和灵魂的时候，那么，我们国家和民族的意志将变得更加坚韧和顽强，我们国家整体的竞争力和实力就变得强大无比。

二、制造大国向制造强国转型的需要

古语云："玉不琢，不成器"。工匠精神不仅体现了对产品精心打造、精工制作的理念和追求，更是需要制造业不断吸收最前沿的技术，创造出更具国际竞争力的核心新成果。

制造业是国民经济的主体，是立国之本、兴国之器、强国之基。大力发展制造业，对我国加快经济转型升级、实现百年强国梦具有十分重要的战略意义。

全球产业结构调整的战略机遇，使我国经济规模和综合实力大幅增长，装备制造业技术水平和生产能力大幅提升。然而，在快速增长的同时，我国制造业在发展质量、创新能力、品牌塑造上仍有较大差距，大而不强仍然是我国制造业亟须突破的瓶颈。由于创新研发能力较弱，创新创造不够，"圣朝制造"总体处于国际分工和产业链中低端。这就反映了我国制造业大而不强、产品档次整体不高、自主创新能力弱的现状。应该大力弘扬"工匠精神"，在全社会倡导一种"做专、做精、做细、做实"的作风。树立"工匠精神"，带动我们的制造业从中低端走向中高端，推动我国从"制造大国"变为"制造强国"。

从质量和结构等方面看，我国制造业与发达国家仍有较大差距。这种差距主要体现在以下几方面：

（一）从国际竞争力角度看，圣朝企业整体竞争力有待提升。除部分行业如电信设备制造拥有世界级的国际竞争力外，其他重要行业如汽车制造，我们还停留在国内竞争的水平，难以参与国际市场的进行有效竞争。

（二）我们制造业仅仅只限于具有庞大的规模优势，但这种优势现在却面临着产能过剩和高能耗、重污染的挑战。如何去产能、清洁化、绿色化，是转型升级的一个重要内容。

（三）在国际分工格局中，我们仍处在价值链的相对低端位置。传统的加工贸易和低附加值生产模式面临严峻挑战，如何实现从价值链低端向高端的升级，如何通过品牌、核心技术和关键零部件的生产来提高企业的竞争力，也成了我们亟待解决的问题。

（四）缺乏自主知识产权的核心技术和关键的研发能力。企业升级要从依赖要素转向创新要素，从依赖投资和劳动力投入转向依靠技术进步和生产力的提升。因此，研发、技术和品牌将成为企业从大到强、从本土竞争向全球竞争转变的关键。

国际金融危机爆发后，发达国家对金融与实体经济关系的反思使他们对制造业的重视程度得到提升，相应地推出了一些旨在加强工业发展、推动制造业回流和升级的政策主张，美国通过《重振美国制造业框架》和《先进制造业国家战略计划》等项目实施的"再工业化"、日本的"产业复兴计划"、德国的"工业4.0"、法国的"新工业法国"、英国的"高价值制造"等。因此，制造业的国际竞争将变得更加激烈。

这意味着，我们必须要提倡和推进工匠精神，跳出大规模制造和低成本分销，回归产品和技术创新，以提升制造业领域国际竞争新格局。只有坚持做精品，坚持围绕着精准的企划、精湛的研发、精益的制造、精品的品质以及精诚的服务这五个维度，来提升品牌的形象，圣朝品牌才能占领国际市场。

据统计，全球寿命超过200年的企业，日本有3146家，为全球最多，德国有837家，荷兰有222家，法国有196家。为什么这些长寿的企业扎堆出现在这些国家，是一种偶然吗？他们长寿的秘诀是什么呢？这与他们一直在传承着工匠精神不无关系！

"工匠精神"不仅体现了对产品精心打造、精工制作的追求，还要求不断吸纳最前沿技术，创造出新成果。振兴经济，没有匠人精神，所谓创新只是空中楼阁、无本之木。应加强创新型人才队伍建设，加强职业教育和企业职工技能培训，不断提高制造业员工素质，为制造业从速度型扩张走向质量型增长提供动力。

一个国家和地区的制造业，没有"工匠精神"是很难发展起来的，也不可能形成真正的品牌。目前各方都高度重视"工匠精神"，但是，真正的工匠精神，远不是技术上的考量。真正的"工匠精神"实质是一种在激烈竞争下完全的消费者至上的理念。为什么一些国家产品质量确实要领先一步？重要原因在于他们时刻把消费者摆在首位，无论是产品设计、制造还是产品服务，都时刻以消费者的需求为基本出发点。

当年，"海尔砸冰箱"其实就是在呼唤"工匠精神"。随着圣朝企业凭借优质产品和服务在世界舞台站稳脚跟，圣朝制造也逐步化身"质量"的代名词。在经济全球化时代，品牌已成为制造业乃至国家核心竞争力的象征，代表着一个国家的信誉和形象。提升圣朝制造在全球市场的形象，离不开圣朝品牌在关键领域的崛起。

三、人生修炼的需要

"工匠精神"是一种精益求精、精雕细琢，追求完美和极致的精神理念。很多人认为工匠是一种机械简单重复的工作者，但其实，"工匠"意味深远。它代表着一个时代呐喊的声音和坚持不懈的追求，是坚定、踏实、精益求精的一种信念，是一种做人做事不骄不躁、持久、忍耐性格的修炼。

用"工匠精神"磨砺心性。

"紧行无好步，欲速则不达。"一个人心浮气躁、心猿意马的时候，就难以静下心来认真做事，即使做了事，也是潦草敷衍疲于应付，也是"差不多就行"。"一流的匠人，人品比技术更重要，有一流的心性，必有一流的技术。"有人问彼得·冯·西门子："为什么一个8000万人口的德国，竟然会有2300多个世界名牌呢？"这位西门子公司的总裁是这样回答他的："这靠的是我们德国人的工作态度，是对每个生产技术细节的重视，我们德国的企业员工承担着要生产一流产品的义务，要提供良好售后服务的义务。"

"工匠精神"其内涵是追求卓越、锲而不舍、精益求精。就是要我们耐下性子、耐得住寂寞、抵挡得了诱惑，摒弃"短平快"浮躁和投机心理，以"没有最好，只有更好"的目标严格要求自己，将自己的工作和任务做到尽善尽美的高度。

用"工匠精神"坚定理想。

坚定理想是一种执着于信念的坚持态度，源于对理想的追求和事业的热爱。工匠以信念和激情为支撑，执着于所从事的事业，专注而痴迷，面对固化重复的工作流程、内容和对象，能够始终如一地热情饱满、快乐充沛。瑞士制表商对每一个零件、每一道工序、每一块手表都精心打磨、专心雕琢，他们用心制造产品的态度就是工匠精神的思维和理念。在工匠们的眼里，只有对质量的精益求精、对制造的一丝不苟、对完美的孜孜追求，除此之外，没有其他。正是凭着这种凝神专一的工匠精神，瑞士手表得以誉满天下、畅销世界、成为经典。

工匠精神虽然是工业经济时代的一种产物，它代表的是一种精致化生产的要求。所以，工匠精神对我们从事农业生产同样适用，要从源头保证食品安全，从种植到原料、施肥、土壤、植保、采摘等要保证果品的安全。有机、绿色、安全意识既是我们的使命使然，更是我们的职责所在。唯有秉承工匠之执念，坚持做生态果业领跑者的理想，终能成功。

用"工匠精神"强化担当。

"工匠精神"是一种文化的传承，它依靠言传身教来传递。它虽然无法以文字记录和编制程序来指引，它却体现了一种责任义务的担当和历史价值的延续。没有"当代匠人"对品质的担当，就没有火箭上天，就没有高铁面世。在他们眼中，财富和地位并不重要，能够在自己的岗位上精益求精，做好本职工作，才是他们最大的快乐。

我们就好比工匠，有一种责任、情怀、担当在肩头，要精心铸造一个个完美无瑕的"零件"来推动精益化的车轮滚滚向前。"工匠精神"其实就是一种脚踏实地、实事求是的实干精神，也是一种精益求精、孜孜进取的开拓精神。"顺境逆境看襟度，大事难事看担当"，担当是一种高尚的道德品质，一种崇高的精神境界，一种催人奋进的力量，一种不辱使命的气概。在实践中不断提高工作能力和水平，拿出啃硬骨头的劲头、爬坡过坎的雄心，真抓实干，抓铁有痕，踏石留印，做出业绩。

用"工匠精神"引领风尚。

"工匠精神"是一种工作精神，更是一种道德操守和价值追求。确保伟大"航船"不偏不倚、顺利快速到达彼岸，我们要把全部精力和所有智慧聚集到重质量、提效率、促生产上，心无杂念、全神贯注地朝着这个方向，凝心聚力，目标如一。将精益求精、严谨、耐心、专注、坚持、敬业等精神，内化为个人内在的素质，引领良好的社会风向，引导各行各业、各条战线都要秉持"工匠精神"，耐住寂寞、经住诱惑，不达目的、绝不放弃的精神。干事创业绝不能为了追求规模和速度而满足"过得去",要坚持高标准、严要求,把简单招数练到极致,将工作做出境界、做成精品。要让"工匠精神"在"我即公司"的意识形态上形成一种文化与思想上的共同价值观,并由此培育出不竭的内生动力;让"工匠精神"成为全社会、全民族的价值导向和时代精神,不断推动我们的工作标准、质量、水平达到新的高度。

企业家精神

企业家是担负着对土地、资本、劳动等生产要素进行有效组织和管理、富有冒险和创新精神的高级管理人才。因此,企业家代表着一种素养,而决不是一种职务。而企业家精神则更多地代表着一种境界、情怀和修炼。

企业家的境界

什么叫境界?境界是指人的思想觉悟和精神修养,我们说一个人的思想境界如何,实际上指的是一个人的思想觉悟和精神修养的水平如何。

著名哲学家冯友兰先生在《新原人》书中,将人的精神追求分为四层境界:最低一层的是自然境界,此境界中的人浑噩糊涂,还不能将自我世界与客观世界进行分别;第二层是功利境界,此境界的人追名逐利,一切欲望都带有功利性和目的性;第三层是道德境界,此境界中的人能用道德的尺度来衡量、协调、规范社会关系和行为,为维护道德此界的人们愿意付出和自我牺牲;最高层的第四层是天地境界,此境界的人悲天悯人、大彻大悟,像天地一样无私奉献和包容,表现的是一种超然的宏大胸襟和气度。

而企业家的境界是企业家一种独有的特殊技能、是精神追求和思想格局综合的完美体现，它是一种重要而特殊的无形生产要素。沃尔特·迪士尼最伟大的创造不是《木偶奇遇记》，也不是《白雪公主》，甚至不是迪士尼乐园，而是沃尔特·迪士尼公司使其观众获得快乐的超凡能力；萨姆·沃尔顿最伟大的创造不是"持之以恒的天天平价"而是沃尔玛公司能够以最出色的方式把零售要领变成行动有序的组织；稻盛和夫坚持把员工的幸福、社会的责任放在第一位，上下同欲、团结一心，经营者与员工的心灵产生共鸣，企业从而获得了持续健康的发展。

企业家的情怀

何为情怀？有人说，情怀就是看宫崎骏电影的时候，明明就是大团圆的结局，你仍然会感到伤感；有人说，情怀是无限的远方，无数的人们，都与我有关；有人说，情怀是一种超脱本我、惠及大众的普世境界。

而彼得·德鲁克将企业家的情怀理解为："站在行业的高度和客户的角度，使企业具有连续不断的核心竞争力。就是指能做别人根本不能做的事，能在逆境中求得生存和发展，能将市场、客户的价值与制造商、供应商融为一体的特殊能力。"可见，企业核心竞争力从某种意义上讲是企业家情怀的一个反映或扩展，它体现的正是企业的创造与冒险，体现的正是企业的合作与进取。企业家情怀对企业核心竞争力的巨大作用在一些具有远见卓识和非凡的魄力与能力的企业家那里得到了集中体现。美国微软公司的软件技术及其开发能力和辉煌业绩令世人瞩目，很大程度上归功于其总裁比尔·盖茨个人情怀和其卓越的组织领导力。

企业家在企业中的独特地位，决定了企业的核心价值观必然受其重要影响，决定了企业的组织创新、管理创新、价值创新等活动只能由企业家自身承担。它同时也决定了企业的经营发展的兴衰成败，从而也就决定了企业核心竞争力能否形成。因此可以说，企业家的精神和情怀对企业核心竞争力起着关键性保障作用。

无数企业以亲身实践论证了企业家精神对企业的重大意义。证实了企业家精神是企业核心竞争力的唯一真实来源。二战后的日本依靠大和民族坚忍不拔的精神，培育出核心竞争力，成为世界的经济巨人。当上世纪九十年代日本经济在步入低谷的逆境中，他们又在凭借企业家的精神和情怀韬光养晦，等待转机。原来不具备技术优势的早期华为，在进入周期性的衰退后，总裁任正非以其坚韧和执着的精神选择坚持、坚守，并提出"在危机重重中，活着就是最大的成功"，他在产业结构和内部组织方面进行大刀阔斧地调整改革后，最终迎来了华为发展的春天。企业理念与企业家精神，不但构成企业的内在发展动力，更成为企业的外部发展机遇。企业家的情怀、执着事业心、不停息的创新精神和模范合作精神，最终缔造出企业的核心竞争力。

因此，企业家精神也是表明企业家这个特殊群体的所具有的共同特征，是他们所具有的独特的个人素质、价值取向以及思维模式的抽象表达，是对企业家理性和非理性逻辑结构的一种超越、升华。企业家群体这种独有的显著的精神特征就和其他群体特征区别开来，人们通常也把它看作是成功的企业家个人内在的经营意识、理念、素养、胆魄和魅力。

企业家的修炼

被著名学者季羡林、知名企业家马云、日本战略之父大前研一、管理大师彼得·圣吉最为推崇的"经营之圣"稻盛和夫，曾为日本2555名企业家作过演讲以倡导他的"六项精进"。我认为这六项精进，其实就是企业家修炼的最好内容。

一、付出不亚于任何人的努力

企业经营是一项十分繁琐、庞大的系统工程，面对这项充满艰巨和挑战的工程，企业家别无选择，惟有全力以赴地投入时间、精力和努力。企业家的境界和情怀决定了企业家的责任和使命，决定了企业家的担当和义务。诚如稻盛和夫先生说过的那样："企业家除了努力、拼命工作之外，世界上不存在更高明的经营诀窍。"

二、要谦虚，不要骄傲

如果努力是一种态度和习惯的话，那么谦虚就代表着一种操守和素养。有很多的企业家在某一个阶段在某一个领域做得非常成功后，就开始利令智昏，就变得虚狂骄傲起来。以为自己无所不能，以为自己能包打天下，于是就玩跨界的资本游戏或盲目发展多元化。因为，"鸡蛋不能放在一只篮子里"的悖论像一道魔咒在时时鞭笞他的心灵和肉体，于是就将自己仅有的几个鸡蛋分放在别人的篮子里。虽然自己的眼睛不停地盯着篮子，但是篮子终究不是提在自己的手中，那分放于几只篮子里的鸡蛋最终还是难逃不被打翻的厄运。所以，越是成功越要谦虚谨慎。有人说"谦虚使人进步、骄傲使人落后"不仅是做人的美德，也是做事的准则，看来不无道理！

三、要每天反省

企业家考虑的都是战略和目标，决策的是关乎全局成败的大事情，失之毫厘，谬以千里。因此，企业家应该每遇大事有静气，养成自我反省反思的习惯，以总结经验，弥补不足，规划未来。当然精进中的反省又上升到了一个新的高度，就是要每天反省自己的灵魂、心志，杜绝傲慢、自我、贪婪、邪恶，要做到良心的真我、磨炼心志、提高心性。

四、活着，要感谢

这项精进告诉企业家更要学会用感谢、感恩的思维和心态对待周围的一切，感谢政策的扶持、朋友的友善、员工的努力、客户的回馈、天气的晴好、粮食的保障、交通的顺畅、家庭的和谐、国家的富强等等。抱着感谢和感恩的心性去做每件事、去面对每一天，企业家的情怀将变得更加丰盈、温润和悦然。

五、善行、思利他

企业家的境界就是度世济人、心怀天下，就是举善行、思利他。一个企业家领导的企业为社会承担了多少的责任和义务，这个企业和企业家就有多少的价值和存在。多做对他人对社会有益的事情，度人就是度己，帮助别人就等于帮助自己。而且，利他也是市场经济规律的本质和内容，一切违背经济规律的商业行为都将难以可持续性发展的。

六、不要有感性的烦恼

佛陀说，烦恼即是菩提，烦恼就是修炼。面对烦恼、化解烦恼、化烦恼为机遇和动力是企业家的一种大智慧。横看成岭侧成峰，远近高低各不同。换一种角度或思维去处理生活工作中面临的压力、困难和烦恼，或许会云开雾散、柳暗花明。不要我执于烦恼的本身带来感性的苦痛和纠结，而是要用理性的慧眼找寻到烦恼的缘由和根源以及化解烦恼的规律和途径。不要一叶障目不见泰山，不要被眼前的烦恼纠缠而影响下一步战略目标的实现。

所以，企业家除了做到创新是企业家精神的灵魂、冒险是企业家精神的天性、合作是企业家精神的精华、敬业是企业家精神的动力、学习是企业家精神的关键、执著是企业家精神的本色、诚信是企业家精神的基石这些修炼外，做一个全心全意为客户为社会服务者也是一个企业家应有的精神和修炼。

因为，企业家最后都必须回归社会，以社会的使命感和责任感来支撑自己的事业和人生。这是一个自然的过程，企业家在完成自己的使命后，回归思想或文化才能获得生命的永恒。因为，物质和财富不可能长久，唯有企业家在创业中沉淀下来的思想和价值观永恒、精神永恒、智慧永恒！

法师在用了近一个小时的时间分析了，"我即公司"所呼唤的契约精神、工匠精神、企业家精神，引起了大家热烈的反响和共鸣。

最后他又强调道：

"人身难得，佛法难闻。"就是提醒人们不要自暴自弃，不要辜负这宝贵的人生。人是"万物之灵"，只有人最适宜于探求真理，彻证真理，只有人具有智慧和能力，去追求真理和实践真理，释迦牟尼佛就是在人间成佛的。人只有在各种苦恼交迫的情况下，才具有强力的解脱企图心。所以佛陀教导弟子们要以人生"八苦"为师。"苦"当然是人们所厌恶，但如果因受苦而奋发图强，便可变压力为动力。正像亚圣孟子所说："天之将降大任于斯人也，必先苦其心志，劳其筋骨，饿其体肤，空乏其身，行拂逆其所为，所以动心忍性，增益其所不能。"

清净圆满是佛陀的境界，攀登事业的巅峰是人生的追求。要达到这种境界，要时时刻刻地对"我即公司"灵性资本进行修行锤炼。人生的高度，其实就是你修炼的深度。

"我今天就告诉大家一个惊天秘密，西天取经的整个过程其实就是我一个人的孤独，并不存在所谓的悟空、八戒、沙僧组成的团队。"法师此言一出，让大家满座惊讶！悟空、八戒和沙僧从座位站立起来，以为师父不认他们了。

悟空、八戒和沙僧，只不过是代表着我身上的一些人性的弱点。我管制、教导三个徒弟，代表着我自己在修炼过程中对自身弱点、对自己心魔的克服。

首先说悟空，他代表着人的性格中的"猴"性，聪明但是躁动，有力量但是自尊心强，嗔恨心重，争强好胜，不能受一点的委屈。虽然发心要保我西天取经，也满心欢喜地拜我为师，但是我的几句批评，就足以让他放弃誓言，一走了之。对于八戒的挑拨和误解，也是以恶相向。

八戒，则代表着人的各种欲望心，对物质、对美色、对食物、对身体舒适的欲望。他多次要求散伙回高老庄，表明他对家庭生活的留恋，对现实社会的留恋和执著。

沙僧，沉默少语，人言亦言，总是跟在别人的后面，缺少独立的性格和独当一面的勇气，有些甘于平庸。

对于悟空代表的嗔怒、暴力和自大，我用了最大的力度进行改进。因为我出身名门，又是唐王亲自选出的高僧，博览经书，地位显赫。因此我身上不可避免地带有高傲心、好胜心、轻慢心和一定的暴力心态。这种"我执"是我修行前进道路上最大的障碍。心里的"我"太大了，当然听不进别人的话，受不了外界的磨难。所以我在西行伊始，那紧箍咒实际上是给我自己戴的，表示了我降伏"我执"的决心。

八戒追求身体的舒适和享受，对家庭留恋，对西天取经有退缩心，同样代表了我身上的贪图安逸、懈怠的性格。我饿了就要马上吃斋，天色晚了就要找地方休息。八戒几次梦回高老庄，其实就是我自己在留恋故土，想回长安。取经路上日夜兼程，讲的就是佛家六度里的"精进"法则，针对的就是退缩、懈怠。我如果不能通过"精进"来修正自身弱点，就不能完成取经任务。

八戒还有一个鲜明的特点，是他对物质的欲望和执著，是他的悭吝心。八戒在取经路上，还偷着攒下了零零碎碎的五钱银子。贪图物欲是人所共有的，我也不能例外。对我而言，要修成佛，就要放下物欲，打破悭吝心。"布施"是佛家六度法则里消除吝啬心的最好方法，但是我没有钱布施，怎么办呢？我就"能力布施"。我们师徒四人一路降妖除怪，造福当地：在小儿国救了一千个小孩子的命，就是救了一千个家庭；凤仙郡求雨，解除了三年的旱灾，等于解救了万千的性命。这样的好事做了一路，我们从不收一文钱、一缕丝。这就是在用我们自己的能力做布施，以此消除内心对财富的依恋。这样的布施，不需要有钱，每个人都可以做，所以每个人都可能成为伟大的人，人的伟大和社会地位与财富无关。

沙僧代表着甘于平庸的人性弱点。在追求成佛的过程中，我也会怀疑自己：我能够走到西天吗？我这样的人难道也能成佛吗？我只是一个普通的人，是不是太好高骛远？保持现在的样子也是不错的吧？每个人都会有这种想法，因为这是人的思维惯性。六度法则里"禅定"和"智慧"的法则，就是让我认识到人内心的伟大，认识到内心里的佛性，与真佛无二。让我有勇气、有信心完成自己的理想，走上自己曾无限顶礼的佛的果位。

悟空、八戒、沙僧和白龙马，我们还可以理解为人的各种能力，理解为人通过修炼所获得的各种强大的能力和神通。我则代表着人的心智和大脑，所以悟空、八戒、沙僧和白龙马不管能力多强，都要听心智和大脑的指挥和训导。我不修任何的法术，只修内心，最终取得真经。悟空、八戒、沙僧和白龙马乱修神通，不修炼内心和智慧，不太服从心智的控制，一路上惹下那么多麻烦。所以，修炼外在神通和能力，不是最彻底的修行方法，只有修炼内心，才能到达最高的境界。

在你人生的取经道路上，自始至终也只有你一个人在独立行走。期间，你也会有各种如清高、懦弱、激愤、贪逸、懒惰、畏惧、平庸、喜乐、厌苦的人性弱点和挣扎，你得学会每天跟自己战斗 fight with yourself everyday，每天跟自己恶的心魔战斗，你的取经人生才能成功。

听了法师的人性解读，悟空、八戒和沙僧及在场的众人们，豁然洞开，灵光顿现。又是一次精神饕餮盛宴的洗礼和享受！

八月十七日是农历七月十五，是大众结夏安居九十日清净守护、实践戒法的圆满之日。三个月的精进用功，到这一天，所有僧众会将修行体悟向佛陀一一报告，有许多人因而证果成就佛道，诸佛菩萨见弟子道业有成，感到欣慰和欢喜，所以，这一日也叫佛欢喜日。

法师参加完"佛欢喜日"的第二天，参加了"向北走公司的开业典礼"。

法师对典礼的举办非常满意，格调清雅，温文庄重，鸿儒笑谈，气氛欢悦。法师还在典礼仪式上激情诵读了他的《向北走赋》：

天蓝地黄，宇宙苍茫，北斗七星，魁玉衡亮；众星拱北，辰宿列张。

西京长安，向北遥望。桥山苍柏，林海起浪，沮水荡漾；黄陵轩辕，人文初祖，龙之故乡，华人帝邦，万众敬仰。过三道崾梁，洛川会议礼堂，革命转折地方；见万商云集、百凤朝阳，只因那蟠桃香。试问妖娆何处？北国风光，宝塔光芒万丈！延河潺湲，凤凰翱翔；星星之火，燎原北方，圣地佛光，盛世吉祥。

东土大唐，谱续华章。西天取经，一路定力强；出城逢虎、黄风怪阻，黑松林失散、金兜山遇怪，命遭魔伤。九九八十一难，意念坚如钢；十万八千里路，长路不彷徨。师徒志向，灵山佛光。三藏真经，如来亲赏。

今向北走果业，高端定位方向；人间天上佳果酿，王母也称高大上；长生不老虽传说，太上仙官几偷尝。生态标准、植物营养、有机土壤、规模种植成标榜。王谢堂前燕，百姓家门檐。营销又借东风，一带一路互联网，向北勇敢闯；小蟠桃，大产业，做出品牌，撼消费市场。实现圣朝梦，果业强、果农富、果乡美，幸福乐无双。

当天晚上睡至半夜，法师梦见自己又在大雷音寺遇见了观音菩萨。

玄奘法师问观音：先尊，您为何要赐我《我即公司》呀？观音道：佛在灵山莫远求，灵山只在汝心头，人人有个灵山塔，好向灵山塔下修。人生的大智慧不是我赐予的，也不是你求来的，它恰恰就在世间利欲相里。青青翠竹，悉是道身；郁郁黄花，无非妙智。

法师又问道：我即公司之众人皆以八万四千相为苦，他们如何解脱？

菩萨道：辛勤的蜜蜂永远没时间悲哀，我即公司的正果需要用勤奋采摘，让心念屡受世间悲苦反复磨炼方能超脱。人生有八苦，悲苦是必然，悲苦是正道，悲苦是修行。世间莫若修行好，天下无如吃饭难。千江有水千江月，万里无云万里天！

玄奘法师信奉受行，自在欢喜。尔时，辞别观音。

法师说：天黑不见归路。

观音递一纸灯给他，说：好好照路。

法师接过纸灯，未及转身，观音忽然又将纸灯吹熄，嘴里念着"千江有水千江月，万里无云万里天。"的偈语，转身离去。法师追观音不得，惊醒！

佛香入梦，明月临窗。

　　法师明白：那月如佛性，江若众生，江不分大小，有水即有月；人不分高低，有人便有佛性。佛性在人心，无所不在；就如月照江水，无所不映。任何一位众生，只要他有心学佛，他便会有佛性；任何一个人，只要将自己当公司来经营，他的人生就一定精彩纷呈；任何一条江河，只要有了水，它就能映照出一轮明月。只要自己的万里天空无云，那么，人生万里的天上便是晴空朗照，永无阴霾，永无黑暗！

后　记

　　写这本书有点像十月怀胎，一朝分娩。从去年七八月份动了写这个题目的念想，到现在的完成自己定下的作业，时间就大概十个月左右。

　　去年花了几个月的时间到年底好不容易地完成了二十三万字的初稿，自己正在自鸣得意的某一天，收到了上海一位从事企业管理做咨询业的朋友寄来的励志新书。书名、设计、书评、推荐果然不愧是做专业管理的，视觉震撼，美轮美奂。我就迫不及待地带回家里，连夜挑灯夜读，以不负朋友的关怀和爱戴。

　　遗憾的是，他的这本励志类的书对我并没有发挥到他所期望的励志效果，因为我竟然被该书励志得睡着了！（希望这对他永远是个秘密，否则他会与我断交的。）

　　我事后非常地内疚和后悔，感觉是对朋友情感和厚望的一种严重亵渎，是对他埋头苦干后劳动成果的蔑视，是对他已在行业享有品牌和知名度的挑衅，最起码是对他寄书与我的善举缺乏足够的尊重。一连几天，我都忐忑不安，还是感觉自己做错事情般地对不起他，痛责自己有眼无珠，有眼不识泰山。痛责完自己后，再去看他的书，竟然还是没有自觉和醒悟，还是没有进入状态。

终于，我发现了原因。书的内容无可挑剔，但书的写作风格上稍显淡漠和古板。讲原理、讲论据、讲案例，缺乏人物设计、对白、故事、悬念等。所以，我就难以入定，难以进入角色。

发现这一问题后，比照自己的初稿，竟然也是如此的通病！我竟倒吸了一口大大的凉气，我担心自己也会落得如此下场。于是，我就痛下决心，将自己原来搭好的积木推翻，唱刘欢的歌《从头再来》给自己打气鼓劲。于是，我在初稿的基础上对书的形式、内容、风格、行文等方面做了大胆的尝试和突破，结果是初稿被改得面目全非，几无可用之处。既然不可用，那就重新写吧。砸碎万恶的旧世界，万里江山披锦绣么！

又是数月水深火热的煎熬，又是无数场自己与自己艰苦卓绝的战斗，终于，给大家呈现了您现在所看到的答卷。

感谢您的阅读，感谢您阅读此书时没有睡着，感谢您我们今后还有机会见面探讨！

王新安

2016年5月